融合教育本土化实践与发展

邓　猛　关文军　孙颖　编著

图书在版编目 (CIP) 数据

融合教育本土化实践与发展 / 邓猛，关文军，孙颖编著 .—北京：北京大学出版社，2021.5

21 世纪特殊教育创新教材·融合教育系列

ISBN 978-7-301-32000-6

Ⅰ. ①融… Ⅱ. ①邓… ②关… ③孙… Ⅲ. ①特殊教育—高等学校—教材 Ⅳ. ① G76

中国版本图书馆 CIP 数据核字 (2021) 第 029312 号

书　　名	融合教育本土化实践与发展 RONGHE JIAOYU BENTUHUA SHIJIAN YU FAZHAN
著作责任者	邓　猛　关文军　孙　颖　编著
责任编辑	李淑方
标准书号	ISBN 978-7-301-32000-6
出版发行	北京大学出版社
地　　址	北京市海淀区成府路 205 号　100871
网　　址	http://www.pup.cn　　新浪微博：@ 北京大学出版社
电子信箱	zpup@pup.cn
电　　话	邮购部 010-62752015　发行部 010-62750672　编辑部 010-62767857
印　刷　者	河北滦县鑫华书刊印刷厂
经　销　者	新华书店
	730 毫米 × 980 毫米　16 开本　15.25 印张　230 千字 2021 年 5 月第 1 版　2021 年 5 月第 1 次印刷
定　　价	58.00 元

未经许可，不得以任何方式复制或抄袭本书之部分或全部内容。

版权所有，侵权必究

举报电话：010-62752024　电子信箱：fd@pup.pku.edu.cn

图书如有印装质量问题，请与出版部联系，电话：010-62756370

前　言

党的十八大提出要"支持特殊教育";十九大报告明确指出要"办好"特殊教育,"努力让每个孩子都能享有公平而有质量的教育"。这体现了党和政府对特殊教育的高度重视,表明我国特殊教育事业已经站在新的历史起点上。"办好"特殊教育的纲领性要求对于加快特殊教育发展步伐,促进教育公平以及社会经济均衡发展,具有重大而深远的意义。

融合教育在本质上与我国自20世纪80年代中期发展起来的随班就读模式是不同的。随班就读的试验与推广的主要目标是为大量还没有机会接受任何形式教育的特殊教育需要儿童提供上学读书的机会;融合教育则是彻底的教育变革。随班就读只针对普通班级里少数残疾儿童的教育和服务,融合教育则要求教育整体的、系统的变革来应对所有学生的多样化需求。融合教育者认为残疾儿童有权在普通教室接收高质量的、适合他们自己特点的、平等的教育与服务。学校应成为每一个儿童获得成功的地方,不能因为学生的残疾与差别而进行排斥与歧视;学校应该尊重日趋多样的学生群体与学习需求;多元化带给学校的不应该是压力,应该是资源。融合教育理论远远超出了教育的范畴,成为与社会上所有的公民相关的事情。融合教育自20世纪70年代以来逐渐成为全球特殊教育领域讨论最热烈的议题。

融合教育要求普通教师和特殊教师在高度多样性的全纳学校环境中相互合作、协同教学。普通教师掌握特殊教育或全纳教育相关知识与技能,特殊教育教师学习普通教育的相关教学方法,成为融合教育教师教育的必然选择。各类康复、治疗人员与相关设备也进入普通学校共同构成支持与服务体系,这也是各国发展融合教育的基本举措。

与西方特殊学校黯然离场不同,我国20世纪80年代以来形成"以特殊学校为骨干、大量附设班与随班就读为主体的特殊教育发展格局"是对我国特殊教育实践的总结与国际融合教育趋势的中国式回应与探索。特殊教育学校与随班就读成为我国特殊教育安置体系的主要选择,成为全球范围内少有的融合教育和特殊学校二元并存共进的特色。特殊学校与融合教育共同构成我国特殊教育体系中相互关联、互为依托的有机组成部分,体现了融合教育的本土化发展特色。然而,我国关于融合教育的理论与实践的研究仍然非常缺乏,普通教师对于融合教育基本理论与实践方式了解不多。现阶段教师的职前与职后教育中几乎没有关于残疾的基本知识及教育技能的课程。因此,开发适合于我国教师培养实际需求的融合教育理论及实践教材就非常必要。北京市于2013年正式启动"北京市中小学融合教育行动计划",率先以国际最前沿的特殊教育理论融合教育(也称作"全纳教育")为目标,推进首都基本公共教育服务均等化,保障残疾儿童少年平等享受基本公共教育服务的权利,促进和谐社会首善之区的建设。北京市作为率先推行融合教育的前沿阵地,所有教师掌握融合教育的基本理论与实践技能是全面实施融合教育的前提。2013年,笔者就试图以北京市融合教育经验为基础开发一套系统性、操作性较强的融合教育理论与实践教材,为全国的普通学校教师学习融合教育提供基本的指导,并且对融合教育现状发展进行系统的实证调查研究,为进一步的改革发展奠定基础。教材开发已经完成并已经出版,调查研究报告则姗姗来迟,其原因在于作者的懈怠及其他客观因素。本来是要写成专著的,因为耗时较长,少部分报告内容已经公开发表,只能改成编著了。虽时光荏苒,值得庆幸的是终于成稿,几年的辛苦总算有了回报。

  本书共分为五章。参与撰写的有:第一章,刘慧丽(潍坊学院)、邓猛(北京师范大学);第二章,江小英(西南大学)、牛爽爽(北京市海淀区特殊教育研究与指导中心);第三章,颜廷睿(华东师范大学);第四章,汪斯斯(南京特殊教育师范学院)、赵勇帅(北京师范大学);第五章,关文军(新疆师范大学)、孙颖(北京市教育科学研究院特殊教育研究指导中心)。全书由邓猛、关文军、孙颖完成统稿工作,书稿中的个案则由北京市相关学校提供。撰写过程中还得到多位特殊教育工作者包括华国栋、肖非、刘全礼、李玉向、兰继军、雷江华、龙建友、芦燕云、王红霞和杨希洁等同志的大力协助与支持,在此一并致谢!需要补充说明的是,由于我国融合教育发展的特色,融合教育和随班就读两词在行文中使用时,少数习惯用语,例如随班就读学生仍保留,大多两词经常不严格区分使用,不特指时,在概念上区别不大。

融合教育是一个漫长而曲折的实现过程,其本土化实践与理论的探索也充满着艰辛。本书调查及写作过程中,充分感受到北京市特殊教育同行们在推动融合教育发展中的热情与付出,对他们的人道主义精神及特殊教育专业素养深感钦佩,也衷心祝愿北京市融合教育的发展更上一层楼,形成模式与特色,为中国融合教育发展发挥示范引领作用。由于作者水平有限,书中难免有诸多疏漏与不当之处,请各同行批评指正!

邓 猛

2020 年 9 月 26 日于北京师范大学英东楼 415

目 录

第一章 绪 论 ·· 1
  一、融合教育理论发展概述 ··· 1
  二、我国随班就读的发展 ·· 14
  三、北京市融合教育发展的历史 ·· 21
  四、北京市融合教育体系的建构 ·· 26
  五、本章小结 ·· 33

第二章 北京市普通中小学融合教育基本情况调查 ··············· 36
  第一节 北京市普通中小学融合教育基本情况调查研究设计 ········ 36
    一、问题提出 ·· 36
    二、研究过程与研究方法 ·· 39
  第二节 北京市普通中小学融合教育基本情况调查结果 ··········· 44
    一、融合教育的师资情况 ·· 44
    二、资源教室的建设与运行情况 ·· 47
    三、融合教育的管理与运行 ··· 53
    四、融合教育的具体实施 ·· 57
    五、融合教育的效果 ·· 65
    六、融合教育的困难及所需支持 ·· 72
  第三节 北京市普通中小学融合教育基本情况分析 ·················· 76
    一、教师接受特殊教育培训比例低,各区津贴和政策落实差异大
      ·· 76

二、资源教室数量与实际需求不匹配,各区资源教室比例不均衡
　　　　·· 78
　　三、融合教育管理缺乏多元主体参与,校园融合文化建设方式单一
　　　　·· 79
　　四、融合教育中教师缺乏合作,个别化教育计划和评价方式弹性不足
　　　　·· 81
　　五、融合教育使残疾学生和普通学生共同受益,但仍面临诸多挑战
　　　　·· 84

第三章　北京市融合教育实施现状调查研究 ·················· 86
第一节　北京市融合教育实施现状研究设计 ·················· 86
　　一、研究思路 ·· 89
　　二、研究过程与研究方法 ·· 93
第二节　北京市融合教育实施现状调查结果 ·················· 97
　　一、北京市融合教育实施现状的整体情况 ······················ 97
　　二、北京市融合教育实施的具体情况分析 ······················ 99
第三节　北京市融合教育实施的结果与分析 ·················· 118
　　一、北京市融合教育实施整体情况分析 ························ 118
　　二、北京市各区融合教育实施情况分析 ························ 122
　　三、北京市融合教育各个维度的实施情况分析 ················ 124

第四章　北京市融合教育教师专业素养研究 ·················· 130
第一节　北京市融合教育教师专业素养研究设计 ·············· 130
　　一、研究思路 ·· 133
　　二、研究过程 ·· 138
　　三、融合教育教师专业素养的结构分析 ························ 147
第二节　北京市融合教育教师专业素养调查结果 ·············· 149
　　一、北京市融合教育教师的整体专业素养及在各维度上的表现
　　　　·· 151

二、基于人口统计学变量的北京市融合教育教师专业素养的分析 …………………………………………………………………… 153

第三节 北京市融合教育教师专业素养现状分析 …………… 166
一、融合教育教师专业素养的整体分析 ……………………… 166
二、融合教育教师的专业素养在不同区间的差异 …………… 170
三、融合教育教师专业素养在人口统计学因素上的分析 …… 171
四、本部分调查研究的主要结论 ……………………………… 176
五、北京市融合教育教师专业素养发展建议 ………………… 178

第五章 **北京市中小学融合教育发展整体特点及建议** …………… 184
一、北京市中小学融合教育发展的整体特点 ………………… 184
二、北京市融合教育发展的对策与建议 ……………………… 191
三、结论 ………………………………………………………… 211

附 录 …………………………………………………………………… 213
附录1 北京市普通中小学融合教育的基本情况调查问卷 …… 213
附录2 北京市普通中小学融合教育实施情况调查问卷(教师版) …………………………………………………………………… 221
附录3 北京市普通中小学融合教育教师专业素养调查问卷 …… 227

第一章 绪 论

一、融合教育理论发展概述

融合教育思想自 20 世纪 80 年代中期正式提出以来就成为特殊教育领域讨论最热烈的话题与最主要的发展趋势,也成为全球范围内教育改革的重要依据。[1] 融合教育对应的英文是"Inclusive Education"一词,于 20 世纪 90 年代初期介绍到我国,当时被翻译成"全纳教育"。翻译成"全纳教育"是根据"Inclusive"的"包括的、包含的"中文意思直接意译过来的。赞同"全纳教育"译法的人认为全纳教育"超出了特殊教育的范畴,指向的是整个教育领域",因此,"全纳"意味着"全部接纳与包容",意义准确明了。支持"全纳"用法的学者认为:融合教育思想脱胎于 20 世纪六七十年代西方特殊教育领域内将特殊儿童放在普通学校中进行教育的"一体化"教育(Integrated Education)或"回归主流"(Mainstreaming)运动,它限定于"专指将特殊儿童融入普通教育与社会中的教育方式",二者的产生背景以及研究领域都不一样。[2]

近年来,多数研究者认为,"Inclusive Education"应该翻译成为"融合教育","全纳教育"的翻译是不太准确的。理由是,"Inclusive Education"有部分融合(Partial Inclusion)和完全融合(Full Inclusion)的划分。完全融合派认为所有儿童都能在普通教室里接受适合他们需要的教育;部分融合派认为在普通班受教育只是其中的一部分,应该允许特殊儿童在必要时到资源教室或是特殊学校接受一段时间的教育与服务。这样,在英文中"全纳"指的是"Full Inclusion",将"Inclusion"一词译为"全纳"是不够准确的,不能够准确地表达 Partial Inclusion(部分融合)和 Full Inclusion(完全融合)的区别,"Inclusive

---

[1] 邓猛,潘剑芳. 关于全纳教育思想的几点理论回顾及其对我们的启示[J]. 中国特殊教育,2003(4):1—7.

[2] 李拉. "全纳教育"与"融合教育"关系辨析[J]. 上海教育科研,2011(5):14—17.

Education"应该翻译成为"融合教育"。① 本书中采用后者的观点,将"Inclusion"翻译为"融合",将"Inclusive Education"翻译为"融合教育"。而且认为,融合教育的研究并不只是限定在特殊教育领域的,它从"残疾"儿童的教育出发,延伸至"所有儿童"的公平优质的教育,甚至于指向社会公平与正义。但多数情况下,融合教育与全纳教育意义相近,可以不加区别地使用。本书后文引用的内容谈到全纳、全纳班级、全纳学校、全纳教育等,在没有特殊说明的情况下,分别与"融合""融合班级""融合学校""融合教育"同义。

融合教育的思想是基于多元、机会均等的社会基础与自由主义的哲学思想传统之上的。② 当前,绝大多数国家都将融合教育作为特殊教育发展的理想与现实目标,以及相关政策制定的理论依据。联合国制定的2030年可持续发展目标中明确规定"发展融合、公平、优质"的教育目标。越来越多的残疾人离开隔离的特殊学校或者寄宿制的社会福利、康复机构,重返正常的生活与学习环境接受相关的教育、支持与服务。③ 例如,自20世纪90年代以来,美国6～21岁特殊教育需要学生在普通学校就读比例一直保持在95%左右。

融合教育的核心是对儿童公平接受受教育的权利的保障。早在1948年联合国《世界人权宣言》对儿童的教育权就进行了明确的规定:

> 人人都有接受教育的权利,教育应当免费,至少在初级阶段和基础阶段应如此。初级教育应具义务教育性质。教育的目的在于充分发展人的个性,加强对人权和基本自由的尊重。教育应促进各国、各种族或各宗教集团间的相互了解、宽容和友谊,应促进联合国维护和平的各项活动。(《世界人权宣言》第26条)

融合教育的观念则直接起源于美国1950年代以来的民权运动。其根源在欧洲,以西方文艺复兴时期以来的平等、自由等价值观为基础,并发展成为全球

---

① 邓猛,朱志勇. 随班就读与融合教育:中西方特殊教育模式的比较[J]. 华中师范大学学报(人文社会科学版),2007(4):125-129.
② 邓猛,刘慧丽. 全纳教育理论的社会文化特性与本土化建构[J]. 中国特殊教育,2013(1):15-19.
③ 邓猛,苏慧. 融合教育在中国的嫁接与再生成基于社会文化视角的分析[J]. 教育学报,2012(1):83-89.

范围内特殊教育根本价值观与主要理论。① 正如金钥匙视障教育研究中心主任徐白仑指出的:当人类社会对残疾人萌生同情与怜悯,收容、训练和教育残疾人的机构即应运而生,特殊教育学校就是这个时期的产物;当人类社会认为应该以平等的态度接纳残疾人的时候,在特殊教育领域就产生了一体化教育与回归主流的思想;当人类社会认识到人与人之间的差异是自然存在的,人人都是社会的主体,就出现了今天的社会融合(Social Inclusion)与融合教育(Inclusive Education)的思想。② 塞勒(Sailor)指出,理想的融合教育应该是:①所有儿童都在普通学校上学;②践行零拒绝的哲学,没有学生因为残疾被学校拒绝;③取消特殊班、自足式特殊班或者其他的隔离特殊教育的安置模式。③ 赛格(Sage)和布莱勒(Burrello)认为,融合应包含:①家庭对儿童教育的全面参与以及学校与家庭的合作伙伴关系;②以社区为基础的职业培训、休闲娱乐活动安排,以及成人生活适应课程的提供。④ 法尔维(Falvey)等指出:"融合教育是指全部接纳……融合学校的基本信念包括ABC,即接纳(Acceptance)、归属(Belongs)和共同体(Community)。"⑤英国著名融合教育专家布思(Tony Booth)和爱因思克(Ainscow)在其出版的广为应用的"融合教育指标体系"中指出:融合就是所有人的平等参与,就是支持学校体系对儿童多样性的及时回应。⑥

联合国教科文组织将融合教育定义为一个不断变化的概念:通过增加学习、文化与社区参与,减少排斥,满足所有学习者多样化需求的过程。融合教育以覆盖所有适龄儿童为共识,以正规系统负责教育所有儿童为信念,对教育内容、教育途径、教育结构与教育战略进行变革与调整。其目的是使教师和学生都能接纳多样性并视之为机会,视之为学习环境的丰富,而不是问题。⑦

---

① 邓猛,肖非. 全纳教育的哲学基础:批判与反思[J]. 教育研究与实验,2008(5):18—23.
② 徐白仑. 发展中国家实现 2015 目标面临的挑战[J]. 金钥匙视障教育研究中心内部文件,2005.
③ Sailor W. Special education in the restructured school[J]. Remedial and Special Education,1991,12(6):8—22.
④ Sage D D, Burrello L C. Leadership in Educational Reform:An Administrator's Guide to Changes in Special Education[M]. Baltimore, MD:Paul H. Brooders Publishing Co.,1994:37.
⑤ Falvey M A, Givner C C, Kimm C. What is an Inclusive School[M]// Villa, R A Thousand J S Creating an Inclusive School. US:Association for Supervision and Curriculum Development,1995:1—13.
⑥ Tony B, Ainscow M. Index for Inclusion. Developing Learning and Participation in Schools[J]. Bristol:Centre for Studies on Inclusive Education (CSIE),2000.
⑦ UNESCO. Guidelines for Inclusion:Ensuring Access to Education for All[Z]. Pairs,2005.

因此,融合包含三层含义:其一是学校融合,即所有儿童,包括残疾儿童,在正常的环境(即普通学校)接受平等的、优质的教育和服务;其二是社区融合,即所有人平等、全面地参与社区生活,即社区融合,①这是实现社会公正理想的有效途径;其三是社会融合,即创设共享、包容的社会,使残疾人平等、有尊严地参与社会生活,共享社会物质文明成果。② 融合教育支持者倡导"零拒绝"的哲学,认为所有儿童都应该在普通学校的教室里接受适合他们需要的、高质量的教育,在自己所在的社区里接受优质的支持与服务;应彻底消灭残疾与正常儿童的二元划分,特殊教育与普通教育应有机结合为一体;建立平等、接纳、合作的社区与学校。③

在国际教育民主化浪潮中,联合国等国际组织大力推动融合教育,通过三次国际性教育大会将融合教育推广到全球范围。1990年,联合国教科文组织等在泰国宗迪恩召开了"世界全民教育大会"(World Conference on Education for All),大会通过了《世界全民教育宣言》,强调:教育是人的基本权利;教育对于个人的发展和社会进步极为重要;必须普及基础教育和促进教育公平。融合教育则被认为是实现全民教育的最有效的手段。

1994年,联合国教科文组织在西班牙召开世界特殊需要教育大会(World Conference on Special Needs Education:Access and Quality)。大会通过了《萨拉曼卡宣言》,确定了融合教育的基本理念与原则。强调:每一个儿童都有受教育的基本权利;每一个儿童都有独一无二的个人特点、兴趣、能力和学习需要;有特殊教育需要者必须有机会进入普通学校……实施此种全纳性方针的普通学校,是反对歧视、创造欢迎残疾人的社区、建立融合社会和实现人人受教育的最有效途径。《萨拉曼卡宣言》号召世界各国广泛开展融合教育,这在国际教育

---

① Duvdevany I, Ben-Zur H, Ambar A. Self-determination and Mental Retardation: Is There an Association with Living Arrangement and Lifestyle Satisfaction? [J]. Mental Retardation, 2002, 40(5): 379—389.

② 彭华民. 社会排斥与社会融合:一个欧盟社会政策的分析路径[J]. 南开学报(哲学社会科学版), 2005, 1:23—30.

③ 邓猛. 从隔离到全纳:对美国特殊教育发展模式变革的思考[J]. 教育研究与实验, 1999(4): 41—45.

发展过程中具有重大意义;也为各国制定相关政策提供了依据。① 这正是人类文明发展到今天残疾人教育与社会观念共同的潮流,是全人类特殊教育发展的共性与必然归宿。2008 年,联合国教科文组织在瑞士日内瓦召开第 48 届国际教育大会,主题为"全纳教育:未来之路"(Inclusive Education: the Way of the Future)。此次会议就是希望各国教育体系能够认识到现存社会和教育体制中存在着多种形式的排斥现象,从长远角度进行反思与变革,制定与实施新政策,建立全纳社会,实现优质全民教育目标与终身教育。②

根据联合国教科文组织颁布的《融合教育指导方针》,融合教育被视为一个过程,旨在通过所有学生对学习、文化和社区的积极参与来满足其需求的多样性,以便减少教育体制内和由教育体制引起的排斥现象。全纳意味着教育内容、方式、结构和战略的改革与变更,要有涵盖相关年龄段所有儿童的整体观念,要坚信普通教育体制的责任是教育所有儿童。融合教育关注对正规和非正规教育环境中广泛的学习需求给予适当的回应。融合教育不是关于将部分学生整合到主流教育中的边缘问题,而是对如何转变教育系统和其他学习环境以回应学习者多样化的探索。融合教育的目的是使教师和学生既能很好地适应多样化,又能将多样化视为一项挑战以及对学习环境的丰富,而不是一项难题。

因此,融合教育是一种价值倾向,它不仅仅是将有特殊教育需要的儿童安置于普通教室,它更强调学生在自然的环境中平等参与所有学习活动的机会。③ 融合教育是面向所有学生的教育,是回应多样性的教育,并希望通过特殊教育需要儿童平等权利的实现撬动整个教育体制的变革。

因此,融合教育者赞成异质(差异化)平等(Equity)而非"均等"(Equality)的价值观。它认为个别差异是普遍存在的,每一个儿童都有其独一无二的个人特点、兴趣、能力和学习需要。在哲学基础方面,融合教育深受后现代主义思潮

---

① Booth T, Ainscow M. From them to us: An International Study of Inclusion in Education[M]. London: Routledge,1998: 20.
② 张婷. 全纳教育:未来之路——联合国教科文组织第 48 届国际教育大会综述[J]. 基础教育参考,2009,(5):44—47.
③ 邓猛,潘剑芳. 关于全纳教育思想的几点理论回顾及其对我们的启示[J]. 中国特殊教育,2003(4):1—7.

的影响。后现代主义批判现代科技理性的权威与社会文化中的等级制度,解构现代化过程中出现的剥夺人的主体性和感觉丰富性的整体性、中心性、同一性等思维方式;强调无中心意识和多元价值取向,主张一种开放性的、公平的对话,不赞成歧视和压制对话中的对立面。以平等为基础的"参与"与"合作"是融合教育最基本的价值观与实践方式,也是社会融合与公平正义目标实现的重要指标,参与式教学、合作教学、合作学习等融合教育的主要实践方式即是由此发展而来。将残疾及其他处于弱势群体的学生边缘化是不公正的,将他们排斥于主流文化与社会之外有违融合教育的基本精神。① 融合的基本特征就是人人享有广泛的机会平等和生活机会,全部公民广泛共享社会经验和积极参与。

具体来说,融合教育体现了以下四个方面的重要特点。②

1.融合是一个过程。也就是说,要把融合视为一个永无止境地探寻能更好地应对多样化的、曲折的过程。这是一个关于学习如何与差异相处并从差异中学习的过程。这样,我们就会更积极地把差异视为促进儿童和成人学习的动力,而非负担。

2.融合关注对环境障碍的识别和消除。因此,它意味着需要搜集、整理、评估各个渠道的信息,以便对如何改进政策和实践做好计划。

3.融合是所有学生到位、参与并取得成就。"到位"是指学生在哪儿受教育,是否坚持不懈、按时参加。"参与"是指学生在受教育地点的经历和质量。因此,这里一定要包括学习者本人的看法。"成就"指的是学习课程后的成果,而不仅仅指考试结果。

4.融合还意味着重点关注那些将被边缘化、被排斥以及学习成绩不良的高危群体。这是一种普遍意义上的道义责任:要保证对那些统计意义上最"高危"的群体进行密切监测和干预,必要时要采取措施保证他们在教育系统中的到位、参与并取得成功。

"尊重多样性"是融合教育的核心主张。草根阶层、残疾人士、贫困子弟等

---

① 邓猛,肖非.全纳教育的哲学基础:批判与反思[J].教育研究与实验,2008(5):18-23.

② UNESCO. Guidelines for Inclusion: Ensuring Access to Education for All[Z]. Paris: UNESCO, 2009.

弱势群体应该平等参与主流学校与社会生活,发出自己的声音,享受权利与尊严。诚如英国学者芙洛拉(Florian)所言,融合教育一个很重要的标志即在于,它把学生的差异性(包括残疾)当作人类发展过程中一个普遍意义上的特征去对待并接纳。① 融合教育支持者认为:在现代科技理性与精英文化背景下,残疾是社会政治活动的产物,是文化压制和社会压迫的结果,是历史沉淀的印记。传统的针对特殊儿童的分类、诊断、教学等知识与技能体系即是这种文化与政治体制下的必然产物;残疾是由于学校与社区没有意愿和能力应对现代社会人群多元化的结果,而非这些人本身的缺陷或不足。学校与社区应该尊重并应对日趋多样的服务对象群体所带来的多样化的需求;多样化带来的不应该是压力与负担,而应该是资源与机会。因此,学校应成为所有儿童快乐学习与获得成功的地方,社区应成为每一个儿童获得成功并享受生活质量的地方,不能因残疾进行排斥,因差异而拒绝。②

关于融合教育的各种表述中充满了华丽的辞藻与绝对的倡导,用"每一个""必须""都有"等绝对、完美的陈述表达对于公平与公正等的道德诉求与渴望。理想主义思潮下的融合教育充满激情与口号,将自己置身于伦理、道德的制高点,成为高高在上的"乌托邦"。③ 因此,融合教育并非一个准确的教育学术语,因为人们很难准确定义其内涵与外延。融合教育更像是一种美好的教育理想与价值追求,抑或是一种教育哲学思潮,最终成为一种教育信仰。信仰融合教育的人聚合在一起,成为融合教育主义者,并在全球范围内发挥重要的倡导与推动作用。在融合教育主义者眼里,融合教育是不需经过任何科学研究去实证,也并不在乎实践环节中的不足与各种制约。它是一种崇高的道德理想、价值追求。融合教育主义者牢牢地站在道德伦理的制高点,使自己最终超越实证/经验研究的藩篱,成为不可挑战与怀疑的新理论权威。反对融合,就成了

---

① Florian L. Inclusion: Special or Inclusive Education: Future Trends[J]. British Journal of Speceal Education, 2008, 35(4): 202—208.
② Gerber M M. Postmodernism in Special Education[J]. The Journal of Special Education, 1994, 28(3): 368—378.
③ 邓猛,肖非. 全纳教育的哲学基础:批判与反思[J]. 教育研究与实验, 2008(5): 18—23.

"隔离主义者"的拥戴者;批判融合,就成了"残疾歧视者"。①

然而,正如科诺(Croll)和莫斯(Moses)指出:融合是理想的,高高在上的;在日常教育教学活动中却缺乏实质性保障。② 劳尔(Low)也指出:完全融合完全是一种幻想中的概念,它就是一个"乌托邦"。③ 显然,融合教育的观点过于理想化、绝对化,极端平等自由的理想与具体的学校教育实践之间有着难以逾越的鸿沟。因此,融合教育思想直接催生坚定的支持者与不妥协的反对者两大派别。随着时间的推移,反对者在历史大势中消失殆尽。融合教育内部却又出现了部分融合(Partial Inclusion)与完全融合(Full Inclusion)的争论。④ 完全融合派认为:所有儿童都能够且应该在就近的普通学校内的普通教室里和同龄同伴一起接受适合他们需要的优质的教育和服务;应彻底消灭残疾与正常儿童的差别;只有不同的学生,没有正常与残疾两类学生的区别,因为残疾本身就是污名化和标签化的结果,是不公平的;应消除特殊教育与普通教育的职业分别,使二者联合成为一个完整的教育体系;应建立公平、接纳、合作的社区与学校。⑤ 部分融合派认为完全融合是乌托邦式的理想,过于遥远而不可即;在道德上高高在上,实践中却很难取得实质性效果,其目标应该通过渐进的方式逐步实现;⑥应该允许特殊儿童在必要时到资源教室、特教班或者其他不同的教育安置中接受一段时间的教育与服务;残疾与正常学生、特殊及普通教育的差别在相当一段历史时期内会长期存在;谨慎、适当的标签与分类也是必需的。尽管完全融合与部分融合教育的支持者们相互争论不休,他们都承认融合教育有着不同的表现形式;物理空间的融合,即特殊儿童身体上被普通教室接

---

① Sasso G M. The Retreat from Inquiry and Knowledge in Special Education[J]. Journal of Special Education,2001,34(4):178—193.

② Croll P,Moses D. Ideologies and Utopias:Education Professionals' Views of Inclusion[J]. European Journal of Special Needs Education,2000,15(1):1—12.

③ Low C. Point of View:Is Inclusivism Possible?[J]. European Journal of Special Needs Education,1997,12(1):71—79.

④ Skrtic T M. Behind Special Education:A Critical Analysis of Professional Culture and School Organization[J]. Disability,Handicap & Society,1992,7(3):297—298.

⑤ Zionts P. Inclusion Strategies for Students with Learning and Behavior Problems:Perspectives,Experiences,and Best Practices[M]. Austin,Tex.:Pro-Ed,1997:102.

⑥ Croll P,Moses D. Ideologies and Utopias:Education Professionals' Views of Inclusion[J]. European Journal of Special Needs Education,2000,15(1):1—12.

第一章 绪 论

受是融合最低层次,融合更意味着教育观念、教学实践,以及社会文化的根本变革。①

2006年12月,联合国大会通过了《残疾人权利公约》(*The United Nations Convention on the Rights of Persons with Disabilities*,UNCRPD;以下简称《公约》),《公约》要求各国通过改变社会来消除有关残障的不公平对待、偏见以及歧视,并消除公共政策和社会环境中的障碍。而达成这一愿景,没有任何一项权利比教育权更基本和重要。

融合教育是《公约》的核心内容之一,第二十四条为各缔约国政府、管理者、教育工作者、家长和残障人推动融合教育提供了原则和法律框架。根据《公约》精神和第二十四条的规定,融合教育的理念和做法包含下列要点。②

• 融合教育要求教育从竞争性向协调性转变,放弃一成不变的评价标准,尊重每个学生的需要。

• 融合教育对所有教师提出了更高的要求。学校和教师应当对教育有深刻的理解,必须认同平等和融合的价值观,把学生学习和发展的多样性看作专业提升的契机,而不是多余的麻烦。

• 教师应当掌握"最少限制环境""通用设计""合理便利"以及"无障碍"等基本理念和原则,有能力设计满足个性化需要的课程和活动。

• 融合教育挑战了应试教育的理念和做法。

• 融合教育鼓励开放式学习,相信每个儿童都有宝贵的潜能等待开发。

• 融合教育反对把认知能力进行僵化的分级,更反对建立在能力分级基础之上的歧视和排斥。

• 融合教育否定了专注于纠正学生弱项的传统教学方法,赞成基于课程调整、多学科融合、以成果(而非单一的学业成绩)为导向的教育模式。

• 融合教育重视所有学生独有的特长和才能,鼓励学生发展合作及参与的技巧。

---

① Tilton L. Inclusion: A Fresh Look: Practical Strategies to Help all Students Succeed[M]. Shorewood, Minn.: Covington Cove Publications,1996:59.

② United Nations. Convention on the Rights of Persons with Disabilities[EB/OL]. (2016-2-25)[2019-09-08]. http://www.un.org/disabilities/convention/conventionfull.shtml.

- 融合教育根据所有学生的个性化需要制定一套包含性和支持性的课程，反对为所谓的"后进生"开发特殊课程和标准。
- 融合教育需要具备开放、包容态度的教师，固守刻板印象的教师无法胜任融合教育环境中的教学工作；后者对残障和非残障学生都有负面影响。
- 融合教育鼓励从融合实践中不断学习，并交流经验和教训。
- 融合教育要求把儿童之间以及成人之间的差异看作学习的资源和教育改革的切入点。
- 融合教育要求政府和学校确保儿童就近入学，并能够获得优异的教育。
- 融合教育要求所有人认可帮助学生建立成就感的重要意义。
- 融合教育要求在学校和社区之间建立积极、融洽的关系。
- 所有人认识到教育中的融合是社会融合的一个重要方向。

融合教育与残疾模式的发展息息相关。传统的残疾模式以"医学模式""个人模式"或者社会福利模式为代表，都视残疾人为病态的、低能的群体，认为他们不能对社会有所贡献，他们自己应该对残疾负责；社会属于非残疾人，社会不会改变环境和设施以适应残疾人，残疾人应该通过自己的努力来适应社会。残疾问题是医疗问题，残疾政策集中于为残疾人提供医疗康复和收养照顾服务，通过治疗、救助与有限的教育使残疾人的生活状况有所改善。这一模式忽视了社会环境以及社会期望与个人能力之间互动，使残疾人无法摆脱"社会排斥"的阴影。[1]

在过去的几十年里，人们关注的焦点逐步由残疾人本身的损伤转移到反思阻碍残疾人融入主流文化和社会生活的观念、制度和环境因素上。这被称为残疾的"社会政治模式"或者"权利支持模式"[2]。此种模式下残疾人被视为面临社会压迫与歧视的"少数群体"而非天生的"不利者"(Disadvantaged)，社会歧视与不公平是残疾人就业与社会适应困难的主要障碍。残疾人地位的改善需要外部环境的变化与调整而非仅仅残疾人个体身体功能与经济能力的提升。残疾根源于社会环境与结构不能适应残疾人的要求，而非残疾人没有能力适应社

---

[1] Smart J F. The Power of Models of Disability[J]. Journal of Rehabilitation, 2009, 75(2): 3—11.
[2] 倪震，崔凤鸣，刘文静."共享融合，融合的世界"——融合教育手册[Z].哈佛法学院残障事业发展项目,2016:7—9.

会的需求。残疾是由于社会的不平等与社会机制的缺陷导致的。社会烙印（Stigmatizing）与社会标签（Labeling）社会学理论是其理论基础。[①] 社会模式不否认残疾人的功能局限和不同特点，但确认残疾是残疾人个人身心功能局限和社会环境相互作用的综合结果，唯有客观地透过社会和文化的框架才能全面了解和定义残疾，这一思维范式的转变正是《公约》的核心理念。

这些看待残疾人的根本观点，相对应地在教育领域内产生不同的教育理论、安置形式及教育实践。特殊教育发展经历了从慈善福利到权利支持模式、医学心理学到社会政治模式等理论范式的转换。传统的残疾观念倾向于将残疾儿童隔离在缺乏支持和帮助、教学期望值低的特殊教育机构或者特殊学校。个人模式把残障儿童安置在可能满足其特殊需要的特殊学校，他们处在隔离状态，接受有限的教育。如果残疾儿童被认为能"适应"或"足够正常"，他们能够被"主流化"（Mainstreamed）或者"一体化"（Integrated），则能够在主流学校的特殊班、特殊小组或者普通课堂接受教育，但前提是他们需要自己努力去适应一成不变的、同质化的教学体系。这样的要求对大多数残疾儿童而言都是十分不合理的。如果采取"社会模式"，那么实践、政策、课程、环境和态度上都要按照学生的特点和发展需求有系统性的改变，如此才能取得成效。这被称之为"融合教育"，如表1-1所示。

表1-1　残疾观及对应的教育模式[②]

视角/模式	特点	教育模式
传统	残障人被视为家庭的耻辱，有罪恶感，被忽视，没有价值	完全被排拒在教育之外
个人模式1	着眼于残障人难以做到的事情进行纠错，试图使之变得"正常"。若不能则将其隔离	a) 隔离 b) 依赖收容机构/医院 c) 上特殊学校（配备特殊教育人员）

---

① Ballard K. Researching Disability and Inclusive Education: Participation, Construction and Interpretation[J]. International Journal of Inclusive Education, 1997, 1(3), 243−256.

② 倪震, 崔凤鸣, 刘文静. "共享融合, 融合的世界"——融合教育手册[Z]. 哈佛法学院残障事业发展项目, 2016:9.

续表

视角/模式	特点	教育模式
个人模式2	通过一些支持和帮助能达到机能正常,或最大限度降低损伤; 取决于损伤程度和类型	主流中的一体化:形式上的融合,实质上的隔离 a)在同一地点,不同的教室或场所 b)参与一些社交活动,如就餐,聚会或艺术活动 c)课堂中有支持,但是教学体系不变 d)残障儿童无法做到的事情决定了他们获得的教育形式
社会模式	识别障碍——找出解决方案; 认为观念、环境和制度中的障碍是造成残障的源头; 注重开发所有人的潜能; 欢迎残障人,有意识地促使人际交往; 残障人实现自身潜能;以人为本	融合教育——学校欢迎所有人,学校员工、家长和学生珍视多校化,提供支持,以便所有人都能取得学习和社会方面的成功。这要求改革教学和评估体系。鼓励同伴支持。教育以成果为导向,强调和发展学生能够做到的事情

与融合教育相对应的,是以"融合"为基础的新型教育政策。在涉及教育体制变革的时候,融合教育通常使用"结构调整"一词来代替"革新"或者"改革",意指并非仅仅在形式上进行整治,而是寻求本质的改变。在构建融合教育政策时,这个词显得尤其贴切。因为如果我们有意向青少年提供真正的学习机会,就首先要对现行体制及其结构、运作方式甚至理论依据的合理性进行质疑。要制定融合教育政策,必须对其现存形态进行分析和认真考察。在世界各地,教育制度的运作往往还基于过去传承下来的"印象""信仰",或某些"构想"(比如所谓"一般学生"的说法,还有认为学业失败是"自然"的和正常的,或潜意识认为学校非为儿童而建,因此反而先期待学生成功地适应体制等)。哪个教师不曾梦想面对整齐划一的课堂和清一色求知若渴的好学生?但现实并非如此,教室内的多样化日趋明显。

鉴于隔离政策(特殊教育)的局限性和实施整合政策的困难,对这个问题的再思考导致了对"特殊需求"的重新定义。新的观点认为,只有认识到学生学习困难是由学校当前的组织方式和僵化的教学方法造成的,我们才有可能再次取得进步。主张进行学校改革,改进教学方法,从而积极地回应学生的多样性,也就是不将学生个体差异视为问题,而作为丰富的资源与学习的机会。① 这就涉及了问题的实质,按融合教育的要求来引导相关的"范式变化"成为可能:学生的多样性一直以来就存在,却往往被当成难题或被忽略;融合教育要求我们从一开始就接受这种多样性,把它看成学校的常态和积极的学习资源,而不是阻碍学校与班级"良好"运作的消极因素。

鉴于此,联合国教科文组织将"融合"视为一种积极回应学生多样性、将个体差异视为丰富学习机会而非问题的动态观念。走向融合的过程就不仅是单纯技术或组织上的改变,同时也是一次有明确哲学思想的运动。要有效地实施融合教育,各国需要从制度层面着手,制定符合融合原则的政策目标以及实践策略。②

概而言之,融合(Inclusion)的思想自 20 世纪 80 年代以来逐渐成为全球特殊教育领域讨论最热烈的议题,普通教室安置特殊儿童(完全融合)的做法逐步成为各国特殊教育的主要趋势。融合教育倡导"零拒绝"的教育哲学;认为残疾儿童少年应该在正常的学校与社区平等接受优质、适性、高效的教育与服务,以使他们将来能够独立平等地参与社会生活,享受生命尊严;③普通学校与社区应该为辖区内所有儿童提供高质量的、适合不同学习需求的、没有歧视的教育,并为他们平等参与学校学习与生活提供合理便利的支持与服务。④ 近年来西方多数研究认为普通学校设置资源教室的效果优于隔离式特殊学校(班)或者全日制的普通班安置模式。然而,这些研究发现并未对实践产生足够的影响。随着融合教育的深入发展,甚至特殊班、资源教室也逐渐依次退出历史的中心舞台,完全融合(Full Inclusion)成为最主流的趋势。⑤ 传统的隔离特殊教育与

---

① UNESCO. Guidelines for Inclusion: Ensuring Access to Education for All[Z]. Pairs,2005.
② 同上。
③ 邓猛,潘剑芳. 关于全纳教育思想的几点理论回顾及其对我们的启示[J]. 中国特殊教育,2003(4):1—7.
④ Booth T M. Ainscow From them to us: An International Study of Inclusion in Education[M]. London: Routledge, 1998.
⑤ 邓猛,杜林. 西方特殊教育范式的变迁及我国特殊教育学校功能转型的思考[J]. 中国特殊教育,2019(3):4—10

康复服务体系趋于消亡,特殊教育学校急剧减少、关闭或者转型成为融合教育的资源中心。各国纷纷制定融合教育的政策或者发展目标。即使在当今最为贫穷、资源缺乏的国家,融合教育也至少成为使更多处境不利儿童有机会进入学校接受教育的政治宣示或者现实举措。① 融合教育的迅猛发展吹响了特殊教育学校的挽歌。今天,各个国家根据自己的实际情况对融合教育进行本土化的理论反思与实践探索成为共同的选择,各国独特的社会文化体系对融合教育的影响使得融合教育理论与实践更加多样化。融合教育的概念是在1980年代中期出现并逐步发展起来的,到1990年代传入我国后,逐渐对中国特殊教育与整体教育体制变革产生影响。近年来,融合教育越来越成为我国特殊教育领域的热门话题,推动我国特殊教育朝着融合教育的方向发展。

二、我国随班就读的发展

据我国卫生部门统计,我国每年新生缺陷儿38万,按每年出生2000万新生儿计算,出生缺陷率为19‰,这还不包括出生以后逐渐显露出残疾的儿童。据专家估算,仅从1987年到1993年,中国就有近300万身体上和精神上有残疾的婴儿诞生。随着我国工业化和城镇化进程的加快,人口流动频繁,人们工作节奏加快,以及生产安全事故、交通事故和环境污染等社会环境因素的影响,都不同程度地增加了致残的风险。由于现代社会竞争日益加剧,社会结构越来越复杂,传统的人与人之间的关系受到极大挑战,忧郁症、心理异常、心血管疾病、情绪失调等与现代文明紧密相关的疾病与适应障碍出现的比例急剧增加。因此,随着社会进步与发展以及社会福利范围的扩大,残疾人范围与种类扩大几乎是共同的趋势。

以孤独症为例,近年来,其发病率居于我国儿童精神残疾的首位,逐渐引起了广泛关注。第二次全国残疾人抽样调查显示,0~6岁精神残疾儿童约为11.1万人,其中孤独症导致的精神残疾儿童占到36.9%,约为4万人,孤独症儿童年新增约1万人。针对孤独症儿童康复训练的机构数量不断增多,呈现上升趋势。据初步估计,目前儿童孤独症发病率高达0.9%,甚至超过1%,超过儿

---

① 邓猛,刘慧丽. 全纳教育理论的社会文化特性与本土化建构[J]. 中国特殊教育,2013(1):15—19.

童患糖尿病、癌症和艾滋病三者发病率的总和。根据世界卫生组织统计,在中国大约13亿规模庞大的人口中,大约有60万～180万名孤独症儿童;我国相关专家估计在260万～800万之间。孤独症儿童的发病率已呈大幅度跃升态势,且每两年大幅度跃升一次,占我国儿童精神残疾构成比的绝大部分。尽管目前孤独症人群具体数目有多少没有确切数字,但可以肯定的是这是一个亟待各种社会资源支持的弱势群体,这是一个个需要政策支持与服务保障的家庭。

在我国,残疾人上学难、生活质量低的现状没有得到根本的改变。残疾儿童少年的教育仍然是义务教育体系中最薄弱,也是最困难的环节,是多年来没有得到有效解决的短板。许多残疾人由于身体条件所限,面临着难以与社会其他人员平等发展的困境。他们的生存梦、发展梦实现起来缺少支撑、举步维艰。相当多的残疾人贫困状况没有得到根本改善,基本生活需求难以稳定保障;残疾人在康复、教育、就业等方面存在许多困难;改善残疾人参与社会生活的环境和条件的长效机制还不健全;建设残疾人小康生活的任务尤为繁重。残疾人事业仍然滞后于社会经济发展水平,残疾人仍然是社会中一个特殊困难的弱势群体,离平等参与社会生活、共享人类文明成果的目标还甚远。

中华民族自古以来就有"尊老、慈幼、扶弱、助残"的优良传统,早在2000多年以前,当欧洲人(如斯巴达)还在遗弃或杀戮残疾人时,中国一些先贤就倡导公众应该关心残疾人。[1] 但中国封建社会是建立在等级森严的礼教制度基础上的,"平等"的思想没有得到广泛的认同与传播。儒家的教育目的是要培养修身齐家治国平天下的精英,残疾人只属于底层的小民,是君子同情与修己践德的对象。[2] 虽然中国儒家思想极其重视教育,提倡"建国君民,教学为先""有教无类"等思想,针对残疾人的、系统的学校教育在几千年的漫长封建社会里一直没有诞生。直到19世纪末鸦片战争后,由于西方传教士的直接参与,特殊教育学校、机构才得以出现。

中华人民共和国成立以后,特别是改革开放以来,残疾人事业有了巨大的发展。《中华人民共和国宪法》明确规定国家和社会帮助安抚盲、聋、哑和其他

---

[1] Yang H L, Wang H B. Special Education in China[J]. The journal of special education,1994,28(1):93-105.

[2] 侯晶晶. 论人性观的嬗变对特殊教育的影响[J]. 现代特殊教育,2004(1):14-15.

有残疾的公民的劳动、生活和教育。1986年通过的《中华人民共和国义务教育法》规定"地方各级人民政府应为盲、聋哑和弱智的儿童、少年举办特教学校（班）"。1989年国务院批转的《关于发展特殊教育的若干意见》规定："发展特殊教育要贯彻普及与提高相结合，以普及为重点的原则……着重抓好初等教育和职业技术教育，积极开展学前教育，逐步发展中等教育和高等教育"，要求各地政府把残疾儿童少年教育切实纳入普及义务教育工作轨道，各级教育部门要把残疾儿童少年教育同当地实施义务教育工作统一规划，统一部署，统一检查。

全国人大于1990年通过了《中华人民共和国残疾人保障法》（以下简称《保障法》），内容涉及残疾人的康复、教育、劳动就业、文化生活、社会保障、无障碍环境和法律责任等，该法制定的宗旨是维护残疾人合法权益，发展残疾人事业，保障残疾人平等地参与社会生活，共享社会物质文化成果。[①]《保障法》是我国最高立法机构通过的第一部关于残疾人的专门法律，在我国残疾人事业发展史上具有划时代的意义。"国际残疾人协会"就曾指出：中国的《残疾人保障法》以"平等""共享"的先进理念为宗旨，即使从全球范围来看，也是最先进的残疾人法律之一。[②] 它体现了我国改革开放以来残疾人事业的巨大成就与社会公众对残疾人观念的深刻变化。以"平等·参与·共享"为核心内容的现代文明社会的残疾人观逐步形成和发展，残疾人的劳动、生活和教育的权利得到宪法等法律的切实保障。为贯彻落实《保障法》，国务院于1994年颁布了《残疾人教育条例》，对残疾人的学前教育、义务教育、职业教育、高等教育等方面进行了更加系统、详细的规范。

国务院于2001年颁发了《关于"十五"期间进一步推进特殊教育改革和发展的意见》。该文件对于普及残疾儿童少年义务教育，完善特殊教育体系；深化教学改革，提高特殊教育的质量；加强师资队伍建设，提高教师素质；以及加强领导、管理，执行措施等方面进行了明确的规定。2009年，国务院办公厅转发了教育部、民政部等八部门制定的《关于进一步加快特殊教育事业发展的意见》，在我国教育事业改革与发展新阶段对保障残疾人公平享受教育权益进行

[①] 朴永馨，顾定倩. 特殊教育辞典[M]. 北京：华夏出版社，2006：86.

[②] Lynch J. Provision for Children with Special Educational Needs in the Asia Region[Z]. Washington, D. C.：The World Bank，1994.

了重大部署,对我国特殊教育事业发展有着重大意义。该文件是在我国特殊教育事业取得巨大成就,但特殊教育与普通教育之间差距较大、城乡以及不同残疾类别残疾人受教育程度不均衡的情况下颁布的。^① 该文件要求全面提高残疾儿童少年义务教育普及水平,不断完善残疾人教育体系;完善特殊教育经费保障机制,提高特殊教育保障水平;加强政府职能,全社会共同推进特殊教育事业发展。2010年,《国家中长期教育改革和发展规划纲要(2010—2020年)》专门将特殊教育单列一章,提出了:"完善特殊教育体系、健全特殊教育保障机制"的任务。2014年,国家颁布了《特殊教育提升计划(2014—2016)》,明确提出了发展融合教育的总目标,并对特殊教育质量的提升做出了明确的规定,为特殊教育的改革做出了划时代的决策。文件指出:发展特殊教育是推进教育公平、实现教育现代化的重要内容,是坚持以人为本理念、弘扬人道主义精神的重要举措,是保障和改善民生、构建社会主义和谐社会的重要任务……全面推进全纳教育,使每一个残疾孩子都能接受合适的教育"。2017年,国家又颁布了《第二期特殊教育提升计划(2017—2020)》,指出:坚持统筹推进,普特结合。以普通学校随班就读为主体、以特殊教育学校为骨干、以送教上门和远程教育为补充,全面推进融合教育。普通学校和特殊教育学校责任共担、资源共享、相互支撑。同年,新修订的《中华人民共和国残疾人教育条例》出台,明确规定:残疾人教育应当提高教育质量,积极推进融合教育,根据残疾人的残疾类别和接受能力,采取普通教育方式或者特殊教育方式,优先采取普通教育方式。总的来看,我国特殊教育的法律法规建设,经历了从无到有,从粗略规定到系统规范,从简单模仿国外相关政策规定到探索本土化措施的发展历程。近年来,随着国家层面和地方政府有关特殊教育政策法规和相关条例、办法的密集发布,我国已形成了完整的、具有中国特色的残疾人政策法规体系,涵盖残疾人社会生活的各个方面,为残疾人平等参与社会提供切实的法律保障。

在实践层面,我国残疾人事业在中华人民共和国成立以后,特别是改革开放以来,取得了巨大的发展与成就。我国自20世纪80年代以来在西方回归主流以及随后的融合教育思潮影响下开展了将残疾儿童招收到普通学校就读的

---

① 程凯. 加快特殊教育事业发展的重大举措:国办发[2009]41号文研读[J]. 中国特殊教育,2009(6):7—11.

试验与推广,许多残疾儿童少年上学有门,获得平等接受义务教育的机会。①同时,这种做法逐步改变了主流社会对于残疾的态度与观念,促进了社会各界人士对于残疾的理解与接纳。② 1988年11月,中华人民共和国成立后首次全国特殊教育工作会议在北京召开,会议交流了各地开展特殊教育及随班就读试验的经验与教训,在此基础上提出适合中国具体情况的特殊教育格局,即:

> 逐步形成以一定数量的特殊学校为骨干,以大量设置在普通学校的特殊教育班和吸收能够跟班学习的残疾儿童随班就读为主体的残疾儿童少年教育的格局。③

从此,越来越多的普通学校招收各类残疾儿童,使普通班内学生的学习能力、特点与需求日趋多样化。随班就读是我国特殊教育具体情况和西方回归主流乃至于融合教育思想相碰撞的产物。显然,随班就读成为我国普及残疾儿童少年义务教育的主要措施;随班就读成为发展特殊教育、提高残疾儿童少年入学率、促进残疾青少年社会融合的主要途径。④ 随班就读的出发点是为实现普及义务教育的基本目标,使没有上学机会的残疾儿童能够因陋就简、克服各种困难"有学上、有书读"。⑤这一点与西方融合教育有根本的不同。融合教育追求的是优质、适性的教育。在中西方的文化语境中,融合教育的表现形式和践行方式也有所不同;随班就读有着西方不具备的社会文化意蕴,需要在国际融合教育趋势的基础上对中国随班就读的开展进行深入的探索与研究。随班就读这一新的发展模式在20世纪80年代以来几乎在所有的特殊教育相关法律、法规中得到确认与强调,并成为中国特有的推进融合教育的本土化实践模式。国家教育委员会于1994年颁布的《关于开展残疾儿童少年随班就读工作的试行办法》总结了我国随班就读实施近十年以来的经验与教训,对随班就读工作的对象、教学、管理等方面进行了规定,并明确指出:开展残疾儿童少年随班就

---

① 邓猛,潘剑芳.关于全纳教育思想的几点理论回顾及其对我们的启示[J].中国特殊教育,2003(4):1—7.
② 邓猛.关于全纳学校课程调整的思考[J].中国特殊教育,2004(3):1—7.
③ 朴永馨.特殊教育辞典[M].北京:华夏出版社,1996.
④ 邓猛,朱志勇.随班就读与融合教育:中西方特殊教育模式的比较[J].华中师范大学学报(人文社会科学版),2007(3):125—130.
⑤ 邓猛.随班就读利与弊的探讨[J].特殊教育,1992(3):5—7.

读工作,是发展和普及我国残疾儿童少年义务教育的一个主要办学形式……实践证明,这是对残疾儿童少年进行义务教育行之有效的途径。

随班就读试验在普及特殊儿童义务教育、转变社会观念、促进特教与普教融合等方面取得了丰硕的成果。① 越来越多的普通学校招收了残疾儿童,从而使普通班内学生的学习能力、特点与需要趋于多样化。② 1988年,全国只有57600个残疾学生就读于特殊学校或随班就读;1992年,在校人数增加到129400个;③ 2003年,在校人数达364700个。④ 全国三类残疾儿童(智力障碍、听力与视力残疾)入学率从1987年的不足6%增加到1996年的60%,2000年入学率超过80%。⑤ 1992年,28%的在校残疾学生在普通教室随班就读,2003年随班就读生占入学残疾学生总数的70%左右;2014年,普通小学、初中随班就读和附设特教班招收的学生3.80万人,在校生20.91万人,分别占特殊教育招生总数和在校生总数的53.78%和52.94%。⑥

进入新世纪后,我国残疾人事业发展站在新的历史起点上,进入新的历史阶段。残疾儿童入学率大大提高;特教体系日益完善;随班就读在转变社会观念、促进普特融合等方面也取得了丰硕成果。残疾人参与社会生活的环境和条件明显改善,生活水平和质量不断提高。我国政治稳定,民主和法制建设不断加强,残疾人事业方才取得举世瞩目的成就。经过30多年的实践,我国特殊教育已经发展到由追求升学率转向质量提升的关键时期,要求发展高水平、高质量的义务教育。在随班就读今后的发展中,我们不仅应该努力将那些还没有进入学校的特殊儿童招收进来,还应办人民满意的教育。

党的十七大首次将特殊教育写进了党的代表大会报告,提出"关心特殊教育"的要求,将特殊教育作为改善民生、促进社会和谐发展的重要内容。2008

---

① 邓猛. 关于全纳学校课程调整的思考[J]. 中国特殊教育,2004(3):1—7.
② Deng M, Manset G. Analysis of the "Learning in Regular Classrooms" Movement in China [J]. Mental Retardation,2000,38(2):124-130.
③ 顾定倩. 试论我国特殊教育义务教育立法的发展[J]. 特殊教育研究,1993(4):1—9.
④ 教育部. 2003年全国教育事业发展统计公报[EB/OL]. (2004-5-2)[2019-12-1]. http://www.moe.gov.cn/s78/A03/ghs_left/s182/moe_633/tnull_3570.html.
⑤ Deng M. Focus on Inclusive Policy[J]. Newsletter of EENET,2003:6—7.
⑥ 2014年全国教育事业发展统计公报[Z]. (2015-07-30)[2019-11-19]. http://www.chinanews.com/gn/2015/07-30/7437057.shtml.

年3月《中共中央、国务院关于促进残疾人事业发展的意见》要求:完善促进残疾人事业发展的法律法规和政策措施,健全残疾人社会保障制度,加强残疾人服务体系建设,营造残疾人平等参与的社会环境,缩小残疾人生活状况与社会平均水平的差距,实现残疾人事业与经济社会协调发展,努力使残疾人同全国人民一道向着更高水平的小康社会迈进。2012年党的十八大报告中,再次明确提出了"支持特殊教育"的目标,为特殊教育的发展注入新的活力。2015年召开的党的十八届五中全会上第一次提出"要办好特殊教育";在"十三五"期间,要在"好"字上下功夫,使特殊教育体系更加完善,服务保障能力不断增强,残疾学生融入社会的能力持续提高。2016年发布的《中华人民共和国国民经济和社会发展第十三个五年规划纲要》中明确提出要"提升残疾人群特殊教育普及水平、条件保障和教育质量"。党的十九大更是明确提出"办好特殊教育"的要求,为特殊教育提出了更高的目标。可见,特殊教育是国民基础教育的重要组成部分,是教育的兜底工程。重视特殊教育,不仅是社会主义人道主义的体现,更是增加残疾家庭福祉、助力精准扶贫、加快残疾人小康进程,全面实现小康社会的重大战略步骤。建设小康社会,残疾人不能缺席;建设现代化教育强国,就必须办好特殊教育,让每一个残疾孩子享受到优质而公平的教育。从"关心""支持"到"提高"这一态度和立场的不断转变,体现了党和国家政府对特殊教育越来越重视,越来越认识到特殊教育在我国教育发展中的地位与作用。

但是,我国残疾人事业基础还比较薄弱,残疾人社会保障政策措施还不够完善,残疾人在基本生活、医疗卫生、康复、教育、就业、社会参与等方面还存在许多困难,总体生活状况与社会平均水平存在较大差距。学校与社会的衔接缺乏明确的保障。社会上对于残疾人的歧视与偏见仍然不同程度地存在着;残疾人参与公共生活存在着环境上的障碍。① 随班就读离融合教育的距离仍然很远,随班就读的支持体系范围狭窄,仅限于少量资源教室建设,与融合教育的要求不一致。残疾与其他处于弱势的学生的需要被忽略或拒绝的情况严重。我国特殊儿童的随班就读出现了"随班就座""随班混读"的现象。特殊教育与普

---

① 邓猛,周宏宇.关于制定《特殊教育法》的倡议[J].中国特殊教育,2005(7):3—6.

通教育之间差距较大,城乡以及不同残疾类别残疾人受教育程度不均衡。如何为融合教育提供整合的、适当的支持体系,确保融合教育的实施,就成为一项极为重要的研究课题。2014年国务院转发的《特殊教育提升计划(2014—2016)》也指出:我国特殊教育整体水平不高,发展不平衡。农村残疾儿童少年义务教育普及率不高,非义务教育阶段特殊教育发展水平偏低,特殊教育学校办学条件有待改善,特殊教育教师和康复专业人员数量不足、专业水平有待提高。

三、北京市融合教育发展的历史

中华人民共和国成立以来,北京市的特殊教育迅速发展,残疾儿童少年的入学率、特殊教育学校以及随班就读工作都取得巨大进展,在全国处于领先地位。北京市作为全国的首善之区,以"爱国、创新、包容、厚德"作为城市精神,体现了首都历史文化的特征与推进国际化、现代化大都市的建设的内在动力。为了推进首都基本公共教育服务均等化,市政府和市教委相继颁发的《北京市中小学融合教育行动计划》(京政办函〔2013〕24号)、《关于进一步加强随班就读工作的意见》(京教基二〔2013〕1号)等重要文件,致力于保障残疾儿童少年拥有平等享受基本公共教育服务的权利,促进和谐社会首善之区的建设。

发展融合教育正是教育理论与实践的"创新"举措,融合教育提倡的对残疾人的平等接纳与"包容"的理念正是社会融合与公平正义的重要特征。创建有效的融合教育支持体系,推进融合教育,对于北京市特殊教育进一步发展与整体教育体制变革,促进北京教育的现代化与国际接轨的进程,促进提高国家文化软实力,以及社会公平与正义目标的实现具有重要意义。因此,本书以北京融合教育发展为案例,开展调查研究,总结经验教训,探索融合教育理论与实践策略,促进融合教育学校的建设与推广。本书从北京特殊教育实际与社会文化背景出发,结合国际特殊教育发展的趋势,做到本土化与国际化的相互交融,创建符合北京市社会文化特征的融合教育模式及系统的支持策略体系;既解决北京市特殊教育面临的最紧迫的问题,又与国家的教育发展目标紧密结合,能够起到引领与示范的作用;为我国推进融合教育,促进教育改革做出贡献。

1. 边试验边推广阶段(1988—1992)

北京市是全国随班就读试验工作开展最早的地区之一。最早可追溯至

1988年金钥匙视障教育首先在房山县石楼乡对两名双目失明的学生进行的随班就读实验。1989年9月,智力障碍儿童随班就读试验在宣武区老墙根第一小学、朝阳区北花园小学、昌平县沙河镇中心小学进行。1990年国家教委开始确定在北京市开展聋童随班就读试验,并编写全国聋童随班就读教师指导手册,并于1992年进行了听力残疾儿童随班就读试验。① 三类残疾儿童随班就读实验的全面开展,极大地推动了北京市随班就读工作。

根据周耿的总结,北京当时的随班就读工作已初步形成了三个网络。①随读工作管理网络:由市教委主管主任牵头,各区县设置由主管局长、主管科长负责的随读工作领导小组,各学区、中心校设有专门管理随读生的主管校长、主任,负责随班就读工作的领导、组织与具体实施管理工作。②师资培训网络:由北京市教委师资处牵头,由北京特殊教育师资培训中心负责全市随读教师的继续教育专业培训工作,各区、县教育局由继教部门负责,认真执行"九五"随班就读教师的继续教育计划。③教科研网络:由北京市特殊教育中心牵头,成立三类(盲、聋、智障)市级的随班就读教学中心教研组,各区、县相继成立区县级三类教研组,定期开展指导性活动,各学区中心校也逐步成立随读教研组。这些教研组将教研课题与科研课题相结合,开展教科研活动,将教科研纳入各区县科研部门工作,与普教一起统筹进行。②

2. 全面推进普及阶段(1993—2013)

从20世纪90年代开始,为了推动随班就读工作的开展,北京市先后出台了一系列的措施为随班就读工作推进提供强力保障。1998年北京市教委下发《关于进一步加强九年义务教育阶段残疾儿童少年随班就读工作的意见》;2005年下发《关于在全市各区县开展建立随班就读工作支持保障体系工作的通知》;2009年又下发《关于贯彻落实第四次全国特殊教育工作会议精神 进一步加快首都特殊教育事业发展的意见》(京教基〔2009〕34号)等系列文件,为随班就读工作的推进提供强力保障。北京市还在全国较早开始探索资源教室、特殊教育中心等专业支持模式,早在1997年宣武区后孙公园小学就建立了全

---

① 刘艳虹,顾定倩,焦青. 改革开放30年北京市特殊教育发展及现状研究[J]. 中国特殊教育,2008(10):42—49.

② 周耿. 北京市随班就读综合教育模式的构建与实践[J]. 中国特殊教育,2000(3):25—27.

国第一个资源教室,2002年北京市教委正式在全市范围内启动资源教室的建设,取得明显成效。为进一步加强对资源教室的规范化建设,充分发挥其作用,北京市教育委员会2005年下发《北京市随班就读学校资源教室建设与管理的基本要求(试行)》,明确提出要加强资源教室的建设,使之成为对随班就读工作支持保障的一项重要举措;并以此指导学校建好、管好、用好资源教室。这份文件主要内容包括:资源教室的硬件管理(设备管理、资源管理、档案管理);资源教室的软件管理(资源教师的管理、学生管理);资源教室的业务工作管理(诊断评价、教育训练、咨询指导等)。[1] 使资源教室真正发挥了在学校随班就读工作中的支持作用,促进了北京市随班就读工作的健康发展。

此外,北京市在融合教育的政策支持、物质保障、专业指导、师资培训和教育教学质量提高等方面都做出了有益的探索和切实的实践,走在全国前列。2004年,北京市海淀区率先提出开展"融合教育",要求学校提供适当的教育环境使所有特殊学生有机会进入普通学校学习。北京新源西里小学早在1984年就开始招收智力障碍儿童入学,利用普校的教育资源对智力障碍儿童实施教育;到2014年,在该校就读的特殊儿童由15人左右增至80~90人,其中参与融合的学生已增至47人。学校的教育理念由最初的"重普轻特"发展为"普特并重",直至今天的"融合教育"。2007年北京市教委要求接收5名及以上随班就读学生的中小学校需要建立资源教室或区域资源中心,为随班就读学生得到针对性辅导和训练创设必要条件。[2] 2012年,市教委又公布"随班就读"具体标准,对视力残疾、听力残疾、言语残疾、肢体残疾、智力残疾、精神残疾和多重残疾的随班就读标准做出了详细的量化规定。[3]

经过近30年的努力,已经有5000余名残疾儿童在普通学校随班就读,随班就读成为实现残疾儿童特殊教育的主要模式。在国家规定的"以特殊教育学校为骨干,以辅设班和大面积的随班就读为主体"的特殊教育格局基础上,探索了资源教室、特殊班、个别化辅导室、特殊学校相辅相成的不同安置服务模式。

---

[1] 孙颖. 北京市资源教室建设现状与发展对策[J]. 中国特殊教育,2013(1):20-24.
[2] 北京:收5名及以上随班就读学生学校需建资源教室[EB/OL]. (2013-02-07)[2019-12-07]. http://xiaoxue.eol.cn/xxdt_10959/20130207/t20130207_901824.shtml.
[3] 北京市教委公布"随班就读"具体标准[EB/OL]. (2013-02-08)[2019-09-30]. http://bjwb.bjd.com.cn/html/2013-02/07/content_47430.htm.

在此基础上,形成了"以特殊教育学校为骨干,以随班就读为主体、以送教上门为补充"的特殊教育办学体系。同时,在无障碍环境设计、教学方法改革、支持服务体系建设等多方面进行了有益的探索。自1997年北京市在宣武区后孙公园小学建立第一个资源教室以来,北京市普通学校的资源教室建设历经了十几年的发展,取得了较大的成绩,为特殊学生回归主流,在最少受限制的教育环境中学习创造了良好的条件。据统计,北京市教育委员会投资近1500万元,在全市中小学建设了75个资源教室,区县投资自行建设的资源教室73个,北京市资源教室总数达148个。这些资源教室中,有些是设有辅读班的普通小学的部分时间资源教室,有些是针对某一类残疾学生而设的专门化资源教室,大部分是对在校各类残疾学生随班就读提供支持的支持性资源教室。①

3.质量提升及启动融合教育(2013年以来)

2013年1月,北京市教育委员会、北京市人民政府教育督导室、北京市残疾人联合会联合印发《关于进一步加强随班就读工作的意见》,对完善随班就读对象的确认、入学等管理机制、资源中心建设、教师专业发展和政府责任等做出详细规定。目前,北京市有近6000名残疾学生在1093所普通中小学就读,这些学生约占全市义务教育阶段在校残疾学生总数的66%;接收随班就读学生的中小学占到全市义务教育阶段学校总数的近80%。北京市随班就读的发展已进入深化时期。

2013年4月,北京市发布了《北京市中小学融合教育行动计划》,明确提出要"以融合教育为指导,以提高素质教育为目标,提高特殊教育的科学性、针对性和实效性",并且计划在未来3年,将建100个示范性资源教室,20所市级融合教育示范校,"积极为逐步实现'同班就读'创造条件"(见表1-2)。

表1-2 北京市融合教育安置基本数据

内容	数据
北京市建区域特教中心(资源中心或特教教研室)	12个区
各区县特教中心共有巡回指导教师	55人

---

① 孙颖.北京市资源教室建设现状与发展对策[J].中国特殊教育,2013(1),20—23.

续表

内容	数据
北京市随班就读学校数	1074所(小学:686;中学:388)
北京市随班就读学生数	5621人(小学:3255;中学:2366)
北京市任随班就读教师数	21884人
北京市在普通学校里的特教班数	19个
北京市建有资源教室的学校数	134所(小学:85所;中学:49所)
普通中小学资源教室里的资源教师数	专职:47人;兼职:279人

同班就读意味着以下3方面的内容。

(1)同等的权利。残疾儿童与正常儿童一样享有平等接受教育的基本权利。同校意味着所有残疾儿童的公平的教育权利,体现了零拒绝的思想。

(2)同样的环境。同班意味着残疾儿童有权在普通教室接受适合他们自己特点的教育。普通学校通过学校整体变革,创建平等接纳的校园文化,建立包容、共享的全纳学校,促进学校整体质量的提升。

(3)同等的地位。同班意味着残疾儿童不仅能进入普通学校就读,在班级里与正常学生处于相同的主体地位。他们平等、全面地参与学校与班级的所有活动。①

具体而言,随着《北京市中小学融合教育行动计划》的落实,北京市融合教育在以下几个方面取得了突破性进展(见表1-3)。

表1-3 北京市融合教育工作突破与工作要求

工程名称	工作突破与工作要求
特殊支持教育中心引领工程	1.首次提出建立市、区两级特殊支持教育中心: (1)突出"支持"功能,由特殊教育中心向特殊支持教育中心转型 (2)健全随班就读管理体系和服务机制,完善支持中心的教学、科研、资源开发和师资培训的职能

---

① 邓猛,景时.从随班就读到同班就读:关于全纳教育本土化理论的思考[J].中国特殊教育,2013(8):3-9.

续表

工程名称	工作突破与工作要求
随班就读主体工程	2. 首次提出实施特殊教育学校学生双学籍制度： 特殊教育学校学生具有特殊教育学校学籍和户籍所在地就近入学学校学籍，确保每名学生每月至少半天参加普通学校活动
	明确提出由"随班就读"逐步实现"同班就读"（注重质量提升）： 《关于进一步加强随班就读工作的意见》对如何实现"同班就读"提出具体要求
	明确提出为全市所有公办义务教育学校进行无障碍环境改造
	明确提出开展融合教育示范学校和示范区创建活动： (1) 三年内市级支持100所随班就读工作突出的义务教育学校建立软、硬件完备的示范性资源教室 (2) 创建20所市级融合教育示范学校
送教上门辅助工程	覆盖范围："零拒绝、全覆盖"
	教育方式拓展：北京数字学校为残疾儿童少年提供特殊教育需要的资源
学前特殊教育服务工程	以幼儿园为依托，建立60个特殊儿童随园就读康复资源中心。每个康复资源中心一般应配备专业教师1名
特殊教育教师队伍建设工程	首次明确划分出5支特殊教育教师队伍： 特殊教育学校教师、巡回指导教师、资源教师、随班就读教师、送教上门教师
	师资队伍建设的突破点： (1) 探索特殊教育专业证书制度 (2) 建立各类特殊教育教师岗位条件和专业标准 (3) 实施特殊教育名校长、名教师培养工程 (4) 巡回指导教师、资源教师享受特教津贴；随班就读教师享受岗位补助
特殊教育社会支持工程	建立北京市特殊教育专家咨询委员会
	建立残疾儿童、少年信息平台和资料库
	对现有社区实施无障碍改造

四、北京市融合教育体系的建构

（一）完善了融合教育支持保障体系

支持保障体系的建立旨在根据特殊儿童的需要，在教育的诸多方面为其提供必要的支持和帮助,通过教育过程的公平,使特殊儿童获得充分的发展,从而实现教育结果的公平。① 为促进随班就读工作的科学化、规范化、制度化的开展,自 20 世纪 90 年代中期开始我国许多学者和地方教育主管部门开始探索建立随班就读工作支持保障体系。② 在推动融合教育的发展过程中,北京市经过 30 多年的探索,形成了自上而下和自下而上的双重教育支持模式。

1. 自上而下的组织管理模式

经过多年的实践与探索,北京市已经形成了一套完整的随班就读运行管理机制。这一机制自上而下,北京市教育委员会进行宏观管理与领导,提供行政支持与保障;以北京市特殊支持教育中心为专业指导核心,提供专业支持,协助规划特教工作,办理行政业务,成为联系教育行政部门与学校间的桥梁。行政管理分层落实,专业指导分级分类进行,共同构成符合北京实际情况的特殊教育工作管理与专业指导网络系统(见图 1-1)。

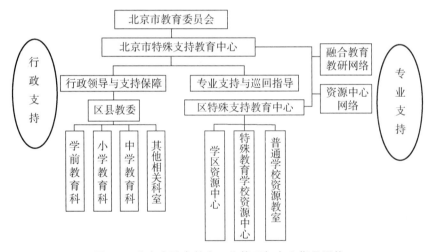

图 1-1 北京市融合教育工作管理与专业指导网络

政府相关部门制定融合教育支持的相关规定,如随班就读学生的生均公用经费、相关专业人员配备标准、随班就读学生评价指标体系等,自上而下的运行

---

① 于素红,朱媛媛. 随班就读支持保障体系的建设[J]. 中国特殊教育,2012(8):3-8.
② 王文宝. 随班就读工作支持保障体系实验工作调研——以河南省为例[J]. 中国特殊教育,2004(8):11-16.

模式满足了融合教育发展的一般教育支持需求。整个网络系统以各级特殊教育资源中心为核心节点,接受教育行政部门委托与授权,整合资源为普通学校提供相关支持服务(见图1-2)。北京市自1990年建立了市级特殊教育中心1个,至今16个区都建立了特殊教育中心,还有38个学区融合教育中心。

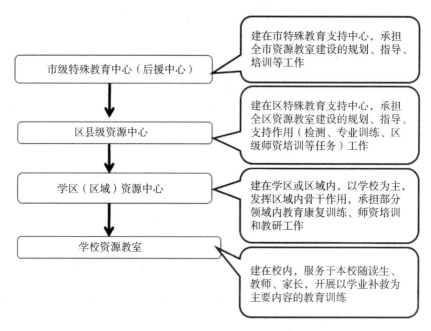

图1-2 北京市资源中心建设网络及功能

在这种自上而下的特殊教育支持模式中,北京市教委为融合教育的发展提供两大方面的支持:行政领导与支持保障以及业务巡回指导。在行政领导与支持保障工作中,北京市各区县教委下设的学前教育科、小学教育科、中学教育科等各科室都要为融合教育和特教班的教学提供必要的支持。在业务巡回指导方面,为了推动融合教育的发展,当前,北京市建立了市区两级特殊教育中心,16个区建立了特殊教育中心或者是融合教育中心;16个区共有专职巡回指导教师65人。另外,北京市还构建了融合教育教研团队,融合教育教研员共有64人。总体上形成了区县级资源中心—学区(区域)资源中心—学校资源教室三级资源支持服务体系。以学区制改革为契机,制定了学区资源中心和资源教室建设标准,建立残健学生共享的、通用的资源支持服务体系。

2.自下而上的教育支持模式

自下而上的教育支持模式是融合教育学校管理人员、教师、巡回指导人员等组成团队对随班就读学生的现有水平进行评估,全面了解学生的发展情况以及所需要的教育支持,明确提供这些教育支持所需要的人力资源、物质资源。自下而上的运行模式提高了教育支持的针对性和灵活性(见表1-4)。

表1-4 北京市融合教育学校支持保障内容(自下而上)

学校支持	具体内容
学校支持的教育理念	1.融合学校的课程、学校环境、学校人际关系、学校的教学活动、学校与社会(区)交往等,有教学行为所表达的理念。 2.应是学校领导班子、全体教师、全校学生共同认同与追求的理念
学校的导向与气氛	1.物理环境建设 2.心理环境对差异性的容纳、调整、合作、尊重和欣赏。让随读学生有归属感。体现的教育常态是教育公正和公平的彰显
学校校本课程的定位与教学	开发多元课程,注重学生的潜能和多元智能,满足学生的个别化教育需求,注重个体的共性,倡导创造性学习、合作学习、协同教学等
学校评价体系的改革	建立个别化评价体系。根据融合教育学生实际,制订个别化教育计划。研制适合不同类型、不同年级的评价工具和评价标准,逐步建设融合教育学生发展评价数据库和评价参照体系,提高融合教育教学质量
学校管理与资源教室建设	1.管理的改革:融合教育学生学籍的管理、班额调整、教学调整、作业考试处理、教师评价、学校评价以及家庭教育、家长工作、学生升学和就业 2.建立资源教室及配备专业的资源教师
教学中的支持	教学中的支持:课程、教学组织模式、教材、作业、教学环境与资源、考试评价、教学方法与策略等的支持

(二)融合教育专项督导制度

融合教育督导是各级教育行政督导部门根据融合教育的理念以及国家关于实施融合教育的相关法律法规和政策文件,运用科学的方法和组织,对融合教育工作进行监督、检查、评估和指导,以促进融合学校的建设和融合教育质量的提高。为了促进融合教育的发展和融合学校的建设,各级地方教育行政部门都需要定期对各学校的融合教育发展情况进行督导评估。《特殊教育提升计划(2014—2016)》中明确提出未来三年特殊教育发展的总目标中包括"全面推进全纳教育,使每一个残疾孩子都能接受合适的教育"。在推进融合教育的同时,我国也在加强融合教育的督导评价工作,以确保融合教育的质量。《特殊教育提升计划(2014—2016)》规定:"国家有关部门组织开展对特殊教育提升计划实施情况的专项督导检查。"这其中当然也包括融合教育实施的专项督导。

北京市在《北京市中小学融合教育行动计划》明确要求要"强化督导评价","建立健全对特殊教育的督导和评价制度。对区县政府特殊教育工作进行督导,督促区县政府及其相关部门落实发展特殊教育的职责","进一步完善对中小学融合教育工作的督导检查,督促落实融合教育工作的相关规定。逐步建立健全特殊教育质量评价制度。将对各区县政府特殊教育工作的督导结果、特殊教育办学水平和教育质量作为评价考核区县教育工作的重要内容;将对特教学校的督导评价结果作为评价考核特教学校工作的重要依据"。在对融合教育督导的实践中,北京市将组织领导、经费保障、办学条件、工作管理等指标纳入对融合教育工作教师岗位补助、资源教室管理、融合教育教学等随班就读工作的督导评价中,形成了一套系统的融合教育工作督导评估指标(见表1-5)。

表1-5 北京市融合教育工作督导评估指标体系(节选)

一级指示	二级指示	三级指示	分值	评价等级		
				A	B	C
一、组织领导	(一)教育地位	1.确立特殊教育优先发展的地位,重视并加强对特殊教育的领导,列入议事日程,推进特教事业发展	3	3—2.7	2.6—1.8	1.7—0
		2.把特殊教育纳入当地经济社会发展整体规划和教育发展规划,制订特殊教育年度计划,工作思路清晰,目标任务明确,措施具体可行	3	3—2.7	2.6—1.8	1.7—0
		3.建立特殊教育联席会议制度,定期召开联席会议,研究、协调、解决重要问题	3	3—2.7	2.6—1.8	1.7—0

续表

一级指示	二级指示	三级指示	分值	评价等级 A	评价等级 B	评价等级 C
一、组织领导	(二)制度保障	4.建立由联席会议办公室牵头,其他相关部门分工负责的工作机制,各部门职责分工明确,责任落实,形成推动特殊教育工作的有效合力	3	3－2.7	2.6－1.8	1.7－0
		5.健全和完善以随班就读为主体,以特殊教育学校为骨干,以送教上门等多种形式为补充的特殊教育体系	3	3－2.7	2.6－1.8	1.7－0
		6.建立健全对特殊教育的督导和评价制度,开展对融合教育工作的督导和评价,督导结果向区县政府报告,并列入对相关部门和学校的考核、评价范围,建立奖惩机制	4	4－3.6	3.5－2.4	2.3－0
		7.健全和完善特殊教育表彰制度,对做出突出成绩的单位和个人进行表彰,大力宣传融合教育先进单位和个人的事迹	3	3－2.7	2.6－1.8	1.7－0
二、经费保障	(三)经费投入	8.将经费全面纳入财政保障范围,加大对特殊教育投入的力度,随着教育事业费的增加而逐步增加,进一步拓宽特殊教育经费来源渠道,满足融合教育发展需要	3	3－2.7	2.6－1.8	1.7－0

(三)融合教育示范创建活动

《北京市中小学融合教育行动计划》中提出,北京市要开展融合教育示范学校和示范区创建工作,三年内市级支持100所随班就读工作突出的义务教育学校建立软、硬件完备的示范性资源教室,创建20所市级融合教育示范学校,推动北京市融合教育迅速发展。为了更加客观的评价融合教育示范学校,北京市还制定了《北京市融合教育示范学校评价表》,具体评价指标包括学校管理、随读学生管理、师资队伍建设、教育教学工作、教育科研、支持性工作、办学效果等几个方面,评价方式包括听取汇报、访谈教师和学生、查阅资料、现场听课等方式。北京市融合教育近年来发展迅速,取得丰硕成果。例如,2017年,海淀区融合教育发展走在全国前列,融合教育已覆盖134所中小学,建有84间资源教室,数量居北京市首位,并配有专兼职资源教师。海淀区义务教育阶段在校残疾学生1436人,其中在普通幼儿园、中小学就读的有705人,另有43名学生接受送教上门服务。此外,还有学习障碍、感统失调、注意力缺陷及多动障碍、社交障碍等特殊需求的学生2000余名。有15名巡回指导教师、26名专职资源教师、116名兼职资源教师及3800余名教师为这些学生提供直接服务,已形成以特殊教育中心为指导、融合教育为主体、特殊教育学校为骨干、送教上门为补充的特殊教育办学格局。

"十一五"以来,海淀区教委每年投入专项资金用于区级资源教室建设,建设资金由20万元增至50万元每间;普通学校资源教室从2008年的6间增至2017年的84间,数量居全市首位。其中,5所学校被评为市级资源教室示范先进校,另外建有3个学区资源中心,已形成"区特教中心——学区资源中心——学校资源教室"三级专业指导和服务支持网络。

为融合教育发展储备专业人才,海淀区于"十三五"时期形成分类要求、分层指导的融合教育师资培训模式。开展的资源教师专项培训,已有200余名教师取得海淀区资源教师资格证书,基本实现了为每所学校储备一名融合教育专业人才的目标。举办的应用行为分析培训,来自近80所学校的100余名教师顺利结业。此外,资源教师技能提升班、融合教育全员培训、融合教育主管干部和巡回指导教师培训等,共计培训5000余人次,约1200学时,全面提升了一线教师的融合教育素养。海淀区融合教育进入新的发展阶段。随着一校一中心布局的调整,区教委及特教中心增加50个普通学校资源教室,增建学区资源中心,增强区级特殊中心、学区资源中心、学校资源教室三级融合教育支持保障系统建设。①

(四)初步形成融合教育发展格局

随着20世纪80年代中期以来在我国大规模进行的残疾儿童随班就读试

---

① 2017年北京海淀区融合教育覆盖134所中小学[EB/OL].(2017-07-10)[2018-07-20]. http://bj.zhongkao.com/e/20170710/5962f4b1b7d7e.shtml.

验及其推广,各类残疾儿童的入学率得到了很大的提高。推行融合教育,提升特殊教育质量,成为新时期特殊教育改革的重要方向。中华人民共和国成立以来,北京市的特殊教育有了飞速的发展,残疾儿童少年的入学率、特殊教育学校以及随班就读都取得了巨大进展,尤其是近年以来融合教育的发展与探索,在全国处于领先地位。探索了资源教室、特殊班、个别化辅导室、特殊学校相辅相成的不同安置服务模式;形成了"以特殊教育学校为骨干,以随班就读为主体、以送教上门为补充"的特殊教育办学体系。同时,在无障碍环境设计、教学方法改革、支持服务体系建设等多方面进行了有益的探索。完整的以随班就读为核心的特殊教育运行机制得以形成(见图1-3)。

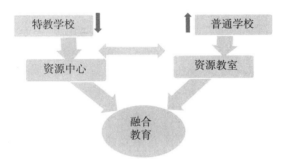

图1-3 北京市特殊教育安置服务体系

北京市作为全国的首善之区,以"爱国、创新、包容、厚德"作为城市精神,体现了首都历史文化的特征与推进国际化、现代化大都市的建设的内在动力。为了推进首都基本公共教育服务均等化,市政府和市教委相继颁发相关重要文件,致力于保障残疾儿童少年拥有平等享受基本公共教育服务的权利,促进和谐社会首善之区的建设。

但是,随着北京市经济社会的快速发展和特殊教育体系的日渐完善,特殊教育面临新的问题。总体上看,特殊教育整体水平仍然不高,发展不平衡。特殊教育学校办学条件有待改善,特殊教育教师和康复专业人员数量不足、专业水平有待提高;教育康复水平偏低。融合教育发展水平不高,随班就读学生就学质量和规模有待进一步提高,非义务教育阶段特殊教育发展水平偏低。

五、本章小结

从西方融合教育开展较早、相对发达的国家的实践经验来看,相关的立法与政策制定、地方管理部门的政策执行与管理、特殊学校与普通学校的合作协调,以及足够的资源与师资水平等是融合教育能否获得成功的关键要素。相关研究也表明,教育者对于技术、物质资源、组织与管理等方面支持的满意度直接影响到他们对融合教育的态度与实施效果。在资源不充分的情况下他们更倾向于拒绝接受残疾儿童。教师实际得到的支持与他们对支持的需要之间的差距越小,融合教育就越可能获得成功。然而,多数研究表明,教师经常认为他们接受的"支持"并没有起到支持的作用,校长与管理机构提供的支持往往并非他们最需要的。因此,融合教育成功的关键在于能否将特殊教育相关支持与服务融入普通教室,而非抽出与隔离。2005年及2010年在英国召开全球最有影响的融合教育大会便以"融合与支持性教育"为题来强调"支持体系"与融合教育的共生关系。

尽管如此,我国随班就读的发展离融合教育的距离仍然很远,跟不上我国社会与经济发展的步伐。北京市近年来融合教育发展很快,但离真正融合的精神还有距离;与北京市的政治、国际地位不相适应。当前,北京市随班就读的支持体系范围狭窄,仅限于少量资源教室建设,与融合教育的要求不一致。因此,特殊教育与普通教育之间差距较大,城乡以及不同残疾类别残疾人受教育程度不均衡;残疾人受教育程度低的现状仍然没有得到根本的改变,残疾人生活质量以及社会参与度也不尽如人意。2013年,北京市教委、市残联共同组织在全国率先实施"北京市中小学融合教育行动计划",为残疾学生到普通学校接受适合的、平等的教育提供了最大的可能性。如何为融合教育提供整合的、适当的支持体系,确保融合教育的实施,就成为一项极为重要的研究课题。本书内容因此对于北京市发展融合教育,实现教育公平,促进社会和谐发展有重要的意义;为北京市教育管理部门制定并实施融合教育政策、构建融合教育支持体系有重要的政策参考价值;对提升特殊教育质量,促进融合教育的发展起到重要的积极推进作用。

因此,必须加快推进北京市特殊教育事业发展,提升特殊教育水平,推进首都基本公共教育服务均等化,促进北京整体教育体制变革与教育的现代化进程。促进残疾人全面发展和更好融入社会,使广大残疾人共享改革发展成果,在全面建成小康社会、实现"两个百年"目标和中国梦的进程中实现幸福人生。

发展融合教育正是教育理论与实践的"创新"举措,融合教育提倡的对残疾人的平等接纳与"包容"正是社会融合与和谐的重要特征。创建有效的融合教育支持体系,推进融合教育,对于北京市特殊教育进一步发展与变革整体教育体制,促进北京教育的现代化与国际接轨的进程,促进提高国家文化软实力,以及社会公平与正义目标的实现具有重要意义。因此,有必要开展探索融合教育支持策略的研究,从而促进融合教育学校的建设与推广。

第二章　北京市普通中小学融合教育基本情况调查

第一节　北京市普通中小学融合教育基本情况调查研究设计

一、问题提出

作为发展中的国际化大都市,北京市一直重视接收残疾儿童少年到普通学校就读,致力于为其提供适合的教育,并将之确立为推进特殊教育发展的重要努力方向和工作内容。北京市全国最早的进行随班就读试验工作是地区之一。早在1988年,金钥匙视障教育研究中心主任徐白仑就倡导了随班就读实验,帮助房山县石楼乡两名双目失明的学生进入普通小学就读。1991年又在海淀区开展了盲生随中学就读试验。1989年在宣武区进行轻度智障生随班就读实验;1992年11月,受国家教委基教司委托进行了听力残疾儿童随班就读的实验。三类残疾儿童随班就读实验的全面开展使残疾儿童入学率由1990年的64.15%提高到1998年的97.24%。[①] 北京市还形成了完整的随班就读工作管理、师资培训、教科研网络。从20世纪90年代开始,北京市先后出台《关于进一步加强九年义务教育阶段残疾儿童少年随班就读工作的意见》《关于在全市各区开展建立随班就读工作支持保障体系工作的通知》等系列文件,为推进随班就读工作提供有力保障。在全国较早开始探索资源教室、特殊教育中心等专业支持模式,并于2002年率先开始资源教室建设,取得明显成效。北京市在融合教育的政策支持、物质保障、专业指导、师资培训和教育教学质量提高等方面都做出了有益的探索和切实的实践,走在全国前列。

为加强对学校资源教室的管理,建立有效的运作机制,保障资源教室功能可持续发展,2005年北京市颁布《北京市随班就读资源教室建设与管理的基本

[①]　周耿.北京市随班就读综合教育模式的构建与实践[J].中国特殊教育,2000(3):25—27.

要求(试行)》。2013年,北京市先后印发《关于进一步加强随班就读工作的意见》对完善随班就读对象的确认、入学等管理机制、资源中心建设、教师专业发展和政府责任等做出详细规定;同年,《北京市残疾儿童少年随班就读工作管理办法(试行)》出台,到2013年,北京市有5682名残疾学生在1093所普通中小学就读,这些学生约占全市义务教育阶段在校残疾学生总数的66%;接收随班就读学生的中小学占到全市义务教育阶段学校总数的近80%,随班就读学生生均公用经费是普通学生的6.8倍。[①] 随班就读发展居全国之首。

但在残疾儿童少年分类增加的背景下,北京市残疾儿童少年义务教育阶段入学率相对较低,融合教育水平不高,随班就读学生就学质量和规模有待进一步提高,资源教室建设及教师培训有待进一步发展。杨希洁、徐美贞调查了北京市普通学校资源教室的运作状况。调查结果表明,北京市随班就读学校开办资源教室亟须加强对资源教师的专业教学知识、技能的培训;系统收集、研制有效的诊断评估工具;减少资源教师的兼任职务,正确计算资源教师的工作量。[②] 王红霞等发现普通学校教师和领导认为特殊学生可以顺利地与普通学生交往,但对融合教育的开展仍持中立态度;家长工作和政策支持分别成为教师和学校的首位需求。[③] 2013年颁布的《北京市中小学融合教育行动计划》指出,北京市特殊教育面临的主要问题包括:一是医疗筛查技术不断提高,残疾分类更加精细,特殊教育学校就读需求明显增加,现有特殊教育学校资源总量明显不足。二是在残疾儿童少年分类增加的背景下,义务教育入学率相对较低,融合教育水平不高。三是全市所有特殊教育学校办学条件无一达到《特殊教育学校建设标准》。四是特殊教育学校教师无专门编制标准,仍参照普通中小学编制标准,不适应特殊教育学校发展需求。五是随班就读学生就学质量和规模有待进一步提高。六是全市中小学无障碍环境亟待改善。[④]

---

① 宗河. 帮助更多残疾学生实现梦想[N]. 中国教育报,2013-07-19(2).
② 杨希洁,徐美贞. 北京市随班就读小学资源教室初期运作基本情况调查[J]. 中国特殊教育,2004(6):7-11.
③ 王红霞,彭欣,王艳杰. 北京市海淀区小学融合教育现状调查研究报告[J]. 中国特殊教育,2011(4):37-41.
④ 北京市人民政府. 北京市人民政府办公厅关于印发北京市中小学融合教育行动计划的通知[EB/OL]. (2013-04-25)[2019-12-30]. http://www.bdpf.org.cn/zwpd/zcfg/jypxl/c16200/content.html.

为此,《北京市中小学融合教育行动计划》要求建设特殊支持教育中心引领工程、随班就读主体工程、送教上门辅助工程、学前特殊教育服务工程、特殊教育教师队伍建设工程、特殊教育社会支持工程等六大工程。该计划准备用三年左右时间,支持各区100所义务教育学校建立软、硬件完备的示范性资源教室,创建20所市级融合教育示范学校,建立60个特殊儿童随园就读康复资源中心,全面建设符合首都地位的完备的现代特殊教育体系。

近年来,北京市有关融合教育发展的研究仍然不多,相关研究调查主要涉及学校教师、领导及学生家长对融合教育的认识以及融合教育发展的需求与支持,[1]普通中小学教师对随班就读态度的调查、[2]北京市资源教室建设状况[3][4]等方面。基本结论依然是,相关的各方面对融合教育仍然是原则上持支持态度,但在实践方面,由于体制、政策、专业知识及资源与支持等方面的不足存在着多方面的问题。北京市资源教室建设及资源教师培养已经基本体系化,初步构成北京市特殊教育支持体系。但相关建设与教师的系统培训仍然不足。此外,上海市作为与北京市遥相呼应的经济发达地区,其在融合教育上的发展也得到众多研究者的关注。例如,于素红针对上海市300所普通学校进行的问卷调查,[5]主要包括学校随班就读工作管理部门与制度建设、资源教师与资源教室的配备、随班就读师资培训与教研活动、随班就读教学、家校合作与家长培训等方面的内容。研究发现上海市部分普通学校在随班就读管理制度、教研活动、个别化教育、融合教育、家校合作等方面已经有较大发展,但多数学校在课程调整、学生评价等方面存在突出问题;资源缺乏特别是教师资源缺乏是目前存在的主要矛盾,初中随班就读工作的开展情况落后于小学。也有专门对上海市随班就读学校资源教室建设与运作情况进行的

---

[1] 王红霞,彭欣,王艳杰.北京市海淀区小学融合教育现状调查研究报告[J].中国特殊教育,2011(4):37-41.

[2] 钟经华,孙颖,张海丛.北京市普通中小学教师对随班就读态度的调查[J].现代特殊教育,2011(9):12-14.

[3] 杨希洁,徐美贞.北京市随班就读小学资源教室初期运作基本情况调查[J].中国特殊教育,2004(6):7-11.

[4] 孙颖.北京市资源教室建设现状与发展对策[J].中国特殊教育,2013(1):20-24.

[5] 于素红.上海市普通学校随班就读工作现状的调查研究[J].中国特殊教育,2011(4):3-9.

调查研究,①②发现目前资源教室建设面临的主要问题是数量不足,特殊教育专业资源相对匮乏,包括硬件和软件,以及资源教师数量严重不足和职业素质普遍不高的问题。尽管这些研究都从某些层面反映了北京市或上海市学校融合教育发展的一些情况,但难以全面地展现学校融合教育的实际发展状况;并且,由于研究所涉及的范围仅限于某些区,样本量较少,涵盖的研究对象数量与范围有限,因此难以反映地区融合教育发展的整体情况。

本书的研究通过大规模施测,全面了解北京市普通中小学融合教育发展的基本现状,整体呈现其发展的多维面貌。在研究的基础上发现目前融合教育发展中遭遇的困境及所需的支持,据此提出相应的建议与解决对策,从而更好地实施融合教育政策,提升融合教育质量,促进北京市普通中小学融合教育健康良好地发展。

二、研究过程与研究方法

此次研究主要采用问卷调查方法,对北京市16个区(包括海淀区、朝阳区、西城区、东城区、石景山区、门头沟区、顺义区、怀柔区、房山区、丰台区、通州区、大兴区、延庆区、昌平区、密云区、平谷区)普通中小学融合教育学校进行问卷的随机发放,问卷共发放490份,回收490份,回收率100%,其中有效问卷为473份,有效率为96.5%。接受调查的学校占北京市开展融合教育中小学总数的35%。

(一) 研究对象

此次问卷的填写者主要是各个学校的中层领导(包括教务主任、教研主任、德育主任等),占到83.5%,此外还有部分学校领导(6.1%)和资源教师(3.8%),6.6%的填写者没有填写身份类型。所调查学校的基本信息主要涵盖了学校的类型、学校的规模、残疾学生的类型及数量以及随班就读开展的年限等方面,具体如表2-1所示。③

---

① 程辰.上海市随班就读资源教室方案运作及发展对策研究[D].华东师范大学硕士学位论文,2007.
② 李娜,张福娟.上海市随班就读学校资源教室建设和运作现状的调查研究[J].中国特殊教育,2008(10):66—72.
③ 江小英,牛爽爽,邓猛.北京市普通中小学融合教育基本情况调查报告[J].现代特殊教育,2016(14),7:22—27.

表 2-1 北京市融合教育调查学校的基本情况[①]

项目	选项		n	%
学校类型	小学		323	68.29
	初中		96	20.30
	高中		2	0.42
	九年一贯制		11	2.33
	完全中学		27	5.71
	其他		14	2.96
学校规模[②]	学生人数	500 人及以下	94	30.92
		501~1000 人	112	36.84
		1001~1500 人	55	18.09
		1501~2000 人	20	6.58
		2001 人及以上	23	7.57
	教师规模	30 人及以下	38	12.54
		31~60 人	117	38.61
		61~90 人	68	22.44
		91~120 人	35	11.55
		121 人及以上	45	14.85
残疾学生类型	有证	智力残疾	1234	46.13
		视力残疾	55	2.06
		听力残疾	158	5.91
		孤独症	84	3.14
		脑瘫	37	1.38
		肢体残疾	226	8.45
		其他	74	2.77
		总数量	1868	69.83

---

① 补充说明：剔除规律性作答的无效问卷 17 份，保留的有效问卷中，部分题项有漏答情况，分析时按实际作答人数统计。

② 学校规模中，"学生人数"填写漏答 169 份，予以剔除，"教师规模"填写漏答 170 份，予以剔除。

续表

项目	选项		n	%
	无证	智力残疾	625	23.36
		视力残疾	7	0.26
		听力残疾	31	1.16
		孤独症	44	1.64
		脑瘫	11	0.41
		肢体残疾	41	1.53
		其他	48	1.79
		总数量	807	30.17
	合计	智力残疾	1859	69.49
		视力残疾	62	2.32
		听力残疾	189	7.07
		孤独症	128	4.79
		脑瘫	48	1.79
		肢体残疾	267	9.98
		其他	122	4.56
		总数量	2675	100.00
残疾学生人数	4人及以下		239	50.53
	5～9人		164	34.67
	10～14人		43	9.09
	15～19人		14	2.96
	20人及以上		13	2.75
随班就读开展年限①	5年及以下		94	29.84
	6～10年		119	37.78
	11～15年		47	14.92
	16～20年		38	12.06
	21年及以上		17	5.40

---

① 随班就读年限：填写漏答158份，统计予以剔除。

如表2-1所示,各区接受调查的学校中,小学占68.29%,初中占20.30%,高中占0.42%,九年一贯制学校占2.33%,完全中学占5.71%,其他类综合学校占2.96%。调查学校学生规模在501到1000人的学校所占比例最高,达到36.84%,其次是学生500人及以下的学校,占30.92%。专任教师规模在31～60人之间的学校最多,比例为38.61%,其次是61～90人的学校,占到22.44%。调查的学校中共有残疾学生2675人,其中有残疾证的学生占总人数的69.83%,智力残疾学生所占比例最高,达到69.49%,其次是肢体残疾学生,为9.98%,脑瘫学生所占比例最小,为1.79%。调查的学校中残疾学生不足5人的学校超过一半,超过10人的学校仅占14.80%。各个学校接受的残疾学生数量差异较大,人数最多的学校是朝阳区新源西里小学,有各类残疾学生共计63名,其中智力残疾学生34名,孤独症学生24名。所调查的学校中开展随班就读的年限平均10.32年,2/3的学校不到10年。6～10年的学校比例最高,达到37.78%,其次是5年以下的学校,占29.84%,11～15年的占到14.92%。可见总体而言,北京市大多数中小学开展随班就读工作的年限并不算很长。

(二) 研究工具

在综述国内外有关融合教育相关文献的基础上,自编"北京市普通中小学融合教育的基本情况调查问卷"(见附录1),进行调查。该问卷共48题,46个封闭式问题(其中单选题32题,多选题14题),2个开放式问题。封闭式问题主要包括各融合教育学校基本信息(6题)、融合教育的师资情况(6题)、资源教室的建设与运行情况(8题)、融合教育的管理与运行(6题)、融合教育的具体实施(11题)、融合教育的效果(7题)以及学校对不同残疾类型学生的选择(2题)等方面。开放式问题部分主要涉及普通学校开展融合教育的困难以及所需的支持(2题)这两个方面。问卷中所包含的具体的内容如下。

1. 学校基本信息部分。主要涵盖了学校所属区、学校类型、学校资质、学校师生规模、学校残疾学生的类型及数量、开展随班就读的年限等。

2. 融合教育的师资情况部分。主要包括资源教师与随班就读教师的数量及专业背景、师生配比指标落实情况、接受过特殊教育相关知识培训的教师比例、对随班就读教师或资源教师的特教津贴落实情况以及教师评优等是否向随班就读教师(资源教师)倾斜。

3. 资源教室的建设与运行情况。此部分由学校是否建有资源教室(若没有,则直接跳过此题)、资源教室的投入、年度运行经费、资源教师的主要配备设备的利用率、资源教室的主要功能、使用频率、专职管理者、学校的无障碍设施等8个方面构成。

4. 融合教育的管理与运行。主要包含融合教育领导小组的构成、融合教育相关的管理规章制度、社会或家长监督组织、学校对家长的培训、获得特教中心指导和支持、促进残疾学生与普通学生融合的活动等内容。

5. 融合教育的具体实施。该部分包括是否配备助理教师、特殊教师到校指导情况、合作教学、残疾学生助学伙伴、个别化教育计划及其制定与修订(若无则直接跳过此题)、课程内容调整、专门教学方法的使用、残疾学生的考试与评价以及残疾学生出现问题行为的处理人员等方面。

6. 融合教育的效果。残疾学生发展较好的能力,对普通学生带来的正面影响与负面影响、普通学生、学校教师、普通家长对融合教育的态度以及残疾学生家长对融合教育实施的满意度等内容组成。

7. 学校对残疾学生类型的选择性接纳程度。分为学校最愿意接收的残疾学生类型以及最不愿意接收的残疾学生类型两个方面的问题。

8. 开放题部分。主要囊括普通学校发展融合教育的困难以及所需的支持两个部分的问题。

问卷主要采用内容效度的检验方法,在问卷编制的过程中邀请国内融合教育领域的专家、从事融合教育工作的一线教师以及博士和硕士研究生共同参与其中。精选大家一致认同的题项,对容易引起歧义的表达加以修改,并在第一阶段的施测之后再次向专家征求意见进行微调,以保证研究工具的内容效度。

(三) 研究程序

研究经过了两个阶段:第一阶段以电子问卷的形式对海淀区中小学校进行了有关融合教育发展基本情况的调查,共发放110份,回收106份,进行初步的描述统计分析之后,向专家咨询意见并对问卷内容进行微调。然后,开始第二阶段的大规模发放。此阶段对北京市除海淀之外的另外15个区的普通中小学随机发放纸质版问卷,教师填答完成后交由学校相关负责人,然后再统一上交到各区负责人汇总,最后邮寄给研究单位。最后进行统一编码和分析处理,其中,为保证各区的问卷数量保持相对均衡,随机选取第一阶段海淀区 53 所学校的电子问卷进入第二阶段的总体处理中,共得到有效问卷 473 份。

(四)数据整理与分析

对于问卷的封闭式问题部分,主要使用 spss 22.0 进行数据的录入与分析,在录入的过程中剔除填答不完整的以及雷同的问卷,得到 473 份有效问卷。主要采用描述性统计法对基本信息加以分析,并适度采用推理性统计的技术;同时,对不同的题项统计分析并以相应的图表进行呈现,以增强研究结果的直观性与可读性。回答开放问题部分的有 441 份问卷,主要采用类属分析的方法,由 2 位研究者分别同时分析教师回答的文本,提取关键词、编码、归类、提炼,最终总结得出相关结论,以保证研究结果的可信度。[①]

第二节 北京市普通中小学融合教育基本情况调查结果

本节从融合教育的师资情况、资源教室的建设与运行情况、融合教育的管理与运行、融合教育的具体实施、融合教育的效果、融合教育的困难及所需支持等方面描述北京市 16 个区的调查结果。

一、融合教育的师资情况

师资是融合教育发展中最为关键的影响因素。近年来,北京市不断加强融合教育师资队伍建设,提高教师专业化水平。融合教育师资是指在普通学校中担任残疾学生教育教学工作,满足他们特殊需要的相关教师,主要由残疾学生的班主任、任课教师构成的随班就读教师,以及在资源教室担任残疾学生个别辅导、康复训练的资源教师。

(一)教师数量及学科背景

据北京市特殊教育中心 2015 年的统计,普通中小学资源教室的资源教师

---

① 江小英,牛爽爽,邓猛.北京市普通中小学融合教育基本情况调查报告[J].现代特殊教育,2016(14):22—27.

437人,其中专职67人,兼职370人;随班就读教师有21884人。而此次调查的学校中共有341名资源教师,其中54名男性教师,49名是研究生学历;其主要学科背景是心理学和语文,具有特殊教育专业背景的不到10个人。随班就读教师共计4722名,其中983名男性教师,170名具有研究生学历;其学科背景以语文、数学、英语等学科为主,几乎涵盖了中小学所有的学科。

(二) 全体教师接受特殊教育培训的情况[①]

普通学校开展融合教育并非仅仅是资源教师、随班就读教师的责任,也是全体教师的责任,因为教师人人都有责任教育所有的学生。[②] 随班就读班主任教师、任课教师应当掌握随班就读基本教学原则和方法,具备基本的特殊教育基础知识和技能,而资源教师应当具有特殊教育专业相关背景或接受过特殊教育及相关专业知识和技能培训,有丰富的特殊教育教学或康复训练实践经验。对于其他教师而言,也应当了解特殊教育的一些基础知识。尽管北京市已有中小学1440所,其中开展融合教育的学校1356所(94.17%),但此次调查显示,超过一半学校的教师接受过特殊教育相关培训的比例不到10%,51%以上教师接受过特殊教育培训的学校比例仅有14.51%。这说明,全体教师的特殊教育相关培训范围需要扩大。

(三) 特殊教育津贴落实情况

《关于进一步加强随班就读工作的意见》和《北京市中小学融合教育行动计划》中都提出,资源教师享受特教津贴,承担随班就读工作的教师给予一定的岗位补助。《关于进一步加强随班就读工作的意见》实施已超过2年时间,有52.06%的学校给予随班就读教师或资源教师规定的特教津贴或补助。如图2-1所示,各区中特教津贴落实情况差异较大,最好的是房山区和昌平区,达到90%左右,顺义区和门头沟区达到80%左右,石景山区、密云区和怀柔区落实的比例在20%或以下。

[①] 江小英,牛爽爽,邓猛.北京市普通中小学融合教育基本情况调查报告[J].现代特殊教育,2016(14):22—27.

[②] 皮特·本顿,提姆·奥布赖恩.全纳教育与教师发展[M].范晓慧,译.北京:北京师范大学出版社,2008:序言.

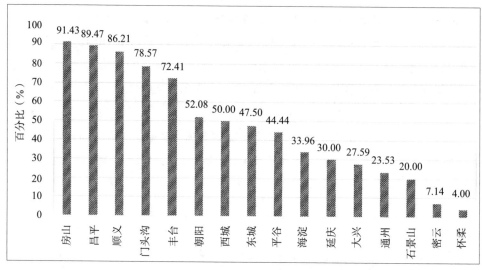

图 2-1　北京市各区普通中小学特教津贴落实比例

(四) 倾斜政策落实情况

2010年我国颁布的《国家中长期教育改革和发展规划纲要(2010—2020年)》中提出,在优秀教师表彰中提高特教教师比例。2014年我国颁布的《特殊教育提升计划(2014—2016年)》中提出,对在普通学校承担残疾学生随班就读教学和管理工作的教师,在绩效考核中给予倾斜。北京市印发的《关于进一步加强随班就读工作的意见》和《北京市中小学融合教育行动计划》同时强调,在北京市优秀教师、优秀教育工作者的评选表彰和特级教师、北京市骨干教师、学科带头人、职称评定等方面,对从事随班就读的干部教师给予适当倾斜。由此确立了普通学校在教师职称晋升、评优、评先等方面应向随班就读教师(或资源教师)倾斜的政策。已经执行该政策的学校达到51.62%,尚未执行的学校则有48.38%。如图2-2所示,各个区中倾斜政策执行情况差异较大,最好的是西城区,达到85%,而通州区和怀柔区落实的比例不足20%。

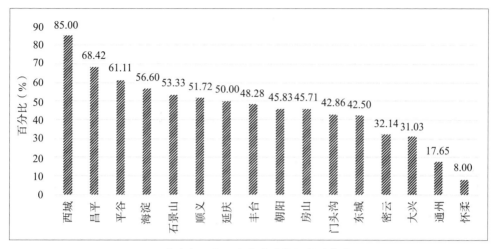

图 2-2　北京市各区普通中小学特教倾斜政策落实比例

二、资源教室的建设与运行情况

资源教室是指设立在普通中小学,为在本校进行随班就读的有特殊教育需求的学生提供特殊教育咨询、辅导和转介服务的教学部门。[①] 这种教室聘有资源教师,配置了各种教材、教具、教学媒体、图书设备等。学生于特定的时间到此接受特殊教育,其他时间仍在普通班级中上课。建设资源教室目的是为学生和教师提供教学上的支援,以便使学生继续留在普通班级,促进学生的学业、行为和情绪的发展。[②] 资源教室是随班就读支持保障体系中的重要部分。2005年,北京市发布《关于在全市各区县开展建立随班就读工作支持保障体系工作的通知》,明确提出要加强资源教室的建设,使之成为对随班就读工作支持保障的一项重要举措,同时制定实施《北京市随班就读资源教室建设与管理的基本要求(试行)》,以进一步加强对资源教室的规范化建设,充分发挥其作用。《教育部 2015 年工作要点》中也要求,各地应落实好教育部等七部委颁发的《特殊教育提升计划(2014—2016 年)》,加强资源教室建设。

[①] 北京市教育委员会.北京市随班就读资源教室建设与管理的基本要求(试行)[EB/OL].(2005-09-26)[2017-01-20]. http://moral.bjedu.cn/bjedu/77690392107024384/20050926/12447.shtml.

[②] 孙颖.北京市资源教室建设现状与发展对策[J].中国特殊教育.2013(1):20—24.

(一) 资源教室数量

据北京市特殊教育中心 2015 年的统计,北京市建有资源教室的学校 212 所,小学 137 所,中学 75 所。如图 2-3 所示,此次调查的 473 所学校中,已经建立资源教室的学校有 165 所(34.89%),正在筹建中的有 41 所(8.67%),共计 206 所,但仍有超过一半以上的学校尚未建立资源教室,达到 267 所(56.45%)。

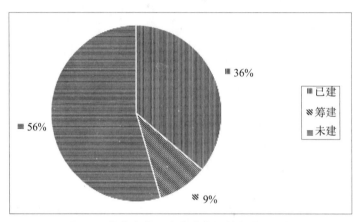

图 2-3 北京市普通中小学资源教室建设比例

根据北京市印发《关于进一步加强随班就读工作的意见》中提出的"学校收 5 名随班就读学生需建资源教室"规定,此次调查学校中有 234 所(49.47%)达到此次人数标准。进一步分析发现,已经建立资源教室的 165 所学校中随班就读学生达到 5 个的学校有 102 所;63 所学校随班就读学生不到 5 人,甚至有几所学校没有为随班就读学生建有资源教室。另有 108 所学校随班就读学生超过 5 个,甚至达到 20 个,但没有建立资源教室。各区学校建立资源教室比例如图 2-4 所示,朝阳区的资源教室建设比例最高,接近 94%,海淀区、西城区和石景山区资源教室比例 40% 左右,其他区的建设比例几乎都在 40% 以下,尤其是怀柔区、门头沟区、房山区和延庆区,比例均未达到 20%。

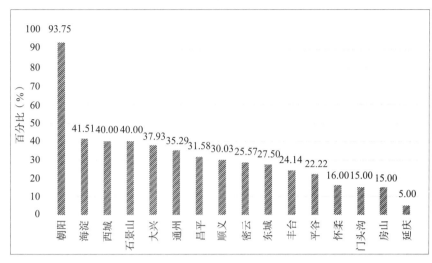

图 2-4　北京市各区普通中小学资源教室分布比例

(二) 资源教室的主要设备及利用率

如图 2-5 所示,已经建成的 165 所资源教室配备的主要设备依次是图书及影音资料(100%)、心理咨询设备(92.12%)、玩具(91.52%)、康复训练设备(89.70%)、教材教具(85.45%)、评估量表及软件(74.55%)等。资源教室中利

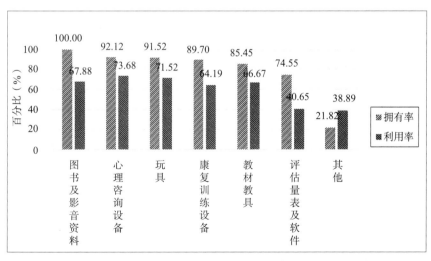

图 2-5　北京市各区普通中小学资源教室设备拥有率和利用率

用率达到60%的设备包括心理咨询设备(73.68%)、玩具(71.52%)、图书及影音资料(67.88%)、教材教具(66.67%)、康复训练设备(64.19%),而评估量表及软件利用率较低(40.65%)。

(三) 资源教室的主要功能

《关于进一步加强随班就读工作的意见》规定了资源教室的功能主要包括:对随班就读学生的个案管理、学习训练、康复训练、心理咨询,对随班就读教师的教育策略支持,特殊教育理论的培训以及对随班就读学生家长咨询指导、教育方法支持等,中学的资源教师职责中还增加了升学专业指导以及就业指导等。资源教室得到有效利用,才能充分发挥其在学校随班就读工作中的支持作用,提高随班就读工作的质量。如图2-6所示,目前,资源教室使用的主要功能依次包括:为残疾学生提供学习补偿和辅导(78.18%)、为残疾学生及家长提供咨询服务(72.12%)、普通学生学习辅导及心理咨询(70.30%)、残疾学生档案管理(69.70%)、为残疾学生提供康复训练(66.67%)、为普通教师提供培训和教学资源(64.24%)、开展残疾学生诊断与评估(49.09%)、普通教师休闲放松(29.70%)。这表明,资源教室虽然是为了满足残疾学生的特殊需要而设立,但

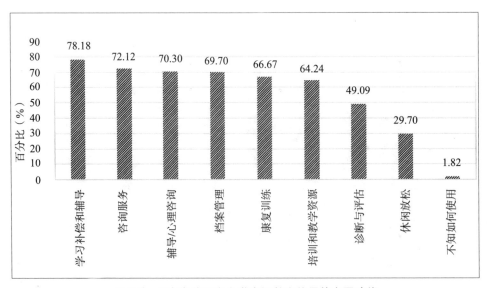

图 2-6 北京市普通中小学资源教室使用的主要功能

使用过程中其作用是多元化的,既能为残疾学生提供学业辅导、咨询、档案管理、康复训练、诊断等服务,也能够为普通学生提供学习辅导及心理咨询,以及为普通教师提供培训和教学资源,乃至于为家长服务等,这也就使得资源教室的资源得到最大限度利用。

(四) 资源教室的管理者及开放时间

资源教室的管理是保障资源教室按照规程正常运作的关键。资源教室的管理工作包括:资源教室的设备管理、资源管理、档案管理、学生管理、业务工作管理等。具体的管理人员既要有负责业务的管理教师,也需要负责设备管理的教师。如图 2-7 所示,有 13.83% 的资源教室尚未设立专职管理者,53.18% 有资源教师专职管理,而 22.88% 的资源教室是由随班就读教师或心理咨询教师兼职管理。

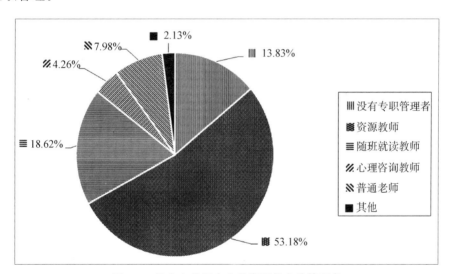

图 2-7 北京市普通中小学资源教室的管理者

如图 2-8 所示,有 34.81% 的资源教室全天开放,而 51.38% 的资源教室是固定时间开放,12.71% 的资源教室是在有需要的时候才开放。这表明,多数资源教室需要进一步保障开放工作时间,最大限度地利用好资源教室的资源。

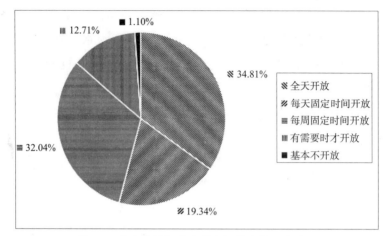

图 2-8　北京市普通中小学资源教室的开放时间

(五) 学校无障碍设施

《北京市中小学融合教育行动计划》中提出,全市中小学无障碍环境亟待改善,需要本着合理便利、通用设计的原则,对全市所有公办义务教育学校进行无障碍环境改造。《教育部 2015 年工作要点》中提到,落实好《特殊教育提升计划(2014—2016 年)》,加强无障碍设施改造。[①] 如图 2-9 所示,目前所调查

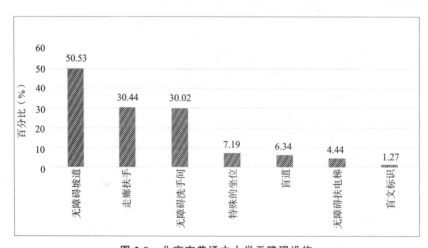

图 2-9　北京市普通中小学无障碍设施

---

① 教育部.教育部 2015 年工作要点[EB/OL].(2015-12-14)[2019-10-20].http://www.gov.cn/zhuanti/2015-12/14/content_5023443.htm.

的学校中,无障碍设施中"无障碍坡道"拥有率最高,达到50.53%,而走廊扶手和无障碍洗手间拥有率均达到30%以上,其他无障碍设施拥有率都低于10%。

三、融合教育的管理与运行

(一) 融合教育工作小组

《关于进一步加强随班就读工作的意见》中规定:接收随班就读学生的学校要建立由校长任组长,主管干部、班主任、任课教师、资源教师等人员组成的随班就读工作小组。目前接受调查的学校中86.19%已经建立工作小组,尚有13.81%的学校没有建立。由图2-10中可见,融合教育工作小组成员中比例较大的有校级领导(书记、副书记或副校长)(77.17%)、教务/教导主任(73.36%)、随班就读教师(72.09%),但资源教师(31.50%)和残疾学生家长(28.54%)对融合教育的实质性参与明显不足。

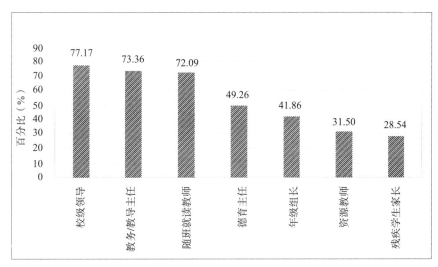

图2-10 北京市普通中小学融合教育工作小组成员

(二) 规章制度

《关于进一步加强随班就读工作的意见》中规定:随班就读学校要明确岗位责任制、教师考核方案等相关制度。随班就读相关规章制度的建立是确保随班就读有效开展的重要保障。北京市区已经有74.28%的学校建立了相关规章制度,但还有近 1/4 的学校尚未建立任何制度。从图2-11可以看出,各区随班就读学校管理规章制度制定的比例差异较大,比较高的区包括延庆区、石景山区、顺义区,达到 90% 左右,而比较低的通州区和怀柔区,还不到 50%。

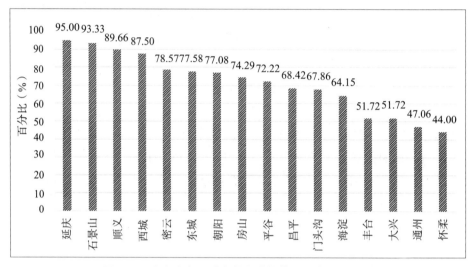

图 2-11 北京市各区融合教育学校管理规章制度比例

(三) 社会或家长监督组织

社会或家长是融合教育工作的重要组成部分,社会和家长的参与、合作和监督是促进融合教育质量提升的重要因素。参与调查的学校中有 41.78% 的已经建立起融合教育的社会或家长监督组织,但是 58.22% 尚未建立。从图 2-12 来看,各区中西城区、延庆区、密云区和平谷区建立社会或家长监督组织的比例达到 50% 左右,而通州区和大兴区的比例相对较低,不足 25%。

(四) 家长培训

残疾学生家长是融合教育支持保障体系中重要部分。针对残疾学生的特殊需要,家长除了要扮演抚养者、教育者、合作者,还要扮演更多的角色和发挥更多的功能,如咨询者、提倡者、决策者、学习者。残疾学生家长自身无论是教育理念,还是教育的知识和能力都需要不断加强学习和培训,而这个过程中学校要发挥积极的作用。如图 2-13 所示,41.61% 的学校从未给家长提供任何特

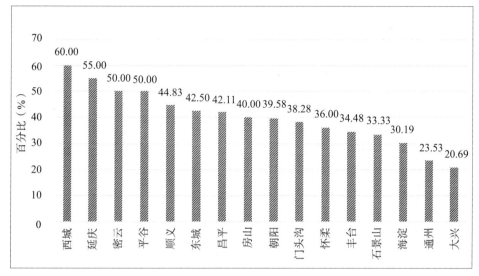

图 2-12　北京市各区普通中小学监督组织比例

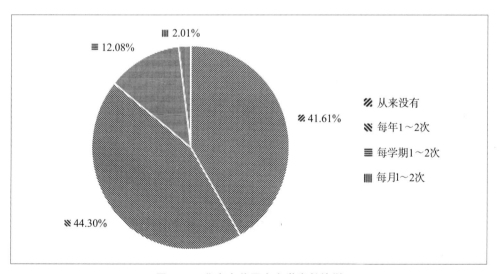

图 2-13　北京市普通中小学家长培训

殊教育相关知识的培训;44.30%的学校仅仅一年 1~2 次的培训,培训频率较高的学校只有 14.09%。

(五) 获得指导和支持

《北京市残疾儿童少年随班就读工作管理办法(试行)》规定,特殊教育学校或者特殊教育中心要利用师资、设施设备等资源优势,为融合教育工作提供支持与服务。《北京市中小学融合教育行动计划》提出,依托原有特殊教育学校建立特殊支持教育中心,要加强对本区域融合教育工作的管理和指导。根据2015年北京市特教中心统计,北京市除了怀柔区和密云区之外的14个区都已建立区域特教中心(资源中心或特教教研室),共有巡回指导教师79人。从调查结果来看,巡回指导及支持的提供不尽如人意。如图2-14所示,此次调查的学校中,能够经常(至少每学期1~2次或者每月1~2次)获得特殊教育学校(或者特教中心)指导和支持的比例合计30.96%,却有32.52%的学校从来没有得到过任何指导和支持。

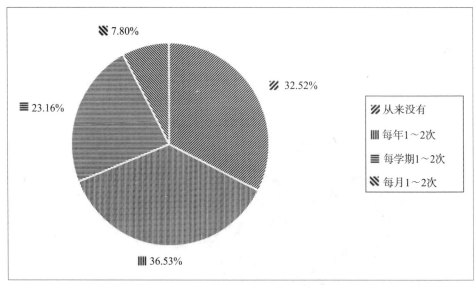

图2-14 北京市普通中小学获得指导和支持

(六) 融合教育活动

《关于进一步加强随班就读工作的意见》提出,积极创建包容、友爱的校园环境和氛围,形成普通学生与随班就读学生相互尊重、相互接纳、共同学习、共同成长的良好校风和班风。为此,学校有必要组织多种旨在促进残疾学生与普通学生融合的活动。此次调查结果表明,88.79%的中小学组织了各种相关融合教育活动,但仍有少数学校(11.21%)从未组织过。如图2-15所示,调查的学校中普遍开展了普通学生和特殊学生结对子学习互助的活动(79.49%),而其他活动的开展则进行不定期的专题讲座宣传,也有学校会在残疾日(如助残日、自闭症日、爱耳日、盲人节等)开展相关的主题活动(41.65%)或者静态展览宣传(如宣传板、校园期刊等)(30.44%);较少的学校会开展不定期的专题讲座宣传(23.47%)或者赏析特殊儿童相关电影(13.32%)。这说明,学校开展的促进融合教育氛围的教育活动形式相对比较单一,需要采取多样化的普通学生更能接受的方式,真正营造融洽的人际关系和平等、接纳、尊重、理解、支持、合作、安全的心理氛围,为普通学生和特殊学生个体的健康成长创造良好的环境。

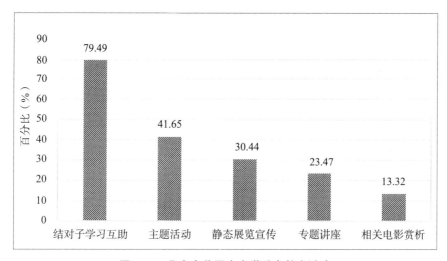

图 2-15　北京市普通中小学融合教育活动

四、融合教育的具体实施

(一)人员配备

1. 教师助理的配备

融合教育实施过程中不仅需要资源教师、融合教育教师,还需要辅导教师、教师助理、学生家长以及社会义工等人员的共同参与。不同的专业人员协同合作,集体教学,是融合教育最常用的策略。在调查的学校中,仅有18.26%的学校为残疾学生在班级中配备教师助理,81.74%的学校没有配备教师助理。显然,北京市融合教育实施过程中专业团队建设任重道远。

2. 助学伙伴的配备

《关于进一步加强随班就读工作的意见》提出,教育教学中充分考虑随班就读学生的特殊教育需要,在助学伙伴配备等方面加以关注和落实。给残疾学生配备助学伙伴也是国际和国内开展融合教育最重要的成功经验之一。合作学习是融和教育环境下最常用的学习策略。研究表明学生通过形成学习小组能够分享学习过程、获得成功体验。[①] 合作学习是指学生组成异质的学习小组共同努力达到小组学习目标,并在此过程中提升学生的社会交往能力。合作学习从简单的讨论到各种小组进行复杂的活动不等,主要包括伙伴学习、小组学习、同伴辅导等方式。[②] 如图 2-16 所示,调查中 63.05% 的学校为残疾学生配备了助学伙伴。26.33% 的学校安排的是一个助学小组,这增加了残疾学生与普通学生接触的机会,有利于提高残疾学生社会交往能力。但仍有 10.62% 的学校没有给残疾学生配备助学伙伴。

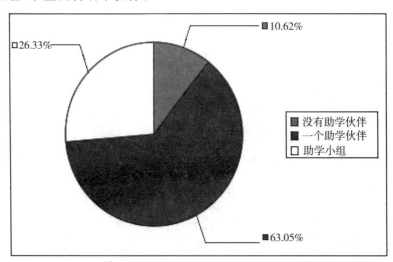

图 2-16 北京市普通中小学助学伙伴的安排

---

① Jenkins J, Antil Wayne, Vaclasy. How Cooperative Learning Works for Special Education and Remedial Students[J]. Exceptional Children, 2003, 69(3), 279—292.

② Murphy E, Grey I M, Honan R. Cooperative Learning for Students with Difficulties in Learning: a Description of Models and Guidelines for Implementation[J]. British Journal of Special Education, 2005, 32 (3), 157—164.

3. 资源教师与普通教师合作

资源教室建设作为普通学校中满足特殊需要学生发展需求的一种专业教学资源和服务,已成为实现融合教育的基本动作模式,体现融合教育的渐进性特征。资源教师承担着普特融合的基本任务。资源教师与普通教师保持密切而友好的合作是保证融合教育质量的关键。在教学方案的制订、实施和评价、问题行为的处理等方面,资源教师都可以和普通教师积极合作,共同讨论、沟通亟须解决的问题、相互观摩教学等。但是调查发现,31.51%学校的资源教师能够与普通教师经常开展合作,68.49%的学校资源教师没有或者很少与普通教师合作,具体如图2-17所示。

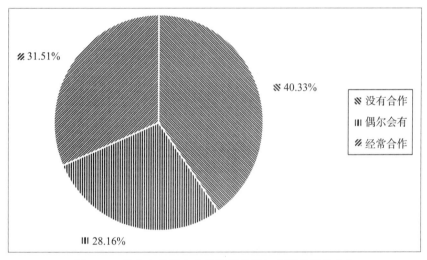

图2-17 北京市普通中小学资源教师与普通教师的合作

(二) 个别化教育计划(Individualized Education Plan,简称为 IEP)

个别化教育计划被公认为特殊教育及融合教育实施的有效策略之一,也是我国特殊教育实践的基石。为残疾学生制订并实施个别化教育计划是实施特殊教育的基本步骤。

1. 个别化教育计划制订

按照《关于进一步加强随班就读工作的意见》的规定,接收随班就读学生的学校应为随班就读学生提供专业化教育训练的个别化教育计划。①个别化教育计划是试图将融合教育理想付诸实践的基本途径,是地方教育部门或有关部门的代表、班级教师及学生家长或监护人组成的小组共同为每个被鉴定为特殊儿童的学生制订和补充一份书面教育计划以解决学校与家长之间的分歧。该计划规定为儿童提供的资源及相应的服务,并作为地方教育官员评估儿童教育进展的依据。

调查发现:已有66.74%的学校能够为随班就读学生制订个别化教育计划,而33.26%还未能提供该服务。从图2-18可以看出,制订个别化教育计划比例较高的区有石景山区、顺义区,达到90%左右,而门头沟区、怀柔区较低,分别有32.14%和24.00%。

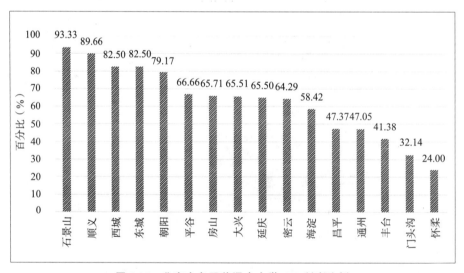

图2-18 北京市各区普通中小学IEP制定比例

2. 制订者

个别化教育计划制订需要主管领导、资源教师、任课教师、班主任和家长等多方面的相关人员共同参与。而各个学校在实际的制订过程中,68.77%能做

---

① 北京市教育委员会,北京市人民政府教育督导室,北京市残疾人联合会.关于进一步加强随班就读工作的意见[EB/OL].(2013-02-06)[2015-03-20]. http://zhengwu.beijing.gov.cn/gzdt/gggs/t1298617.htm,2013-2-6.

到多方参与,但有31.23%是由资源教师或者班主任单独制定,从而可能影响到个别教育计划的科学性、适宜性(图2-19)。

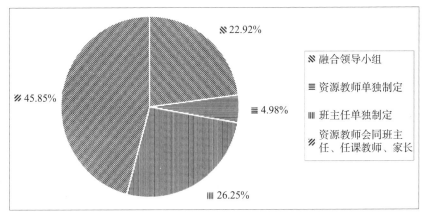

图2-19 北京市普通中小学IEP制定者

3. 修订频率

《关于进一步加强随班就读工作的意见》中提出,个别化教育计划原则上每学期制订一次,并定期对其实施情况进行评估。个别化教育计划在实施过程中

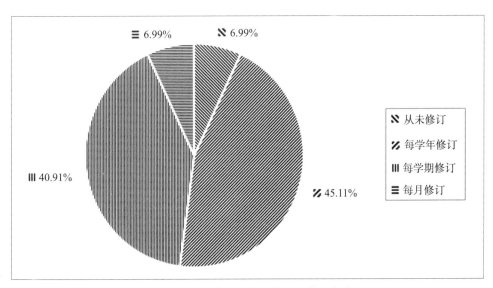

图2-20 北京市普通中小学IEP修订频率

应根据实际情况做必要的调整或修订。[①] 但是如图 2-20 所示,只有6.99%的学校每月都修订,40.91%的学校每学期修订一次,45.11%的学校每学年修订一次,仍有 6.99%的学校从未修订过,这很难将个别化教育计划的内容落实。

(三) 课程调整

课程调整是融合教育实施过程中最困难也是最重要的目标。融合教育课程调整应根据学生需求为他们提供从完全相同到完全不同的课程选择。[②]《关于进一步加强随班就读工作的意见》提出,融合教育教学执行普通学校课程方案和课程标准,学校可以根据随班就读学生的实际情况,在保证教育质量的前提下,对其教学内容和教学要求作适度调整。对于智力无障碍的视力障碍、听力障碍和肢体障碍等学生在教学中原则上不得降低标准和要求;对于智力有障碍的随班就读学生,学校可以根据实际认知水平,对教学内容和教学要求作适度调整。[③] 如图 2-21 所示,调查发现,73.78%的学校进行课程调整的方式是针

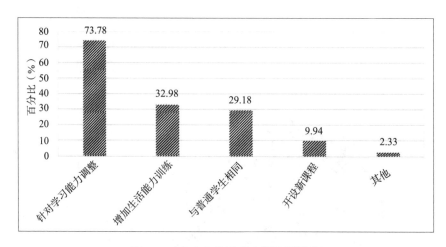

图 2-21 北京市普通中小学课程调整

[①] 北京市教育委员会,北京市人民政府教育督导室,北京市残疾人联合会.关于进一步加强随班就读工作的意见[EB/OL].(2013−2−6)[2015−03−20].http://zhengwu.beijing.gov.cn/gzdt/gggs/t1298617.htm.

[②] 邓猛.关于全纳学校课程调整的思考[J].中国特殊教育,2004(3):1—7.

[③] 北京市教育委员会,北京市人民政府教育督导室,北京市残疾人联合会.关于进一步加强随班就读工作的意见[EB/OL].(2013−2−6)[2015−03−20].http://zhengwu.beijing.gov.cn/gzdt/gggs/t1298617.htm.

对残疾学生的学习能力做出调整,如降低难度、缩小范围等;32.98%的学校会增加学生生活能力训练相关的内容,以培养残疾学生适应社会生活的能力;29.18%的学校课程不做调整,9.94%的学校根据残疾学生特点为他们开设新的课程。

(四)教学方法

《关于进一步加强随班就读工作的意见》中提出,随班就读学生以班级学习为主,任课教师要研究随班就读课堂教学策略,在教学方法的选择上关注随班就读学生的特殊学习需要,实施针对性教学。① 如图2-22所示,调查的学校在不同程度上使用了特殊的教学方法,差异(分层)教学的运用最为普遍(69.77%),其次是个别化教学(67.86%)、合作教学(59.41%)、小组教学(54.12%),而结构化教学的使用率不到4%。

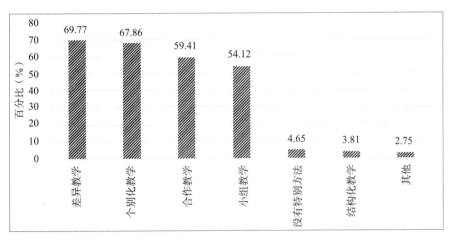

图2-22 北京市普通中小学教学方法

(五)考试与评价方式

《关于进一步加强随班就读工作的意见》中提出,随班就读学生以班级学习为主,任课教师要研究随班就读课堂教学策略,在教学评价方面关注随班就读

---

① 北京市教育委员会,北京市人民政府教育督导室,北京市残疾人联合会.关于进一步加强随班就读工作的意见[EB/OL].(2013-2-6)[2015-03-20]. http://zhengwu.beijing.gov.cn/gzdt/gggs/t1298617.htm.

学生的特殊学习需要,实施针对性教学。同时,也提出要建立个别化评价体系。① 根据随班就读学生实际,研制适合不同类型、不同年级随班就读学生不同方面的评价工具和评价标准。如图 2-23 可见,2/3 学校的大部分残疾学生与普通学生相同,但成绩不纳入班级考评成绩,仅有 23.62% 的学校大部分残疾学生评价方式与普通学生相同,并纳入班级考评成绩。

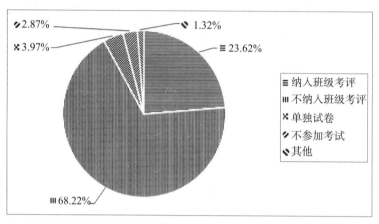

图 2-23　北京市普通中小学考试与评价方式

(六) 问题行为的处理

教师进行融合班级日常管理和课堂管理时,常常感到头痛的就是有些残疾学生的挑战性行为。特别是自闭症、情绪行为问题及多动症的学生可能会出现的攻击行为、过度活动行为、注意力分散行为、自我刺激行为等,给教师的教学甚至接纳融合教育的态度都产生实质性的影响。有些行为表现可能严重干扰教师课堂教学秩序与教学生态,甚至导致教师和学生、学生和学生,以及家长和学校之间出现严重的冲突和矛盾。如图 2-24 所示,调查中的学校在残疾学生课堂上出现问题行为时,一般由班主任(82.45%)或者任课教师(67.86%)进行处理,资源教师(或随班就读教师)及陪读人员有时也会参与问题行为的处理。问题行为的处理与应对是融合教育最为严峻的挑战之一,近年来,针对残疾学生融合教育的一些争论和相关新闻大都与残疾儿童课堂上的问题行为有关。

---

① 北京市教育委员会,北京市人民政府教育督导室,北京市残疾人联合会.关于进一步加强随班就读工作的意见[EB/OL]. (2013－2－6)[2015－03－20]. http://zhengwu.beijing.gov.cn/gzdt/gggs/t1298617.htm.

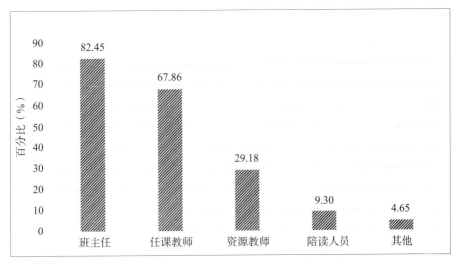

图 2-24 北京市普通中小学问题行为的处理人

五、融合教育的效果

(一) 残疾学生的进步发展

多数关于融合教育效能的研究表明特殊儿童在融合学校里社会发展与自信方面都进步明显,而在学业进步即课程融合方面的结果并不能令人满意,课程与教学的融合尤其困难。[①] 法默(Farmer)等对小学高年级残疾学生的社会交往网络以及问题行为表现进行了调查,发现:81%的残疾学生至少融入了班级一个以上的社会网络,只有19%的残疾学生游离于各类学生交际圈子之外,这说明绝大多数残疾学生能够以各种方式成功地融入普通班级。尽管如此,该研究也发现:23%的残疾学生成为某些问题行为学生小团体的成员,因为这些小团体更容易接纳他们并与他们交往,还有超过1/3的残疾学生经常被同学们认为是问题学生,麻烦的制造者。[②] 温妮(Wiene)等从社会接纳、朋友数量与质量、孤独感、社会交往技能和问题行为表现等几个方面比较

---

① Salend S J. Effective Mainstreaming: Creating Inclusive Classrooms[M]. 4th ed. New Jersey: Prentice-Hall, Inc, 2011.

② Farmer T W, Acker R M, Pearl P C. Rodkin . Social Networks and Peer-Assessed Problem Behavior in Elementary Classrooms: Students with and without Disabilities[J]. Remedial and Special Education, 1999, 20(4): 244-256.

了不同教育安置形式下学习障碍学生的表现。该研究发现:在普通班级内接受支持(In-Class Support)的学生比在资源教室更容易被同伴所接纳,问题行为表现也较少;融合班级的残疾学生比隔离班级的学生有更加优质的朋友关系,孤独感与行为问题表现更少。可见,教育安置形式的融合度越高,残疾学生的社会交往技能发展就越好。[1] 但是,许多研究也发现:在普通教室学习的残疾儿童自我概念与学习表现都偏低,孤独感严重,友谊缺乏。[2][3] 基布林(Jobling)等认为在普通教室内,正常儿童对残疾儿童负面看法或偏见还很多,唐氏综合征儿童在课内课外活动中与同伴交往的机会较少。[4] 霍尔(Hall)和麦格雪戈(McGregor)发现:融合教室内的残疾学生容易被正常学生忽视,同时,随着年级的增高,残疾学生与正常学生平等、互惠的互动关系逐渐减少。[5] 但多数研究认为,融合教育为残疾儿童社会交往提供了切实可行的文化氛围与环境,为残疾学生与健全学生相互认识与互动提供了机会。融合教育使残疾学生在同伴接纳、同伴交往、友谊关系建立与保持、残疾学生自我概念发展等方面得到发展与改善。因此,社会性融合是融合教育最有可能获得成功的领域以及融合教育支持者最有力的支撑。融合教育在促进残疾学生社会交往方面比隔离环境有更大的优越性,这也成为融合教育迄今为止最广为接受的共识。[6]

从图 2-25 可以看出,残疾学生接受融合教育,在社交能力(62.58%)、情绪控制(61.52%)、语言能力(54.55%)方面的发展较佳,另外运动能力(48.63%)和认知能力(40.80%)也得到较好发展,学业成就(21.99%)也能得到一定程度

---

[1] Wiene J, Christine Y T. Social and Emotional Functioning of Children with Learning Disabilities: Does Special Education Placement Make a Difference? [J]. Learning Disabilities Research & Practice, 2004, 19(1):20—33.

[2] Daniel L G, King D A. Impact of Inclusive Education on Academic Achievement, Student Behavior and Self-esteem, and Parental Attitudes. The Journal of Educational Research, 1997, 91(2), 67—80.

[3] Lewis R B, Doorlag D H. Teaching Special Students in the Mainstream[M]. 4th ed. Englewood Cliffs, N. J.: Merrill, 1995.

[4] Jobling A, Moni K B, Nolan A. Understanding Friendship: Young Adults with Down Syndrome Exploring Relationships. Journal of Intellectual & Disability, 2000, 25(3), 235—245.

[5] Hall L J, McGregor J A. A Follow-up Study of the Peer Relationships of Children with Disabilities in an Inclusive School[M]. The Journal of Special Education, 2000, 34(3):114—126.

[6] 颜廷睿,邓猛. 西方全纳教育效果的研究分析与启示[J]. 中国特殊教育,2013(3):3—7.

的进步。本研究印证了残疾学生在社会交往能力方面的进步,但与西方研究不同的是,残疾学生在学业进步方面同样取得不俗的进展。

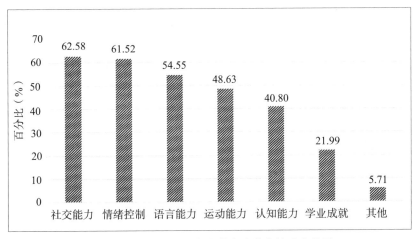

图 2-25　北京市普通中小学残疾学生的进步发展

(二) 残疾学生对普通学生的正面影响

从图 2-26 可以看出,残疾学生接受融合教育,对普通学生的最大的益处在于让他们"学会对弱势群体的包容与尊重、理解与体谅"(85.60%),其次在于促进了两类学生之间的沟通交流(69.80%),促使普通学生更加懂得关怀和关爱身边的人(63.00%),能够让他们更好地理解人类差异性与多样性(56.80%),同时,还能促进普通学生影响周围人对残疾人的态度和行为(47.80%),促进了两类学生之间的合作与互助(47.10%),激励普通学生更加努力学习(36.40%)。2013年,北京市有中小学生共计 128.74 万,随班就读的残疾学生有 5682 名。可见,融合教育不仅使占全体中小学生比例不到 0.5% 的残疾学生取得发展和进步,更重要的是能让超过 99.5% 的普通学生在诸多方面受益。这与国内相关研究结论一致:融合教育改变了主流社会对于残疾的态度与观念,促进了社会各界人士对于残疾的理解与接纳。融合教育有助于残疾儿童的学业发展与身心健康发展。回归普通学校的残疾儿童有着更多的与正常学生交往、互动的机会。这种双向的社会交往,不仅改变了正常人关于残疾的概念,它对残健儿童的心理与行为都产生了巨大的影响。这不仅有利于残疾儿童身心健康发展,有利于残疾儿童尽早适应主流社会环境,还有利于社会对残疾人士的正确接纳与服务。[①]

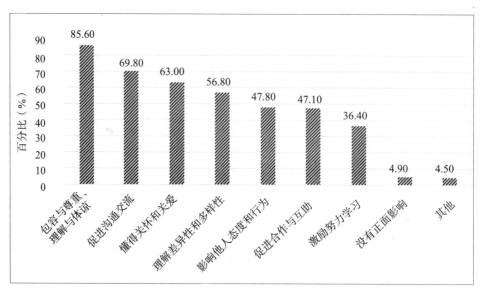

图 2-26 北京市普通中小学残疾学生的正面影响

(三) 残疾学生对普通学生的"负面"影响

假设残疾学生一定会给普通学生带来负面的影响的看法，要么是对残疾缺乏了解和正确的认识的原因，要么是出于拒绝残疾而寻求的借口。从图 2-27 可以看出，残疾学生未必一定会给学校、教师和普通学生造成负面影响(35.10%)。残疾学生会给教师教学带来诸多挑战，同时，也带来各种机遇，关键在于如何认识和应对残疾现象。残疾学生接受融合教育给教师带来最大的困扰就是增加了班级管理的难度(55.00%)；有时也会降低教学效率(20.90%)；偶尔还会扰乱日常的学校生活(11.00%)，让普通学生模仿残疾学生的不良行为和习惯(9.30%)，引起家长之间的矛盾(9.10%)，影响班级普通学生的学习成绩(8.70%)，引起家校之间的矛盾(4.70%)等。这说明，残疾学生进入普通学校事实上会给教师和学生带来诸多挑战，这需要多方面努力来共同解决。解决的过程其实就是学校变革、师生共同成长的过程。

---

① 邓猛. 融合教育与随班就读:理想与现实之间[M].武汉:华中师范大学出版社,2009:78－79.

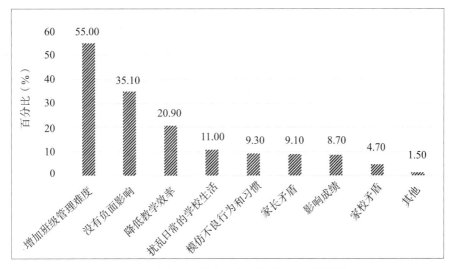

图 2-27　北京市普通中小学残疾学生的负面影响

(四) 普通学生、学校教师、普通家长对融合教育的态度

人们对残疾儿童和融合教育态度是影响残疾儿童个体发展和融合教育效果的重要因素。融合教育首先是一种态度,一种价值和信仰系统,而不是一个或一系列行为。① 融合教育最初、最根本的目标就是改变教育者的态度与观念。自融合教育的观念出现以来,各国特殊教育研究者做了大量的关于融合教育态度方面的研究。澳大利亚学者福尔曼(Foreman)就认为:积极的态度加上适当的教学方法就等于融合教育。② 西方相关研究结果也表明相关人士对于融合教育的态度迥异。这正好为融合教育的支持者与反对者都提供了便利,他们能够各取所需,找到对自己有利的证据来捍卫自己的立场。③

在融合教育的相关人员中,普通学校的学生和教师是与残疾学生接触最多的群体,而普通学生家长则会直接或者间接接触残疾学生。从图2-28可以看出,55.65%的普通学生对学校融合教育态度是非常赞成或比较赞成,有2.44%的学

---

① Villa R A, Thousand J S. Restructuring for Caring and Effective Education: Piecing the Puzzle Together[M]. Baltimore, Md.: Paul H. Brooks Pub,2000:8.
② Foreman P. Integration and Inclusion in Action[M]. Sydney: Harcourt Brace,1996:13.
③ Padeliadu S, Lampropoulou V. Attitudes of Special and Regular Education Teachers Towards School Integration[J]. European Journal of Special Needs Education,1997,12 (3):173-183.

生表示比较反对或非常反对,但有约41.91%学生对融合教育的态度一般。

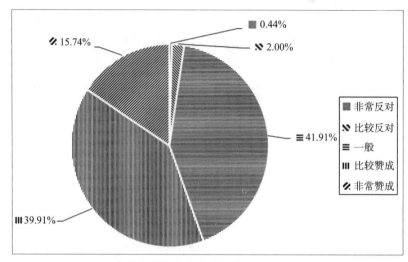

图2-28 北京市普通中小学普通学生对融合教育的态度

从图2-29可以看出,54.41%的普通学生家长对学校融合教育态度是比较赞成或非常赞成的,有9.03%的家长表示比较反对或非常反对,但有约36.56%家长对融合教育的态度一般。

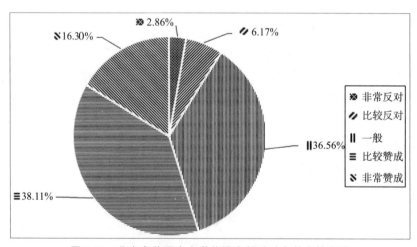

图2-29 北京市普通中小学普通家长对融合教育的态度

从图2-30可以看出,64.40%的学校教师对学校融合教育态度是非常赞成或比较赞成,有7.47%的教师表示比较反对或非常反对,但有约28.13%教师对融合教育的态度一般,处于无所谓的状态。

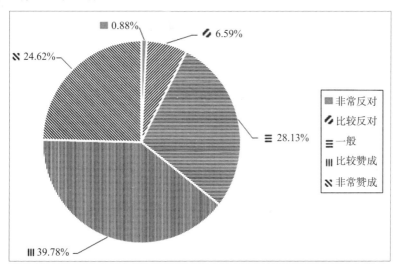

图 2-30　北京市普通中小学学校教师对融合教育的态度

由表 2-2 可以发现,三类群体对融合教育的整体态度具有显著差异($p<0.05$),普通学校教师比普通学生和普通学生家长更支持融合教育,普通学生比普通学生家长更支持融合教育。经过多重比较分析发现,普通学校教师与普通学生的态度之间存在比较显著的差异($p<0.05$),普通学校教师和普通学生家长态度之间存在极其显著的差异($p<0.01$)。普通学生和普通学生家长对融合教育的整体态度没有显著性差异。

表 2-2　北京市普通中小学普通学生、学校教师、普通家长对融合教育的态度差异分析

	n	均值±标准差	F	p
1 普通学生	457	3.68±0.77	7.129	0.001
2 普通家长	455	3.58±0.93		
3 学校教师	455	3.80±0.91		
LSD	3>1>2			

(五) 残疾学生家长对融合教育的满意度

残疾学生家长是融合教育的直接受益者,也是融合教育的参与者、监督者,

他们对融合教育的满意度是衡量融合教育效果的重要指标。从图2-31可见,本研究中83.23%残疾学生家长对学校融合教育实施感到非常满意或比较满意,仅有1.10%的家长感到不满意,但仍有约15.67%家长的满意度为一般。大多数家长对北京市融合教育持积极态度是出乎研究者意料之外的。这一方面可能是他们认可北京市对融合教育付出的努力;另一方面可能是因为他们长期以来受到拒绝与伤害的概率较高,因而期待较低的原因。不管如何,这说明残疾学生家长对学校融合教育认同度比较高,同时也期待学校继续改进、推动融合教育发展。

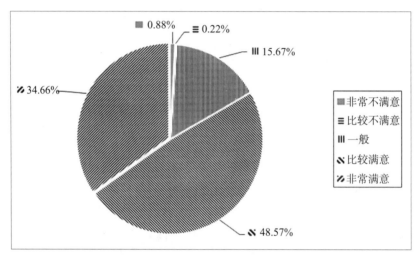

图2-31 北京市普通中小学残疾学生家长对融合教育的满意度

六、融合教育的困难及所需支持

提升融合教育质量关键在于建立并完善融合教育支持保障体系,融合教育发展最缺少的是专业支持。建立可持续的、有效的支持与服务体系是融合教育发展的难点与重点。

(一)融合教育学校最愿意接受和最不愿意接受残疾学生类型

2013年北京市教委发布的《北京市残疾儿童少年随班就读工作管理办法(试行)》中明确了接受随班就读的残疾学生类型有视力残疾、听力残疾、言语残疾、肢体残疾、智力残疾、精神残疾、多重残疾,包括脑瘫、孤独症及其他类别。①针对调查中"最愿意接受和最不愿意接受残疾学生类型"的问题,有几个学校特别提出学校"无条件接受残疾学生"。由图2-32可以看出,北京市各区融合教育学校最愿意接受的残疾学生类型排在前三位的分别是肢体残疾、智力残疾、听力残疾学生,比例差异较大,分别为55.39%、46.30%和31.08%;学校最不愿意接受的残疾学生类型排在前三位的分别是多重残疾、脑瘫、孤独症学生,而且比例都超过50%;而对于视力残疾和言语语言残疾类的学生,最愿意接受和最不愿意接受的学校数量和比例都比较低。

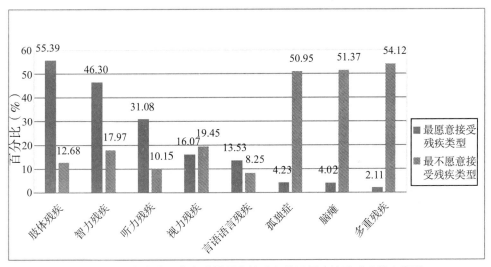

图2-32 北京市普通中小学最愿意接受和最不愿意接受残疾学生类型

(二)发展融合教育的最大困难

这部分问卷的问题是开放式问题,北京市各区融合教育学校有441个教师作答,占有效问卷的90%。通过对各学校教师回答的文本进行关键词提取以及频次分析,发现目前学校开展融合教育最大困难和所需要的支持主要体现在以下几个方面。

1.专业师资与技术、设备缺乏

"专业师资"的匮乏是所有关键词中出现频次(26.76%)最高的一个,其中

---

① 北京市教育委员会.北京市残疾儿童少年随班就读工作管理办法(试行)[EB/OL].(2013-05-29)[2018-10-20].http://www.bdpf.org.cn/zxpd/zyzz/2013/201301/c16341/content.html.

包括资源教师、专业教师、专职教师和特殊教师的缺乏,例如"没有特教毕业的专业教师""缺乏专业资源教师等"。除了专业教师资源的不足,"没有资源教室"也成为很多学校的问题,即便已设立资源教室,但设备不到位,教师配备不齐全,且缺乏专业教师的指导。此外,还缺乏技术及其使用方法等方面的支持。班额过大的问题,增加了教师的工作量,使得教师更加难以照顾到残疾学生的特殊需求。

2. 专业培训与指导不足,教师缺少教育残疾学生的时间、知识与能力

缺乏"培训"出现率(14.51%)仅次于"专业师资",例如教师所填写的"专业培训没有保障"是当前最亟待解决的一个问题,并且"缺乏更高一层的专业指导"。此外,部分问卷反映,"教师工作量大,难以顾及特殊学生",教师的精力有限,没有时间开展融合教育。教师缺少辅导残疾学生的专业知识和进行融合教育的能力,并且在课程设置上遭遇困境,对学生的个别化教学和分层教学的经验不足。

3. 政策保障力度不够

政策保障力度不够体现在多个层级。首先,编制问题是其中教师反映最强烈的一个,"没有专任教师的编制",且有的学校编制名额不够。其次,在资金投入上,"缺乏相应的经费保障""随班就读教师没有经费补贴""特教津贴未能按时发放"也被一些教师列为融合教育发展面临的困难。再者,在学校层面,缺乏相应的管理机制,有关融合教育的制度流于形式。在评估上,有一位教师提到学校"不能科学地对学生需求进行评估"。

4. 部分家长对融合教育的理解与支持不到位

虽然有关家长的关键词出现频次(4.08%)并不是很高,但是其反映的问题却极其重要。将相应的文本进行分析之后,可体现出一些残疾学生家长"不配合、不承认、不重视"等方面的特点。即有些残疾学生家长"不愿拿证、不检查、不申请",也并不希望别人知道自己的孩子是随读生,对孩子重视程度不够,尤其对学业无过多要求。普通学生家长"不理解、不支持、不满意"。学校进行融合教育在得到普通学生家长的理解与支持上存在一定难度,并且容易为此"引起其对班级和班主任的不满"。

(三) 融合教育学校最需要的支持

1. 加强专业培训与指导

"培训"(34.24%)与"指导"(25.62%)是融合教育学校所需支持中最为迫切的。教师希望能够被给予更多的培训机会,得到来自专业人员、特教专家以及特殊教师等多方面的指导。在培训中,增加培训的持续时间,提高连续性,增加对个案实例的纳入,相关培训部门到校指导,将理论性培训和实践操作相结合。并且一部分问卷中提到应增加对所有教师的普及性培训,从而使所有的教师都能对融合教育的相关理念、意义和方法有所感知。

2. 配备专职资源教师,完善学校硬件与软件设施

资源教师是学校中进行融合教育较为专业的人员,应得到较为完善的配备。鼓励特教毕业的大学生到中小学任资源教师。引入资源教师之后应增加对其进行培训的机会,以不断提升其专业素养。建立资源教室和其他硬件设备,如残疾学生的无障碍设施以及一些康复设施。在软件设施的完备上,技术无疑是非常重要的一个方面,如一些辅助技术和课堂上的教学技术的支持等。

3. 政策上增强对学校开展融合教育的支持力度

所有的支持都是环环相扣、密不可分的,若想增加对教师的培训以及专业师资配备,必须紧跟着出台强有力的关于资金与编制等方面的配套政策。充足的资金是保障融合教育顺利开展的先决条件,无论是培训机会的提供还是残疾学生日常活动的丰富,以及班额的减小或师生比的增加,编制问题的解决无疑都与资金直接或间接地紧密联系着。此外,一部分教师建议"依据随班就读学生人数下拨专项经费,以保证教师津贴的落实"。关于评价的机制,建议改变学校教学成绩的评价方式,制定专门针对残疾儿童教学的评价标准。

4. 积极寻求家长以及整个社会的理解与关注

融合教育不只是学校自身的事务。家长的支持在问卷中也较多频次地出现,学校希望能够"得到家长的理解与支持",条件允许的情况下可以"对家长进行培训,从而提升家长的认识与素质"。除此之外,社会是整个融合教育的大背景,应通过加强宣传,促使社会整体氛围的良好转变,从而增强整个社会对融合教育的关注与重视。

第三节 北京市普通中小学融合教育基本情况分析

一、教师接受特殊教育培训比例低,各区津贴和政策落实差异大

近年来,北京市推进融合教育过程中大力开展针对随班就读教师、资源教师、特殊学校教师等的各种形式的培训与教研活动,取得较好效果,特殊教育师资数量、质量和结构都明显好于全国平均水平。[①] 1996 年以来,北京市特殊教育中心先后成立了市级"视障、听障、智障"三个市级随班就读教研组,负责全市随班就读的教学指导与教研活动,教研组每学期都制订教学研究计划,确定研究重点,安排教研活动。北京市教委每年都拨付充足的经费,保证教学科研活动的正常开展。各区普遍对随班就读教研工作比较重视,都成立了特教教研室,配备了特教教研员。几年来,北京市还以研究随班就读学生个体差异教育对策为重点,结合个别化教育计划相关的理论与实践,开展了相关课题的研究。先后进行了随班就读"分层教学理论研究""合作教学模式研究""大差异教学""综合教学模式""北京市资源教室的建设与运作"等理论研究和实践探索。

第一,北京市目前在随班就读工作中已初步形成了三个网络。随班就读工作管理网络:由市教委主管主任牵头,各区设置由主管局长、主管科长负责的随班就读工作领导小组,各学区、中心校设有专门管理随班就读生的主管校长、主任。

师资培训网络:由北京市教委师资处牵头,由北京特殊教育师资培训中心负责全市随班就读教师的继续教育专业培训工作,各区教育局由继教部门负责,认真执行随班就读教师的继续教育计划。

教科研网络:由北京市特殊教育中心牵头,成立三类(盲、聋、弱)市级的随班就读教学中心教研组,各区相继成立区级三类教研组,定期开展指导性活动,各学区中心校也逐步成立随班就读教研组,这些教研组将教研课题与科研课题相结合,开展研究活动,科研纳入各区科研部门与普教一起统筹进行。

第二,重视发挥首都特有的专家资源优势。争取北京师范大学、中国教育

---

① 朱琳,孙颖. 北京市特殊教育师资培训现状调查[J]. 中国特殊教育,2011(8):20—24.

科学研究院等的支持,聘请知名专家、教授、特级教师以及外国专家担任特教中心的客座教授,举办专题讲座,系统讲授特殊教育课程,对北京市的融合教育工作进行具体指导。

第三,采取有效措施稳定融合教育教师队伍。市、区都十分重视融合教育教师队伍的稳定工作:一方面建立了档案,要求不得随意更换融合教育的教师和干部;另一方面在计算工作量、特教补贴、表彰、奖励、评职和晋升等方面给予优惠政策,激励教师在融合教育岗位上爱岗敬业。

根据本次调查结果发现,尽管北京市94%的中小学开展了融合教育,并形成了一批"资源教师为骨干,大量融合教育教师为主体"的教学队伍,但学校教师群体接受特殊教育培训的比例还是很低,培训比例超过半数的学校仅占15%,而大部分学校教师接受特教培训的比例在10%以下。这说明,北京市中小学教师接受特殊教育相关培训的人数需进一步增加。这与王洙等2006年的研究结果相似:融合教育教师能够掌握特殊儿童的认知特点,对特殊儿童进行个别辅导、进行缺陷补偿的融合教育教师数量不到半数。[①] 针对资源教师和融合教育教师的特教津贴、补助以及在职称晋升、评优、评先等方面倾斜政策仍有相当数量的学校尚未落实,并且各区的落实比例差异大。因此,融合教育教师培训与发达国家之间仍然存在很大差距。具体表现在以下几方面。

(1) 职前教育方面,特殊教育教师专业化水平低;特殊教育教师跨专业、跨科目、跨年级、跨残疾类型教学的现象仍然存在;职前教育课程设置不合理。

(2) 在职培训方面,在职培训形式缺乏针对性;培训内容主要侧重于特殊教育的理论,缺少实践课程;课程设置主要采取上级系统安排,缺乏系统性与长效性。[②]

北京市普通中小学教师接受特殊教育培训的比例相对较低,首先,原因主要还在于对融合教育的认识不到位,认为融合只需要小部分教师参与。事实上,残疾学生在学校学习和生活,每个教师和员工都可能会接触到他们,因为对他们的心理和行为特征缺乏起码的了解,可能会造成对残疾学生行为的错误理解和不当处理。因此,北京市所有普通中小学教师都有必要接受基本的特殊教

---

① 王洙,杨希洁,张冲.残疾儿童随班就读质量影响因素的调查[J].中国特殊教育,2006(5):3—13.
② 朱琳,孙颖.北京市特殊教育师资培训现状调查[J].中国特殊教育,2011(8):20—24.

育培训,以利于营造良好的全校参与的氛围。其次,与教师接受特殊教育培训缺乏针对性、系统性和可持续性有关,重复性、低水平的培训无法真正满足融合教育教师实际需求,很难提升融合教育教师应对残疾学生的多样化教育需要的能力。[①] 2011年王红霞等对北京市海淀区的调查显示,85.5%的学校领导希望在普通小学对全体教师普及特殊教育知识。[②] 2012年谭和平、马红英对上海市410名融合教育教师的专业化发展需求进行调查,结果发现:37.6%的教师报告自己所掌握的特殊教育专业知识与技能在工作中不够用,63.0%的教师称自己没有接受过特殊教育的专业培训,并表示非常希望接受相关的专业培训。[③] 可见,北京市和上海市普通中小学教师对特殊教育的相关培训都有着较高的需求。

各区津贴和政策落实差异大,就其原因首先和各区的经济发展水平有关,以北京市2013年各区的地区国内生产总值(GDP)为例,排在第1名朝阳区3920亿元,而最后1名的是延庆区92亿元。[④] 这种差异性与各地区的经济发展水平以及能为融合教育提供物质保障和重视程度有关。

二、资源教室数量与实际需求不匹配,各区资源教室比例不均衡

根据本次调查结果发现,北京市中小学已建和在建一定数量的资源教室,配备了图书及影音资料、心理咨询设备、玩具、康复训练设备、教材教具、评估量表及软件等,能够为残疾学生、普通学生、教师和家长等不同群体提供多元化的服务,主要由资源教师、随班就读或心理咨询教师担任管理者。但另一方面,资源教室数量与实际需求不匹配,如有相当数量的学校随班就读学生超过5个却没有建设资源教室;有些设备如评估量表及软件应提高利用率;多数资源教室开放时间有限,不利于最大限度地利用资源教室;全市中小学无障碍环境需进一步改善;各区资源教室建设比例不均衡,最高达到94%,最低仅有5%。

---

① 谭和平,马红英.上海市随班就读教师的专业化发展需求的调查研究[J].基础教育,2012(2):63—70.
② 王红霞,彭欣,王艳杰.北京市海淀区小学融合教育现状调查研究报告[J].中国特殊教育,2011(4):37—42.
③ 谭和平,马红英.上海市随班就读教师的专业化发展需求的调查研究[J].基础教育,2012(2):63—70.
④ 北京市统计信息网.2013年分区县数据查询说明[EB/OL].(2015—03—04)[2015—10—20]. http://www.bjstats.gov.cn/sjfb/bssj/ndsjcs/201503/t20150304_289141.htm.

资源教室数量与实际需求不匹配的原因,首先和学校缺少资源教室建设经费有关,有些学校残疾学生数量众多,但是却没有建立资源教室。其次与残疾学生招生数量具有不确定性有关,有些学校原来有一定数量的残疾学生在校就读,建设了资源教室,之后因残疾学生毕业,而后续没有招到新的残疾学生;有的学校残疾学生近两年迅速增多,没来得及建设资源教室。再次可能与学校残疾学生的招生制度有关。北京市所有区实行划片就近入学政策,100%小学划片就近入学;90%以上的初中实现划片入学。残疾学生就近入学的学校可能不具备资源教室,而根据政策规定,他们却只能就近入学。

各区资源教室比例不均衡,究其原因,首先,可能是各区的经济发展水平影响到随班就读学校(包括资源教室)的经费投入。北京市各区的地区生产总值差异极大,[①]地区经济的发展能为融合教育提供相应的物质保障,如北京市朝阳区惠新里小学资源教室建设不仅获得北京市投入的经费 50 万元,也获得朝阳区先后两次投入经费 7 万元用于资源教室的运作。其次,是与各区县教委和特教中心的重视程度有关,如朝阳区特殊教育中心专门开展"十二五"资源教室系列课题研究,定期到学校开展教研活动;而海淀区特殊教育管理中心经常开展随班就读的指导工作,如"区资源教室运作的实操和教学技能培训"等。

三、融合教育管理缺乏多元主体参与,校园融合文化建设方式单一

大多数学校已经建立融合教育工作小组,这一组织类似于集体决策的委员会制,在本研究所调查的学校中,只有少数学校尚未成立融合教育工作小组。在已成立的融合教育工作小组的成员构成上,总体基本上以校长、教务(教导)主任以及融合教育教师为骨干,德育主任、教研组长、年级组长等为补充;但是资源教师和残疾学生家长的参与力度不够,其中一个可能存在的原因就是很多学校本来就缺乏资源教师。根据《北京市残疾儿童少年随班就读工作管理办法(试行)》,每个资源教室至少要设专职资源教师 1 名,并根据学

---

① 谭和平,马红英.上海市随班就读教师的专业化发展需求的调查研究[J].基础教育,2012(2):63-70.

校随班就读学生的数量适当增加,①此次调查的学校共建有165所资源教室,也就是至少需要165名专职资源教师。但是北京市特殊教育中心2015年的统计表明,北京市普通中小学所有资源教室的专职资源教师总共只有67名,其余370名都是兼职教师,由此可见,专职资源教师数量远远达不到规定要求和实际需求。同时,再加上对于残疾学生的家长而言,参与学校活动可能会有一系列的诸如"面子"等方面的压力,致使残疾学生的家长更不愿参与其中。学校内部的融合教育管理制度是对具体工作实施的顶层设计,也是保证融合教育工作有效开展的前提保障。本研究的结果显示,有不到3/4的学校制定了融合教育规章制度,并且区域之间存在较大的差距。在融合教育学校的运行中还有一个很重要的部分就是校园包容、接纳和归属等文化氛围方面的构建,具体可通过一系列旨在促进残疾学生与普通学生融合的活动来实现。根据调查结果所显示的,大部分的学校都采用让残疾学生和普通学生结对子的方式,而诸如讲座宣传、电影赏析等方面的活动则略显不足,可见学校在促进构建包容的文化氛围上具体采用的方式较为单一。

除此之外,社会或家长的监督也是确保学校融合教育管理工作正常运行的重要力量。然而,关于这方面的结果总体而言并不十分理想,一半以上的学校都没有关注到这一方面。这也是当前整个学校教育管理工作中普遍存在的一个问题,这方面的原因是比较复杂的,例如,家长和社会对学校的参与意识较为淡薄,并且没有形成良好的学校与社会及家庭的沟通机制等。此外,也与家长和社会没有被真正赋予监督的权利相关。对家长的培训是学校融合教育管理工作中密切家校联系、增强残疾学生父母意识与素质的一项重要工作。调查结果显示有相当高比例的学校从未对家长进行过培训,即便在实施培训的学校中其培训的频率较低,大多数学校一年仅提供一到两次培训。这可能与学校自身拥有的资源及所受到的来自专业人士的支持有很大关系。依据《北京市中小学融合教育行动计划》,融合教育学校建立特殊支持教育中心,对本区的随班就读工作进行指导。然而根据研究数据所呈现的结果,融合教育学校受到支持或指导的现状仍旧不容乐观。超过三成的学校从

---

① 北京市教育委员会.北京市残疾儿童少年随班就读工作管理办法(试行)[EB/OL].(2013-05-29)[2018-10-20]. http://www.bdpf.org.cn/zxpd/zyzz/2013/201301/c16341/content.html.

未受到过指导或支持,能经常接受指导的学校的比例也不满 1/3。其中一个非常重要的原因就在于巡回指导教师资源匮乏。根据《北京市残疾儿童少年随班就读管理办法(试行)》规定,"每 10 所接收随班就读学生的学校配备 1 名巡回指导教师的标准",北京市 1356 所融合教育学校应有 140 名巡回指导教师,而目前仅有 79 名巡回指导教师,意味着 1 名巡回指导教师至少需要指导 17 所学校的随班就读工作,1 名巡回指导教师需要完成差不多 2 人的工作量,几乎是很难完成的任务。

四、融合教育中教师缺乏合作,个别化教育计划和评价方式弹性不足

首先,"参与"与"合作"是融合教育最基本的原则与实践方式,也是社会融合与公正目标实现的重要指标。首先,"合作"意味着管理方式的变革,意味着"全校参与"式的学校发展模式:是在校长的领导下,全校教职工达成共识,共同确立学校发展愿景,制定学校融合教育发展政策,建立平等、合作、接纳的校园文化环境,鼓励所有教职员参与并共同承担教育有特殊教育需要的学生的责任,并促进家长与教师的合作。① 其次,"合作"是指教师间的合作教学(Co-teaching)与学生间的合作学习(Cooperative Learning)。合作教学主要指特殊教师或者专业人员与普通教师共同承担、分享教育普通班级具有异质的、多样化学习需要学生的责任。这种合作教学的形式使普通教育与特殊教育相互渗透、融合,改变了传统的特殊教育模式以及普通教育的形式与发展方向;合作学习是指学生组成异质、多样的学习小组共同努力达成小组学习目标,在完成任务的过程中提升学生的学业成就、促进社会交往能力发展。②

在融合教育的实践中,与教师助理的有效合作是融合学校中提供特殊教育服务越来越重要的一个方面,美国联邦数据显示,到 2005 年为止大约有 39 万特殊教育教师助理工作在特殊教育的一线。③ 与教师助理的发展情况明显不

---

① 雷江华,连明刚. 香港"全校参与"融合教育模式[J]. 现代特殊教育,2006(12):37-38.
② Murphy E, Grey I M, Honan R. Co-operative Learning for Students with Difficulties in Learning: a Description of Models and Guidelines for Implementation[J]. British Journal of Special Education, 2005, 32(3):157-164.
③ Giangreco M F. Paraprofessionals in Inclusive Schools: A Review of Recent Research[J]. Journal of Educational and Psychological Consultation, 2010, 20(1):41-57.

同的是,助学伙伴的配备比例很高,调查中大多数的学校都在这方面做出了努力。据已有研究显示,同伴的支持被认为是促进残疾学生完全参与和取得进步的重要方法,[①]助学伙伴可以通过帮助残疾学生预习功课、对教师教授内容进行释义以及提供选择等提供学业上的帮助与辅导,也可以为残疾学生提供陪伴性的支持。这一方面根据研究结果显示是比较好的。国外相关研究证实,合作教学无论对于教师、普通学生还是残疾学生都是极其有利的。[②] 本研究表明,在北京市融合教育的人员配备中,配备的教师助理总体比例偏低。就资源教师与普通教师的合作而言,调查中只有很少比例的资源教师能够经常与普通教师保持合作,这可能与资源教师和普通教师缺乏沟通机制有关。

其次,在个别化教育计划(IEP)的实践上,平均六成以上的学校能够为残疾学生制订 IEP,近 1/3 的学校没有制订 IEP,并且存在较大的差异,例如怀柔区与石景山区相差 69 个百分点。和于素红(2011)[③]关于上海市随班就读工作的调查中有 1/4 的学校没有为残疾学生制订 IEP 的研究相比,此次调查中有更高比例的学校没有为残疾学生制订 IEP。自美国《所有残疾儿童教育法》中以法律形式对其加以规定之后,IEP 就逐渐被很多国家所认可,例如加拿大、英国、澳大利亚等。20 世纪 70 年代末以后,为所有接受特殊教育的学生制订个别化教育计划就逐渐在世界各国推广,使得成千上万的特殊教育需要儿童从中获益。[④] 个别化教育计划自 20 世纪 80 年代介绍到中国之后逐步发展成为我国特殊教育的基本举措之一。个别化教育计划的制订需要多方人员的参与,涉及包括校长、教导主任等在内的行政人员,也包括随班就读教师、资源教师和特殊教师以及提供相关服务的专业人员在内的教师代表,残疾学生的父母等主要的三股力量。

在调查中发现,资源教师与班主任、科任教师和家长一起制订个别化教育计划的比例是最高的,由融合教育小组共同制订的比例偏低,还有部分学校直

[①] Carter E W, Kennedy C H. Promoting Access to the General Curriculum Using Peer Support Strategies[J]. Research and Practice for Persons with Severe Disabilities,2006,31(4):284−292.

[②] Scruggs T E, Mastropieri M A, McDuffie K A. Co-teaching in Inclusive Classrooms:A Metasynthesis of Qualitative Research[J]. Exceptional Children,2007,73(4):392−416.

[③] 于素红.上海市普通学校随班就读工作现状的调查研究[J].中国特殊教育,2011(4):3−9.

[④] 肖非.关于个别化教育计划几个问题的思考[J].中国特殊教育,2005(2):8−12.

接由班主任单独代为制订。个别化教育计划原则上每学期制订一次,并在实施的过程中根据情况加以调整。调查数据显示,在为残疾学生制订了个别化教育计划的学校中,仅有不到一半的学校能够实现规定的修订频率,而仍有一些学校则从未修订过,大多数学校是采取一年调整一次的方法,这反映个别化教育计划的制订和修订在很大意义上被形式化,难以及时适应学生的发展需求,原因可能是残疾学生并没有真正从所制订的个别化教育计划中收益,也和学校对个别化教育计划的掌握程度相关。

再者,落实到课堂层面具体的课程、教学方法、评价方式的调整以及问题行为的管理等方面,这些是直接决定融合教育质量的关键因素。其中,很多研究者一致认为,课程的融合是最高层次的融合,也是融合教育中最为困难的部分。在课程的调整中,融合教育课程比普通课程更具弹性,基本上应包括发展性课程和扩展课程两大方面。前者指的是某一年龄阶段儿童应该达到基本技能与学业水平的一般课程;后者指有特殊教育需要的学生需要在学校里学习一些普通儿童在校外通过自我探索、模仿、非系统的口耳相传就能够获得的一些知识,如基本的卫生习惯、生活自理能力、性别角色区分等。[①] 调查中,大多数的学校都能根据残疾学生的能力加以调整,超过三成的学校会增加学生生活能力训练相关的内容,然而,仍有一部分学校课程并未做出调整。这和于素红所调查的有关上海市的融合课程调整情况结果迥异,其调查中大约仅有 2.27% 的学校会单独设置少部分的课程,其他的都与普通课程相同。教学方法的调整中所经常使用的是差异教学方法,之后依次是个别化教学、合作教学、小组教学等,结构化教学的应用并不多。这些教学方法的应用不仅对于融入普通班级的残疾学生产生作用,也同样影响着普通学生的学习,甚至一定程度上扭转了传统的"灌输式"教学、教师"一言堂"等的局面,促进了普通学校的改革。在评价方式上,本书的研究结果显示大多数学校的残疾学生与普通学生采用相同的考试方式,但是他们的成绩不被纳入班级考评之列;仅有不到 1/4 的学校将残疾学生的考评成绩纳入其中。此外,还有极少的学校单独为残疾学生出考卷,而另外几所学校的残疾学生直接没有参加考试的资格。从结果来看,出现这些情况的

---

① 邓猛.关于全纳学校课程调整的思考[J].中国特殊教育,2004(3):1—6.

原因有可能与残疾学生的类型、残疾程度以及当下普通学校中对升学率和考试成绩的极度重视的环境有关,更为直接地也说明不同学校对待残疾学生有不同的认识。以往的研究中表明,不对残疾学生进行评价的占到 7.3%,[①]明显高于此次在北京市的调查结果;评价内容、标准都与普通学生相同的占大多数,这与此调查结果在总体而言相似,只是在比例上存在或多或少的差异。对于残疾学生的问题行为管理,班主任承担责任占有最高的比例,大部分的任课教师也参与其中,此外还有较少的资源教师和陪读人员对残疾学生的问题行为进行管理。

五、融合教育使残疾学生和普通学生共同受益,但仍面临诸多挑战

根据本次调查结果发现,融合教育不仅能够促进残疾学生在诸多方面有进步发展,更能使占绝大多数的普通学生受益,学会尊重、理解、包容、关怀等良好品质,懂得人类的多样性和差异性。相对而言,接受融合教育的残疾学生在社交能力、情绪控制、语言能力、运动能力、认知能力等方面的进步,比学业成就方面的进步发展更大。学校教师比普通学生、普通家长更支持融合教育,大多数残疾学生家长对学校融合教育实施情况感到满意。残疾学生未必一定会给学校、教师和普通学生造成负面影响,也不能因此忽视残疾学生可能带来的诸多挑战,尤其给教师的班级管理带来的困扰。学校最愿意接受肢体残疾和智力残疾学生,而最不愿意接受的是多重残疾、脑瘫、孤独症学生。

残疾学生学业成就方面进步最小。一方面因为残疾学生本身的认知或身体缺陷的限制,调查中 70% 的残疾学生属于智力残疾的现实可能说明这一问题。另一方面也可能与教师、家长常常低估残疾学生能力有关系。普通学生家长对融合教育不够支持,很大程度上源于对融合教育和残疾学生缺乏了解,担心班上残疾学生的存在会影响到自己孩子的学业成绩、威胁到孩子的安全或者让孩子模仿其不良行为。如何增进普通学生家长对残疾学生的了解,消除家长对残疾学生就读带来消极影响的顾虑,从而提高普通学生家长对融合教育的支持程度应该是家长工作重点考虑的问题。

---

① 于素红.上海市普通学校随班就读工作现状的调查研究[J].中国特殊教育,2011(4):3-9.

肢体残疾和智力残疾学生是最受学校欢迎的类型,有两方面的原因:一是肢体残疾学生没有智力上的缺陷,除了运动方面,学习基本上不受限制,学校只需要完善无障碍设施,课程、教学和评价等不需要做太多的调整;而智力残疾学生是北京市开展随班就读工作以来随班就读学生中的主体,学校教师对于这类学生身心特点比较了解,对于如何满足他们的特殊需要比较有经验,易于开展教育教学。二是这两类学生的残疾程度较轻,而且情绪行为相对孤独症学生而言,要稳定得多,在班级管理方面不会带来太多麻烦。学校最不愿意接受的是多重残疾、脑瘫、孤独症学生,一方面可能因为残疾程度较为严重,或者是情绪行为问题,容易给班级管理造成困扰;另一方面是教师对这些新出现的残疾学生类型的特点缺乏相关的培训和指导,对于如何开展教育教学缺乏信心及必要的知识和技能。

第三章 北京市融合教育实施现状调查研究

第一节 北京市融合教育实施现状研究设计

就其本质而言,融合教育是一种信念与价值体系,是基于人类社会近代以来发展起来的"平等""自由""多元"等共享的价值观而形成的"人皆有潜能""人皆有权平等接受高质量教育"等信条的执着追求。但是,融合教育更是一种实践,是促进弱势群体回归主流学校与社会、平等共享社会物质文明成果的教育和社会实践策略;需要在社会与学校体系中践行其价值与信念。① 融合教育的理想难以解决实际的问题,课堂教学的质量不能依靠修辞与激情来实现。因此,融合教育崇高的理想需要在学校与课堂环境中转化为实际的、可操作的教学实践。融合教育政策的执行过程就是将融合教育目标通过适当的途径付诸行动的过程,它主要包括各级教育管理机构与人员对融合教育政策目标与内容的解读,以及如何在学校、地方教育当局提供融合教育服务的过程。从各国融合教育实际执行情况来看,理想多于现实、信念多于实践。融合教育与其说是一个准确的教育学术语,倒不如说它是人们的一种美好的教育理想、价值追求,很难为人们的特殊教育实践与教学提供准确的、具有操作性的指导。因此,少一点关于全纳教育理论观点的争论,多一点对于实践的关注,对于发展全纳教育更有意义。②

近年来,北京市在融合教育的政策支持、物质保障、专业指导、师资培训和教育教学质量提高等方面都做出了有益的探索和切实的实践。2013 年 4 月,北京市发布了《北京市中小学融合教育行动计划》,明确提出要以融合教育为指

---

① 邓猛,颜廷睿. 融合教育理论反思与本土化探索[M]. 北京:北京大学出版社,2015:1.
② 邓猛,潘剑芳. 关于全纳教育思想的几点理论回顾及其对我们的启示[J]. 中国特殊教育,2003(4):1—7.

导,以提高素质教育为目标,提高特殊教育的科学性、针对性和实效性",并且计划在3年内,将建100个示范性资源教室,20所市级融合教育示范校,积极为逐步实现"同班就读"创造条件。① 融合教育已经成为北京市特殊教育发展的主要方向。然而,融合教育的实现不能只依靠宏观教育的变革,学校才是教育的主要场所,只有学校和教师自愿接受融合教育理念,并将之积极付诸实践,融合教育才可能实现,融合教育的最终目的才能实现。融合教育的目标与内容需要在学校课堂的实际教育教学活动中得以实现,其管理与支持则需要通过地方教育管理机构来组织进行,地方学校成为融合教育实现与否的主要场所。② 融合教育的实施遵循从下而上的渐进模式,通过学校自身小步子的进步与变化,直接向特殊儿童及其家庭服务,将宏观的教育政策转化为现实;基层的管理人员与教育工作者而非上层人员处于政策执行的中心。③ 也就是说,融合教育既需要制度上的保证,更需要通过融合学校和教师来具体实施。因此,在融合教育的具体实施中,北京市采取自下而上的融合教育实施模式,由融合教育学校管理人员、教师、巡回指导人员等组成团队对随班就读学生的现有水平进行评估,全面了解残疾儿童的发展情况以及所需要的教育支持,明确提供这些教育支持所需要的人力资源、物质资源。这种自下而上的运行模式提高了教育支持的针对性和灵活性。邓猛认为:融合教育的实践与执行遵循从下而上的渐进模式,通过学校自身小步子的进步与变化,直接向特殊儿童及其家庭服务,将宏观的教育政策转化为现实。④

我国融合教育政策的执行显然是以从上到下的理性模式为特征的,即中央政府权威部门预先制定政策目标并确定实现目标的策略,然后各下级部门将政策付诸实施。这有利于国家对融合教育工作进行统一规划、领导,也有利于通过行政的力量推动融合教育工作的发展。然而,这种模式与以上分析的融合教育政策所要求的渐进模式相矛盾。我国融合教育政策的执行应该逐步纳入渐

---

① 北京市教育委员会,北京市残疾人联合会.北京市中小学融合教育行动计划[EB/OL].(2014-03-25)[2015-04-12]. http://www.bdpf.org.cn/zxpd/zyzz/2013/201302/c18643/content.html.
② Salend S J, Duhaney G. The impact of Inclusion on Students With and Without Disabilities and Their Educodors. Remedial and Special Education. 1999,20(2):114-126.
③ 邓猛.全纳教育的基本要素与分析框架的探索[J].教育研究与实验,2007(2):43-47.
④ 同上。

进模式。执行过程应该更多地体现地方的不同条件、反映第一线工作者的声音,使基层工作者的观点在政策执行过程中得到充分的反映,更多地允许基层机构与人员自主调整政策的目标并调整实现这些目标的策略与步骤。这样,宏观层面的随班就读政策与微观的地方、学校实践才能够相统一,随班就读工作才能取得较好的效果。①

目前北京市的融合教育实施主要是从以下几个方面来进行的(见表3-1):

表 3-1　北京市融合教育支持体系

学校支持	具体内容
学校支持的教育理念	1.融合学校的课程、学校环境、学校人际关系、学校的教学活动、学校与社会(区)交往 2.应是学校领导班子、全体教师、全校学生共同认同与追求的理念
学校的导向与气氛	1.物理环境 2.心理环境对差异性的容纳、调整、合作、尊重和欣赏。让随班就读生有归属感。在教育常态时使教育公正和公平理念彰显
学校校本课程的定位与教学	多元课程的开发,注重学生的潜能和多元智能,满足学生的个别化教育需求,注重个体的共性,倡导创造性学习、合作学习、协同教学等
学校评价体系的改革	建立个别化评价体系。根据随班就读学生实际,制订个别化教育计划。研制适合不同类型、不同年级的评价工具和评价标准,逐步建设随班就读学生发展评价数据库和评价参照体系,提高随班就读教育教学质量
学校管理与资源教室建设	1.管理的改革:随班就读学生学籍的管理、班额调整、教学调整、作业考试处理、教师评价、学校评价,以及家庭教育、家长工作、学生升学和就业 2.资源教室的建立及专业的资源教师的配备
教学中的支持	教学中的支持:课程、教学组织模式、教材、教学环境与资源、考试评价、教学方法与策略等方面的支持

从目前的研究来看,研究者对北京市融合教育实施的相关研究并不多

---

① 邓猛.全纳教育的基本要素与分析框架的探索[J].教育研究与实验,2007(2):43—47.

见。现有的研究主要是对北京市随班就读教育发展模式[①]、资源教室运作管理情况[②]、教师对融合教育的基本态度、融合教育发展需求[③]等方面开展调查与分析。尽管已有的这些研究探讨了北京市融合教育发展的部分现状和问题,但往往是反映某个区域的问题,很难代表整个北京市融合教育的实施情况。更重要的是,这些研究并未涉及融合教育实施中关键的学校管理与领导、环境创设、课程与教学等融合教育实施的核心问题。总的来说,现有的关于北京市融合教育发展的已有研究并不能全面、准确、有效地反映北京市融合教育发展的实施现状、特点和趋势。本章将视角集中在融合学校和教师的层面,通过实证研究,全面准确地描述北京市融合教育的实施进展,在此基础上提出北京市融合教育发展的建议和意见,以提升北京市融合教育的质量。为全面了解北京市融合教育的实施情况,本研究最终选取了北京市 15 个区的 300 多个融合教育学校开展研究,从学校的管理与领导、学校的发展规划、学校环境、课程设计和教学策略等方面开展研究,反映北京市融合教育实施的现状,探索影响北京市融合教育发展的各种因素。

一、研究思路

融合教育的发展需要建立在对当前融合教育实施情况的了解与评估调查基础之上,只有全面了解融合教育实施情况,才能发现融合教育实施存在的问题,并采取针对性的措施。评估融合学校融合教育的实施情况需要全面而有效的评估维度。瞭望全球融合教育发展动态,英国、美国、加拿大等国家都有比较完整且各具特色的融合学校教育质量评价指标体系,作为融合教育自我评估与发展的工具。例如,英国融合教育研究中心(Centre for Studies on Inclusive Education,CSIE)的托尼·布思和莫尔·爱因斯克编写的《融合教育指标体系》将融合教育分为三个维度:①创建融合性文化,包括构建共同体和确立融合性价值感;②制定融合性政策,包括发展适合所有学生的融合性学校和提供应对

---

① 周耿.北京市随班就读综合教育模式的构建与实践[J].中国特殊教育,2000(3):25—27.
② 孙颖.北京市资源教室建设现状与发展对策[J].中国特殊教育,2013(1):20—24.
③ 王红霞,彭欣,王艳杰.北京市海淀区小学融合教育现状调查研究报告[J].中国特殊教育,2011(4):37—41.

多样化的支持;③发展融合性实践,包括建构为满足所有学生需求的课程和精心策划的学习计划。① 加拿大亚伯达省《融合学校指标:持续进行对话》对融合教育的质量评价主要分为5个维度:①确立融合性的价值观与原则;②建构融合性的学习环境;③提供对成功的支持;④组织学习与教学;⑤家庭与社区参与。

本书的研究旨在研究北京市普通中小学实施融合教育的基本情况,探究影响融合教育实施的因素,并针对融合教育实施中存在的问题和挑战,提出相应的意见和解决措施。为实现以上研究目的,本书的研究根据西方国家融合教育实施评估指标和我国融合教育的具体发展情况,将融合教育的实施划分为领导与管理、学校发展规划、学校环境、沟通机制、学生潜能发展、融合教育课程计划、个别化教育计划、教与学策略、班级管理、残疾学生发展评估等十个方面。基于以上内容,本书的研究将融合教育实施分为以下十个维度。

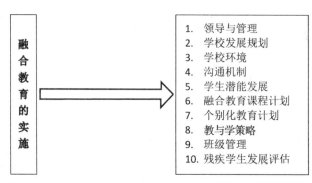

1. 领导与管理

融合教育的开展与实施首先有赖于融合学校的领导以及对融合教育工作的管理。学校领导必须认同这种全新的教育理念,对其教育目标和具体的实施步骤、工作内容清晰明了,并能全力支持和推行。科学的学校管理是实施融合教育的保障,而融合教育必然给学校管理带来变革,这包括管理理念上的转变、管理模式的改变和管理实践的变革。

---

① Centre for Studies on Inclusive Education. Index for Inclusion:Developing Learning and Participation in Schools [EB/OL]. (2018-05-20)[2018-06-10]. http://www.csie.org.uk/resources/inclusion-index-explained.shtml.

2. 学校发展规划

学校发展规划又可称为学校蓝图、学校远景计划、学校战略规划、学校设计等,学校共同体成员共同努力,系统地分析学校的原有基础及学校所处的环境,发现学校的优先发展项目,确定学校的发展方向和教育目标,促使学校挖掘自身的潜在资源,按照自己的价值观,提高学校的管理效能,最终提高学校的教育质量。学校发展规划在20世纪80年代初在英国由一些学校和地方教育当局提出。提出的背景有两个方面:一是这一项目采用"草根理论"探索学校管理问题,迎合了当时教育管理"权力下放"的趋势,有力地推动了校本管理局面的形成;二是由学校发展规划本身的功能决定的,它能促进学校的发展和变化,促进学校效能的提高。制订和实施学校发展规划的根本目的是推动学校发展。直接目的是应对学校发展中的内外环境变化,也是制订学校发展规划的直接动机,得到各方对办学的支持、调动参与办学的积极性。

学校发展规划中应该包含融合教育发展的内容和目标,体现学校共同体中所有人对融合教育发展共同的本质愿望和图景,它关系着一个学校所有利益相关者最根本的前途和命运。融合学校的学校发展规划包括在学校的政策、教育实践和工作程序的各个方面,为融合教育在学校的实施奠定基础,并明确其方向与具体措施。

3. 学校环境

融合教育首要的就是要使残疾儿童在物理环境上能够进入普通学校,因此它要求普通学校要具备良好的无障碍环境,包括在建筑物、道路等方面的无障碍设施建设。无障碍环境设计是保障残疾学生顺利参与学校学习和生活的基础,学校需要确保让每个学生都能全面、平等地参与学校课堂内外的各种教学与活动,不能因为学生具有残疾或相关服务的需求而将他们拒绝于某项教学活动之外。[①] 此外,普通学校还必须着力打造具备接纳与包容文化的校园氛围,残疾儿童才能真正参与到学校的各项活动中。

4. 沟通机制

沟通主要是建立在教师、学生、家长以及学校领导之间的相互尊重基础之

---

① Westwood P. Differentiation' as a Strategy for Inclusive Classroom Practice : Some Difficulties identified[J]. Australian Journal of Learning. Disabilities, 2001, 6(1):5-11.

上的。融合教育的相关人员通过各种不同的形式进行相互间的交流与合作。在交流过程中,非言语的沟通和肢体语言对促进学校中的人际关系和融合起着至关重要的作用。

5. 学生潜能发展

促进残疾儿童的潜能发展是融合教育实现的根本的目标。每个学生都有自己独特的学习特点和学习潜能,残疾儿童也不例外。学校和教师需要认识到残疾儿童的潜能,并采取各种措施和方法充分挖掘其潜能,使残疾儿童得到最大限度的发展。

6. 融合教育课程计划

融合课程强调课程的共同性,即提供同样的、高质量的课程给所有儿童,要求那些有特殊教育需要的学生最终也要达到和正常儿童一样的课程目标。因此,融合课程内容应该包括普通学校的基本课程、学科。另外,多数的研究者认为全纳课程应该具备弹性,应该体现学生学习能力的多样性,反映不同学生的不同特点与学习需要。[①] 学校和班级教师对融合性课程的管理和规划是融合性教学的核心成分。融合性课程计划通过使课程内容、过程和结果的差异化以适应包括残疾学生在内的所有学生的特点来教学。这种融合性的课程能够让有特殊教育需要的学生参与到课堂之中并获得学习经验,从而得到最大限度的潜力发展。

7. 个别化教育计划

个别化教育计划规划是指导一个特殊学生在学校接受特殊教育的方方面面,如教育目标、学生的教育需要、安置形式,并明确了学生的教学进程和进步的评价标准。个别化教育计划需要教师、专业人员和家长的共同合作来完成,并成为残疾儿童接受特殊教育的主要基石。

8. 教与学策略

成功的融合教育需要教师采取各种有效的教学实践来对残疾儿童进行教育教学。有效教学是课堂教学质量的一种理想追求,也是特殊教育领域需要共同努力的目标。

---

① 邓猛. 关于全纳学校课程调整的思考[J]. 中国特殊教育,2004,(3):1-7.

9.班级管理

有效的班级管理不仅能够促进普通儿童对残疾儿童的接纳和包容,也能促进双方共同的发展。同时普通学生也能够在良好的班级管理中与残疾儿童和谐相处。在融合班级中,教师需要恰当处理特殊学生的问题行为并引导学生的积极行为。

10.残疾学生发展评估

对残疾学生的发展进行准确评估可以为特殊学生的家长和教师提供有意义的经验和反馈信息,帮助教师和家长认识到残疾学生取得的进步和不足,并为下一步的计划修订提供基础。

二、研究过程与研究方法

本研究的调查数据来自对北京市15个区(包括密云区、西城区、房山区、顺义区、延庆区、东城区、昌平区、门头沟区、大兴区、石景山区、通州区、丰台区、朝阳区、怀柔区和海淀区)普通中小学融合教育教师进行的调查。此次调查共分三阶段进行,共有2053位教师接受了调查。平谷区因为联系不到位没有参与调查。

(一)调查设计

本研究采用分层抽样的方法,从北京市15个区抽取不同数量的教师发放纸质版问卷进行调查研究。由于本研究涉及的区域比较广,学校数量较多。在发放问卷时,研究者借助于北京市特殊教育中心的力量,由各融合学校的融合教育教师在填写完问卷后交给学校相关负责人;校负责人再交给各区负责人汇总,最后邮寄给研究单位。各区抽样情况如表3-2。

表3-2 北京市部分区的抽样情况($N=2053$)

区	人数	百分比	区	人数	百分比
门头沟区	166	8.10	顺义区	89	4.34
大兴区	191	9.30	石景山区	72	3.51
密云区	139	6.80	怀柔区	108	5.26
房山区	182	8.87	丰台区	163	7.94

续表

区	人数	百分比	区	人数	百分比
朝阳区	76	3.70	延庆区	162	7.89
西城区	144	7.01	东城区	98	4.77
通州区	79	3.85	昌平区	149	7.26
海淀区	235	11.45			

(二) 研究工具

根据北京市融合教育学校支持保障的相关内容以及国际融合教育实施发展的质量评估指标,本研究编制了"北京市普通中小学融合教育实施情况调查问卷"(见附录2)。为了保证本研究所使用的问卷的内容效度,研究者参考了北京市融合教育学校支持保障体系的相关文件、英国融合教育研究中心(Centre Inclusive Education,CSIE)的著名特殊教育专家托尼·布思和莫尔·爱因斯克编写的《融合教育指标体系》,以及英国国家特殊教育委员会编制的《融合教育行动框架指南》。本问卷编制好之后,首先,邀请3位特殊教育专家审阅问卷的形式与内容并提出修改意见;其次,向3位有着丰富经验的随班就读骨干教师征求修改意见,就问卷的维度、内容和语言进行修改和讨论,以判断概念及所包含的题目内容是否恰当,进而作为题目筛选及题目语义修饰修改的参考。①

本问卷包括两部分:第一部分是基本信息部分,包括作答教师的性别、年龄、教龄、职称、有无培训等个人基本信息以及所属学校的类型和资质。第二部分是问卷的核心部分,是融合教育实施的主要方面,包括测量融合教育实施的十个维度,这十个维度下面又分为若干二级指标,其具体内容以及所对应的项目如表3-3所示。

---

① 颜廷睿,关文军,邓猛.北京市中小学融合教育实施情况的调查研究[J].残疾人研究,2017(2):90—96

表 3-3 融合教育实施情况问卷调查维度

一级维度		二级维度	项目[①]
融合教育实施情况	领导与管理	学校领导对融合教育的整体规划、对资源的分配、融合环境的创设、对残疾学生的支持以及对融合教育教师专业成长的引导	(1)~(9)
	学校发展规划	学校融合教育发展的目标与规划以及融合教育理念在学校工作中的渗透	(10)~(14)
	学校环境	学校对残疾学生的接纳氛围、无障碍环境设计	(15)~(22)
	沟通机制	家长与学校之间的沟通、教师意见和建议的表达	(23)~(29)
	学生潜能发展	学生潜能的发现、需求的满足	(30)~(36)
	融合教育课程计划	课程的设置与调整	(37)~(42)
	个别化教育计划	个别化教育计划的分工及其内容的准确性、全面性	(43)~(51)
	教与学策略	教学策略的设计、使用和使用效果	(52)~(60)
	班级管理	残疾学生与普通学生之间的矛盾解决、残疾学生问题行为的预防与处理、对学生积极行为的引导	(61)~(67)
	残疾学生发展评估	评估的管理体系、评估的灵活性、评估内容的全面性	(68)~(73)

（三）调查对象

本研究从北京市 15 个区中抽取 2053 位融合教育教师进行问卷调查，调查对象的基本情况如表 3-4 所示。

表 3-4 北京市融合教育实施研究对象的基本情况

背景因素	水平	数量	百分比
性别	男	380	18.5
	女	1673	81.5

[①] 本列数字对应附录 2 第二部分正式问卷的内容。——编辑注

续表

背景因素	水平	数量	百分比
年龄	25 岁以下	150	7.3
	26—35 岁	653	31.8
	36—45 岁	983	47.9
	46—55 岁	256	12.5
	55 岁以上	11	0.5
教龄	5 年及以下	379	18.5
	6—11 年	255	12.40
	11—15 年	310	15.10
	16—20 年	485	23.6
	20 年以上	624	30.40
学历	专科及其以下	148	7.20
	本科	1803	87.80
	研究生	102	5.00
学校类型	小学	1403	68.3
	初中	650	31.7

(四) 调查与数据整理

本次调查要求是有教育残疾学生经历的教师填写,但问卷在发放过程中,也有一些没有教育残疾学生经历的教师填写了问卷,所以笔者没有录入这些教师的数据。经过调查,本研究共获得北京市 15 个区 2053 位融合教育教师的有效数据。数据整理工作包括合并不同区调查的数据;补充题项缺失值,全部以平均值"3"替代;剔除重复数据。

(五) 研究与分析

本研究使用 SPSS 22.0 软件对数据进行分析,综合运用多种描述性统计分析手段对北京市融合教育的基本情况与实施状况进行系统的分析。以此为依据,为北京市融合教育的未来实施发展提供针对性的建议。

第二节 北京市融合教育实施现状调查结果

本研究对北京市融合教育实施情况的调查包括三个部分,即北京市融合教育实施的整体情况、不同区融合教育实施的比较、北京市融合教育实施不同维度的具体情况。通过对这三个方面的分析来把握北京市融合教育的实施情况。[①]

一、北京市融合教育实施现状的整体情况

(一) 北京市融合教育实施的整体维度分析

本研究主要从融合教育学校的领导与管理、学校发展规划、学校环境、沟通机制、学生潜能发展、融合教育课程计划、个别化教育计划、教与学策略、班级管理、残疾学生发展评估十个方面来研究融合教育实施的基本情况。

图 3-1 显示,北京市融合教育实施的各维度得分均在 3 分以上,其中学生潜能发展和班级管理超过了 4 分,处于"比较符合"与"非常符合"之间,其他各维度处于"中立"和"比较符合"之间。这表明,北京市融合教育实施整体水平较高,各方面的发展比较符合融合教育的发展要求。从各维度来看,融合学校在实施融合教育的过程中表现最好的在于能够认识到并促进学生的潜能发展,其次是班级管理,表现在融合教育教师能够较好地处理残疾学生与普通学生之间的关系,并能够对残疾学生的问题行为进行有效管理。相对来说,融合学校在个别化教育计划和学校发展规划方面表现较差,其平均分均在 3.5 分以下,这表明北京市融合教育学校在个别化教育计划的制订、实施和管理方面以及学校发展融合教育的整体规划方面还有待进一步提升。

因此可以认为,北京市融合教育实施中,实施最好的方面是学生潜能发展方面,其次是班级管理,再次是沟通机制、领导与管理、教与学策略,然后依次是残疾学生发展评估、学校环境、融合教育课程计划、学校发展规划、个别化教育计划(如图 3-1 所示)。

---

① 颜廷睿,关文军,邓猛.北京市中小学融合教育实施情况的调查研究[J].残疾人研究,2017(2):90—96.

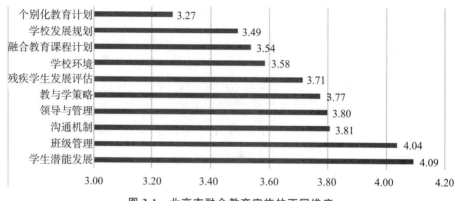

图 3-1 北京市融合教育实施的不同维度

(二) 北京市融合教育实施的不同区域分析

图 3-2 显示了北京市不同区融合教育的整体实施情况。从对各区的调查来看,所有区的融合教育实施得分都在 3 分以上,这表明北京市各区融合教育实施的水平都处于中等程度以上。在各区中,实施最好的是西城区,平均分为 4.03 分,超过了 4 分,即处于"比较符合"和"完全符合"之间,表明西城区在融合教育实施方面整体达到中上等水平。其次是海淀区,得分也比较高,为 3.95 分,接近于"比较符合"的水平,融合教育实施程度也较高。往后依次是通州区、

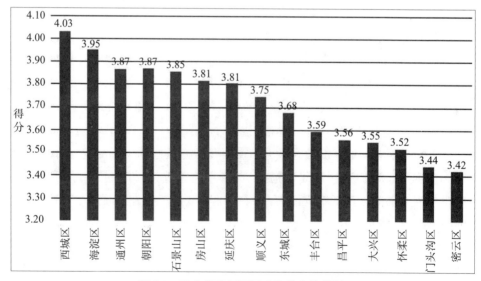

图 3-2 融合教育不同区实施的比较分析

98

朝阳区、石景山区、房山区、延庆区、顺义区、东城区、丰台区、昌平区、大兴区、怀柔区、门头沟区、密云区。其中门头沟区和密云区融合教育实施水平相对较低，平均分分别为 3.44 和 3.42，处于 3.5 分以下。可见，北京市各区在融合教育实施上存在着明显的差异，地区发展不平衡。这一方面与北京市各区社会经济发展不平衡的现实相呼应，另一方面也反映了各区对待融合教育的态度与努力情况仍然有较大的差异。

二、北京市融合教育实施的具体情况分析

（一）领导与管理

1. 北京市融合教育实施中领导与管理的地区差异分析

图 3-3 显示，北京市各区融合教育的管理与领导的各方面表现较好，其平均分为 3.82，总的来看，各级领导重视融合教育的工作。其中西城区、海淀区、通州区实施得最好，得分分别为 4.17、4.14 和 4 分，表明这三个区在融合教育的领导与管理层面实施水平较高；其次，朝阳区、房山区、石景山区、东城区和延庆区也实施较好，得分也都达到了 3.8 分以上。相对而言，顺义区、丰台区、昌平区、大兴区、密云区、门头沟区和怀柔区实施较差，平均分在 3.7 分以下，在得分上与上述表现较好的区之间差距较为明显。

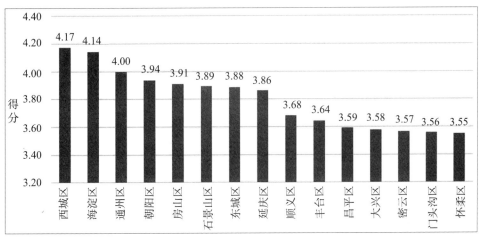

图 3-3　北京市各个区在融合教育领导与管理方面的实施情况

2.北京市融合教育实施中领导与管理的项目分析

从领导与管理维度的各个项目来看,得分均在3.5分以上(见表3-5)。其中学校领导与管理在"创设一个包容的校园环境"和"公平有效地分配资源"方面表现最好,其得分分别为4.05和4.01,处于"比较符合"和"完全符合"之间,并且认为符合融合教育要求的教师人数的比例分别达到72.14%和72.51%。其次,学校领导与管理在"教师开展融合教育提供支持和帮助"和"能针对残疾学生教育进行各种协调工作"方面也得分较高,分别为3.92和3.90,接近"比较符合"这一层次,并且教师在这两方面认为符合融合教育要求的教师比例分别达到了68.97%和68.31%。其他几个方面的得分也都在3.5分以上,并且认为符合融合教育要求的教师也都达到了50%以上。所以,从总体来看,北京市各学校在融合教育实施的领导与管理方面表现较好。

表3-5 北京市融合教育实施中领导与管理的项目分析

领导与管理的项目	$M\pm SD$	完全不符合(%)	比较不符合(%)	中立(%)	比较符合(%)	完全符合(%)
学校领导致力于为残疾学生创设一个包容的校园环境	4.05±1.13	4.29	6.15	17.41	24.34	47.80
学校领导能为教师开展融合教育提供支持和帮助	3.92±1.13	4.49	7.46	19.07	29.85	39.12
学校领导对融合教育发展有明确的规划	3.70±1.15	6.05	8.25	24.17	32.23	29.30
学校领导能引领教职员工共同努力开展融合教育	3.80±1.13	4.83	8.05	22.55	31.38	33.19
学校领导能为残疾学生的学习公平有效地分配资源	4.01±1.08	3.56	6.15	17.77	30.76	41.75
学校领导能针对残疾学生教育进行各种协调工作	3.90±1.09	3.71	7.41	20.58	32.13	36.18
学校领导能组织教师进行相关融合教育校本教研活动	3.60±1.16	6.51	10.42	25.15	32.44	25.49

续表

领导与管理的项目	M±SD	完全不符合(%)	比较不符合(%)	中立(%)	比较符合(%)	完全符合(%)
学校领导对残疾学生学业或学习动机的改善有较高的期望	3.67±1.10	4.31	10.76	24.71	34.39	25.83
学校能为参与融合教育的教职员工提供持续性专业发展的机会	3.62±1.14	5.72	10.60	25.31	32.73	25.65

(二) 学校发展规划

1. 北京市融合教育实施中学校发展规划的地区差异分析

在融合教育学校发展规划方面,图 3-4 显示,北京市不同区在实施水平上存在较大差异。其中西城区、通州区、海淀区的实施水平相对较高,得分均超过 3.7 分。而东城区、顺义区、怀柔区、昌平区、大兴区、丰台区、门头沟区和密云区得分相对较低,都在 3.5 分以下,表明这些区的融合学校在制订融合教育发展规划方面实施得相对较差。

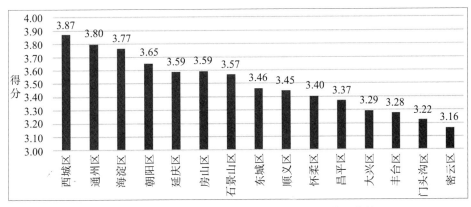

图 3-4 北京市各个区在融合学校发展规划方面的实施情况

2. 北京市融合教育实施中学校发展规划的项目分析

在学校发展规划的各个项目分析中,表 3-6 中显示,各个方面的得分在 3.5 分上下,处于融合教育发展的中等水平。其中"学校领导和教师、家长等共同商议制定融合教育发展目标和规划"和"融合教育理念已经渗透到了学校教育工作的各个方面"这两个方面的得分相对较高,分别为3.57和3.58分,并且认为这两个方面符合融合教育实施的教师的比例分别为56.44%和56.49%,均超过55%,而认为不符合或不确定的教师比例分别为43.56%和43.51%。在其他几个方面,尽管得分都超过3分,但认为不符合的教师比例也比较高。例如,"所有教职员工都明确融合教育的理念和目标"得分为3.38分,但有50.54%的教师对此持不确定和不赞成态度。"学校发展规划中明确提出致力于发展残疾学生的融合教育"这一项目得分为3.48分,但47.26%对此持不确定和不赞成态度。"学校会对融合教育理念进行宣传,使之能深入人心"得分为3.49分,45.78%对此持不确定和不赞成态度。因此,尽管北京市融合教育在学校发展规划方面得分超过3分,但学校发展规划的各个项目中,认为"完全不符合""比较不符合"和"不确定"的教师人数均超过40%,甚至50%,学校发展规划方面的实践较差。

表3-6 北京市融合教育实施中学校发展规划的项目分析

学校发展规划项目	M±SD	完全不符合(%)	比较不符合(%)	中立(%)	比较符合(%)	完全符合(%)
学校领导和教师、家长等共同商议制定融合教育发展目标和规划	3.57±1.13	6.01	10.45	27.10	33.69	22.75
融合教育理念已经渗透到了学校教育工作的各个方面	3.58±1.11	4.93	11.85	26.73	33.37	23.12
所有教职员工都明确融合教育的理念和目标	3.38±1.13	6.64	14.99	28.91	32.47	16.99
学校会对融合教育理念进行宣传,使之能深入人心	3.49±1.12	6.06	12.41	27.31	34.98	19.25
学校发展规划中明确提出致力于发展残疾学生的融合教育	3.48±1.13	6.25	12.74	28.27	32.47	20.26

(三) 学校环境

1. 北京市融合教育实施中学校环境的地区差异分析

在学校的融合教育环境建设方面,图 3-5 显示,北京市所有区的得分都在 3 到 4 分之间,得分差距比较大。其中朝阳区、西城区、海淀区 3 个区的融合教育学校环境得分分别为 3.86、3.82、3.82 分,都在 3.8 分以上,表明这三个区的融合学校在融合性环境建设方面实施的水平相对较高;怀柔区、大兴区、昌平区、门头沟区、密云区的得分相对较低,都在 3.5 分以下,表明这几个区的融合学校在融合性环境建设方面相对较差。

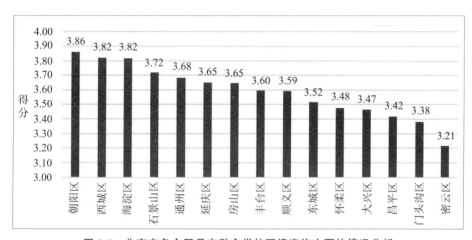

图 3-5　北京市各个区县在融合学校环境实施方面的情况分析

2. 北京市融合教育实施中学校环境的地区项目分析

在融合性学校环境建设方面,如表 3-7,研究发现,融合学校在"普通学生能够平等接纳残疾学生"和"教师能公平对待残疾学生"这两个方面得分较高,分别为 4.05 和 4.34 分,均超过 4 分,处于"比较符合"和"完全符合"之间,并且教师认为这两个方面符合融合教育实施发展的比例分别达到了 74.48% 和 80.92%。其他方面实施较好的还有"学校已经形成了接纳残疾学生的良好氛围""普通学生家长支持残疾学生就读于普通学校"等方面。因此,融合教育学校在融合性文化环境方面表现较好。

表 3-7 融合教育学校环境建设方面的项目分析

	$M \pm SD$	完全不符合(%)	比较不符合(%)	中立(%)	比较符合(%)	完全符合(%)
学校建设了专业的资源教室	3.35±1.40	14.66	14.42	20.28	23.02	27.62
学校为残疾学生建设了无障碍设施(盲道、无障碍电梯、洗手间、坡道等)	3.08±1.40	20.33	14.03	23.56	21.95	20.15
学校已经形成了接纳残疾学生的良好氛围	3.70±1.19	5.99	10.96	20.85	30.98	31.22
学校会经常开展有关"残健融合交流"的活动	3.06±1.21	13.54	17.35	31.23	25.32	12.56
普通学生能够平等接纳残疾学生	4.05±1.06	3.07	6.30	16.15	31.43	43.05
普通学生家长支持残疾学生就读于普通学校	3.74±1.11	4.39	9.08	24.21	32.65	29.67
教师能公平对待残疾学生	4.34±0.98	3.13	2.59	13.36	24.91	56.01
教室的环境根据残疾学生特点进行了布置与调整	3.43±1.19	8.75	12.07	27.27	31.33	20.58

同时也可以看出,北京市的融合教育学校在专业的资源教室建设和教室环境调整方面得分并不是很高,处于3分与3.5分之间,特别是"建设了无障碍设施"和"开展有关'残健融合交流'的活动"两个方面得分仅为3.08和3.06分,认为不符合、比较不符合和不确定的三项相加分别合计为57.92%和62.12%。在资源教室建设方面,也有49.37%的教师认为不符合和不确定。总的来说,融合教育在环境建设方面,相比于文化环境氛围来说,硬件物理环境在融合教育整体实施水平上要差一些。

(四)沟通机制

1.北京市融合教育实施中沟通机制的地区差异分析

图3-6显示,北京市不同区的融合学校在融合教育沟通机制方面实施差异较大。西城区、海淀区、朝阳区得分相对较高,分别为4.17、4.09、4.01分,均超

过 4 分,表明这三个区的融合教育在沟通机制方面实施较好;通州区和房山区在沟通机制上得分也相对较高,分别为 3.99 和 3.92 分,得分也接近 4 分。门头沟区在融合教育沟通机制方面得分较低,为 3.47 分,表明门头沟区在这一方面的实施相对较差。

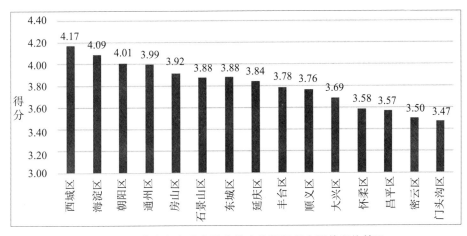

图 3-6　北京市各个区在融合教育沟通机制方面的实施情况

2. 北京市融合教育实施中沟通机制的项目分析

在融合教育沟通机制方面,如表 3-8,研究发现,学校与家长、教师之间的沟通机制实施较好,各个项目得分均在 3.5 分以上。学校与家长沟通方面,在"学校沟通机制顺畅,残疾学生和家长可以顺利地表达他们的诉求""残疾学生家长知道如何在恰当时间和地点与学校联系沟通"和"学校能经常向残疾学生家长反馈他们孩子在校的学习和生活情况"三个方面的得分分别为 3.95、3.76 和 3.85 分,教师认为这三个方面完全符合与比较符合融合教育发展的比例分别为 70.29%、63.43% 和 66.48%。因此学校与家长之间的沟通比较顺畅。在学校与教师之间,"学校能尊重每位教职工有关融合教育的建议和意见"和"开展融合教育的过程中,教师之间、教师与学校领导之间能相互合作、配合默契"两个方面的得分也较高,分别达到 3.85 和 3.91 分,教师认同的比例也是分别为:66.49% 和 68.91%。

在融合教育信息共享机制方面得分相对较低。"学校有融合教育的信息共享机制,可以让家长、教师有效获取信息和资源"这一题项所得分数为 3.58 分,有16.64%的教师认为这完全或比较不符合他们学校的发展情况;不确定的则占26.94%。

表3-8 北京市融合教育实施中沟通机制的项目分析

沟通机制项目	M±SD	完全不符合(%)	比较不符合(%)	中立(%)	比较符合(%)	完全符合(%)
学校沟通机制顺畅,残疾学生和家长可以顺利地表达他们的诉求	3.95±1.08	3.07	8.00	18.64	31.04	39.25
学校有融合教育的信息共享机制,可以让家长、教师有效获取信息和资源	3.58±1.14	6.05	10.59	26.94	31.82	24.60
学校能尊重每位教职工有关融合教育的建议和意见	3.85±1.06	3.32	7.65	22.54	34.15	32.34
融合教育出现争议或者矛盾时,学校能有效利用资源来调解和解决	3.78±1.07	3.71	8.20	23.76	35.46	28.88
残疾学生家长知道如何在恰当时间和地点与学校联系沟通	3.76±1.09	4.49	7.71	24.37	33.84	29.59
学校能经常向残疾学生家长反馈他们孩子在校的学习和生活情况	3.85±1.06	3.06	8.09	22.37	33.63	32.85
开展融合教育过程中,教师之间、教师与学校领导之间能相互合作、配合默契	3.91±1.05	2.68	7.75	20.66	34.02	34.89

(五)学生潜能发展

1.北京市各个区在学生潜能发展方面实施的差异情况

图3-7显示,北京市各个区的融合学校在认识和促进学生潜能发展方面表现较好,都在3.8分以上。其中海淀区、西城区、石景山区、通州区等10个区的

得分均超过 4 分,处于"比较符合"和"完全符合"之间,表明北京市大部分区在认识和促进学生潜能发展方面处于较高水平。具体区得分如图 3-7 所示。

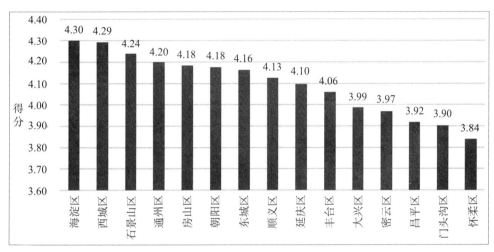

图 3-7 北京市各个区在学生潜能发展方面的地区差异

2.北京市融合教育在学生潜能发展方面实施的项目分析

表 3-9 中显示,在促进学生潜能发展方面的各个项目得分都比较高,都在 4 分左右,表明开展融合教育学校的教师基本上都比较认同学生的潜能发展,并且认为学校都在采取一定的措施促进学生潜能的发展。首先,教师对学生的潜力有着高度的认同感,88.97% 的教师认为"每个孩子都有闪光点",平均分达到 4.53 分;82.92% 的教师认为"学校教学能够促进每个学生的全面发展",平均分达到 4.31 分;79.46% 的教师认为"学校注重挖掘残疾学生的潜能",平均分为 3.93 分。

其次,在挖掘和促进学生潜能的实现方面,教师对自己的教学和学校的工作都比较认同。例如,67.71% 的教师认为自己能"因材施教",平均分为 4.17 分;73.1% 的教师认为"学校的教学能满足残疾学生学习的需要",平均分为 3.87 分;70.77% 的教师认为"学校能听取残疾学生的声音,鼓励并提供机会让他们表达自己的观点",平均分为 4.01 分;88.97% 的教师认为"学校会通过各种方式促进残疾学生在校期间的归属感",平均分为 3.92 分。

表 3-9　北京市融合教育在学生潜能发展方面实施的项目分析

学生潜能发展项目	M±SD	完全不符合(%)	比较不符合(%)	中立(%)	比较符合(%)	完全符合(%)
教师相信每个孩子都有闪光点	4.53±0.90	2.65	2.01	6.37	17.94	71.03
学校教学能够促进每个学生的全面发展	4.31±0.95	2.25	2.83	12.00	27.46	55.46
学校注重挖掘残疾学生的潜能	3.93±1.09	2.49	3.77	14.28	32.86	46.60
教师教学能够因材施教	4.17±0.98	4.00	7.27	21.02	33.32	34.39
学校的教学能满足残疾学生学习的需要	3.87±1.09	2.83	6.45	17.63	33.45	39.65
学校能听取残疾学生的声音,鼓励并提供机会让他们表达自己的观点	4.01±1.04	3.17	7.22	18.84	35.92	34.85
学校会通过各种方式促进残疾学生在校期间的归属感	3.92±1.05	2.65	2.01	6.37	17.94	71.03

(六) 融合教育课程计划

1.北京市各个学校的融合学校在融合教育课程计划方面的地区差异分析

在融合学校的融合教育课程计划方面,如图 3-8 所示,北京市所有区的融合学校在融合教育课程计划的得分上均处于 3~4 分之间,各区之间差异较为显著。其中,西城区、海淀区、石景山区、延庆区、通州区等 8 个区的融合教育课程计划方面的得分超过 3.6 分,表明这 8 个区的融合学校在融合教育课程计划方面实施水平相对较高。而东城区、怀柔区、大兴区、昌平区、丰台区、门头沟区和密云区 7 个区的得分均在 3.5 分以下,表明这些区的融合学校在融合教育课程计划方面实施水平相对较差。

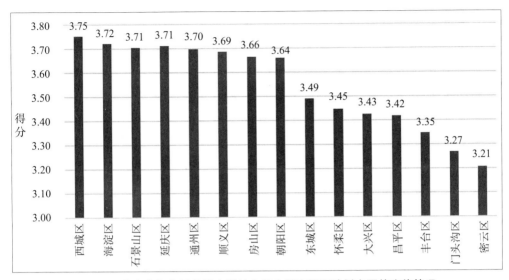

图 3-8 北京市各个区的融合学校在融合教育课程计划方面的实施情况

2. 北京市融合学校在融合教育课程计划方面的项目分析

如表 3-10 所示,融合教育课程计划各项目得分处于 3.5 分上下,并且没有一个项目得分接近"比较符合"的程度。从调查中可以看出,目前融合教育学校和教师在进行课程设置和设计时,都会考虑到残疾学生的存在。例如,大多数的教师(63.48%)认为"学校课程设置中充分考虑包括残疾学生在内的所有学生"($M=3.74$ 分),59.99%的教师在备课时"考虑到残疾学生"($M=3.66$ 分)的实际。然而,尽管大多数教师在课程设计时都会考虑到残疾学生的特性,但相当比例(46.82%)的教师认为这种课程设置并不能"考虑残疾学生当前和未来的发展需要"($M=3.47$ 分)。并且在实际的课程提供与调整中,并不是很多的教师能够真正针对残疾学生做出灵活的课程调整。例如,有 45.12%的教师不能或不确定"学校课程设置足够灵活,能够针对残疾学生的个体需要做出调整"($M=3.50$ 分);51.42%的教师不确定或认为学校不能"根据残疾学生特点对教学大纲、学习材料做出充分调整"($M=3.34$ 分)。

表 3-10　北京市融合学校在融合教育课程计划方面的项目分析

融合教育课程计划项目	M±SD	完全不符合(%)	比较不符合(%)	中立(%)	比较符合(%)	完全符合(%)
学校的课程设置充分考虑包括残疾学生在内的所有学生	3.74±1.13	5.18	9.08	22.27	33.84	29.64
教师会根据残疾学生的特点提供多样性的课程内容	3.56±1.12	5.56	11.08	28.06	32.70	22.60
学校课程设置足够灵活,能够针对残疾学生的个体需要做出调整	3.50±1.15	7.09	11.29	26.74	34.16	20.72
课程设置能考虑残疾学生当前和未来的发展需要	3.47±1.13	6.89	11.34	28.59	33.97	19.21
学校根据残疾学生特点对教学大纲、学习材料做出了充分调整	3.34±1.16	8.95	13.16	29.31	32.29	16.29
教师备课考虑到残疾学生	3.66±1.13	5.23	10.21	24.57	33.51	26.48

(七) 个别化教育计划

1. 北京市各个区的融合学校在个别化教育计划方面的实施情况比较

如图 3-9 所示,北京市不同区的融合学校在个别化教育计划的实施上存在较大差异。其中西城区实施程度最好,为 3.75 分;海淀区、延庆区、通州区等 5 个区的得分也都超过或等于 3.5 分,而其他多数区的融合学校的得分处于 3.5 分以下,并且丰台区、密云区和门头沟区的个别化教育计划的得分在 3 分以下,即处于"中立"和"比较不符合"之间,表明这三个区的融合教育在个别化教育计划实施方面表现较差。

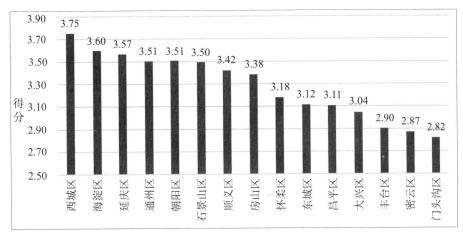

图 3-9　北京市各个区在个别化教育计划方面的实施情况分析

2. 北京市融合学校在个别化教育计划方面的实施项目分析

如表 3-11 所示,北京市融合教育在个别化教育计划方面实施较差。本研究所涉及的个别化教育计划的各个方面,包括人员结构与分工,个别化教育计划评估、制订,以及修订个别化教育计划的内容,均在 3.5 以下,并且除了学校个别教育计划(IEP)小组人员结构合理分工明确外,选择"比较符合"或"完全符合"的教师人数基本上不到一半。

首先,在个别化教育计划小组方面,数据表明,多数教师并不认可个别化教育计划小组的工作。例如,只有 50.71% 的教师认为"个别化教育计划(IEP)小组人员结构合理、分工明确"($M=3.40$ 分);46.8% 的教师认为"IEP 小组会对每一名残疾学生进行全面细致的评估"($M=3.30$ 分);45.57% 的教师认为"IEP 小组为残疾学生制定了可测量和可操作的具体目标"($M=3.25$ 分)。其次,在个别化教育计划的内容方面,多数教师认为目前所在学校的 IEP 并不十分清楚,没有达到 IEP 的内容要求。例如,分别只有 45.39%、47.29% 和 46.15% 的教师认为 IEP 在对残疾学生学习的优势和劣势、教学和学习策略、所需要的各种支持方面的阐释符合融合教育的要求。融合教育教师对 IEP 内容要求上的认可度均没有达到一般要求。另外,在 IEP 的修订、实施评价以及家长参与方面,教师的满意度也都不到 50%。例如,只有 46.59% 的教师认为"残疾学生的 IEP 会随着学生的发展适时更新",45.51% 的教师认为"IEP 实施的评价能够按时进行",42.87%的教师认为"残疾学生家长（监护人）会积极参与IEP的制订和实施"。

因此,北京市融合学校的大多数教师对其所在学校的个别化教育计划的实施与执行并不认可。

表3-11 北京市融合学校在个别化教育计划方面的实施项目分析

个别化教育计划项目	M±SD	完全不符合(%)	比较不符合(%)	中立(%)	比较符合(%)	完全符合(%)
学校个别化教育计划(IEP)小组人员结构合理、分工明确	3.40±1.20	8.74	13.76	26.79	30.50	20.21
IEP小组会对每一名残疾学生进行全面细致的评估	3.30±1.20	9.77	14.31	29.12	29.46	17.34
IEP小组为残疾学生制定了可测量和可操作的具体目标	3.25±1.19	10.41	15.00	29.02	30.47	15.10
IEP阐明了残疾学生学习的优势和劣势	3.27±1.19	10.21	14.26	30.14	28.93	16.46
IEP能阐明符合残疾学生特点的教学和学习策略	3.28±1.18	10.12	14.28	28.31	32.03	15.26
IEP阐明了残疾学生教育中所需的各种支持	3.27±1.19	10.37	14.38	29.10	30.37	15.78
残疾学生的IEP会随着学生的发展适时更新	3.28±1.19	10.25	14.12	29.03	30.31	16.28
残疾学生家长(监护人)会积极参与IEP的制订和实施	3.19±1.20	11.66	15.04	30.43	28.56	14.31
IEP实施的评价能够按时进行	3.26±1.19	10.59	13.98	29.92	30.21	15.30

(八) 教与学策略

1. 北京市各个区在融合教育教与学策略实施方面的比较分析

图 3-10 显示,北京市各个区在融合教育的教与学策略实施方面差异比较大。其中西城区和海淀区平均分分别为 4.07 和 4 分,处于"比较符合"和"完全符合"之间,表明这两个区在教与学策略方面实施最好。另外,石景山区、通州区、房山区等 6 个区的平均分也都在 3.8 分以上,融合教育教与学策略实施也相对较好。相对而言,门头沟区和密云区的实施较差,平均分处于 3.5 分以下,意味着这两个区在融合教育教学策略的实施方面表现较差。

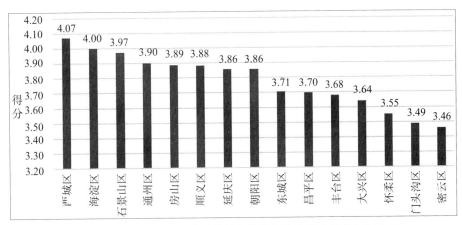

图 3-10 北京市各个区在融合教育教学策略实施方面的比较分析

2. 北京市在融合教育教与学策略实施方面的项目分析

如表 3-12 所示,研究发现,融合学校在教与学策略方面实施上属于中等水平。从得分来看,大部分项目得分都在 3.5 到 4 分之间。"正常学生与残疾学生互相合作、共同进步"这一项达到了 4.06 分,75.3% 的教师对残疾学生与正常学生之间互相合作表示认可;72.53% 的教师认为"残疾学生能在教师的引导下有效参与课堂互动",其平均分为 3.98 分,也接近 4 分;60.3% 的教师认为"残疾学生能参与自己学习目标的制定和管理"。

在具体的教学活动中,59.04% 的教师认为自己能够"根据残疾学生的特点设计恰当的教学目标"($M=3.6$ 分),61.42% 的教师认为"教师根据残疾学生特点设计了恰当的教学活动"($M=3.66$ 分),62.34% 的教师认为"教师会根据残疾学生的特点选择合适的教学方法"($M=3.70$ 分),64.5% 的教师认为自己能够"运用多种教学技术和手段满足包括残疾学生在内的所有学生的学习需求"($M=3.76$分),68.27%的教师认为"教师为残疾学生学习提供有意义的示范和指导"($M=3.84$分),65.57%教师认为"教师能有效利用资源教室开展教学"($M=3.79$分)。

表3-12 北京市在融合教育教与学策略实施方面的项目分析

教与学策略项目	$M\pm SD$	完全不符合(%)	比较不符合(%)	中立(%)	比较符合(%)	完全符合(%)
教师会根据残疾学生的特点设计恰当的教学目标	3.60±1.12	5.66	10.84	24.46	36.04	23.00
教师根据残疾学生特点设计了恰当的教学活动	3.66±1.10	4.98	9.77	23.83	36.72	24.70
教师会根据残疾学生的特点选择合适的教学方法(如使用差异教学、结构化教学等)	3.70±1.08	4.00	10.29	23.37	36.68	25.66
教师会运用多种教学技术和手段满足包括残疾学生在内的所有学生学习需求	3.76±1.08	3.42	9.96	22.12	35.74	28.76
教师为残疾学生学习提供有意义的示范和指导	3.84±1.05	2.99	8.78	19.96	37.62	30.65
正常学生与残疾学生互相合作,共同进步	4.06±1.01	2.10	6.25	16.35	34.21	41.09
残疾学生能在教师的引导下有效参与课堂互动	3.98±1.03	2.64	6.76	18.07	35.16	37.37
残疾学生能参与自己学习目标的制定和管理	3.67±1.12	5.08	10.01	24.61	33.69	26.61
教师能有效利用资源教室开展教学	3.79±1.16	6.03	7.75	20.65	32.32	33.25

(九) 班级管理

1. 北京市各个区的融合学校在融合教育班级管理方面的差异比较

图 3-11 显示,北京市各个区在融合教育班级管理方面都表现较好,所有区的平均分都在 3.7 分以上。其中西城区、石景山区、通州区、海淀区、房山区等 10 个区的融合教育班级管理超过了 4 分,处于"比较符合"和"完全符合"融合教育发展的水平之间。而且即使是得分相对较低的怀柔区,在这一维度上的得分也达到了 3.72 分。

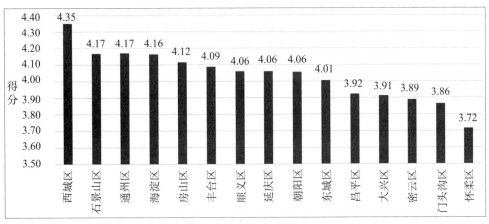

图 3-11 北京市各个区在融合教育班级管理方面的差异比较

2. 北京市的融合学校在融合教育班级管理方面的项目分析

班级管理包括残疾学生与普通学生之间的关系、残疾学生的问题行为处理两个方面。如表 3-13 显示,在班级管理方面,融合教育教师都能较好地管理残疾学生的问题行为,并有效处理残疾学生与普通学生之间的矛盾和问题。如表 3-13 中所示,班级管理各个项目的得分均在 3.8 分以上,其中在班级氛围、残疾学生与普通学生之间的矛盾处理方面的得分超过了 4 分,教师对这几个项目的赞成程度都达到 70% 以上。例如,"学校采取有效措施减少普通学生对残疾学生的歧视""教师能够有效促进残疾学生和普通学生的相互理解和交往""教师能秉公处理残疾学生和普通学生之间的矛盾"这三个项目得分分别为 4.11、4.15 和 4.20 分,表明教师能够比较好地处理普通学生与残疾学生之间的关系;在班级氛围方面,"教师注重营造班级的接纳和关怀氛围"得分为 4.17 分。

在教师应对残疾学生的行为问题方面,"教师能有效预防残疾学生的问题行为""教师能够恰当处理残疾学生的问题行为""残疾学生清楚并能遵守班级常规"三个方面的项目得分分别为 3.81、3.93 和 3.91 分。得分也都较高,意味着教师在这三个方面表现良好。

表 3-13　北京市的融合学校在融合教育班级管理方面的项目分析

班级管理项目	$M\pm SD$	完全不符合(%)	比较不符合(%)	中立(%)	比较符合(%)	完全符合(%)
教师能有效预防残疾学生的问题行为	3.81±1.03	2.93	7.97	22.59	38.24	28.27
教师能够恰当处理残疾学生的问题行为	3.93±1.01	2.39	6.74	20.03	36.74	34.10
学校采取有效措施减少普通学生对残疾学生的歧视	4.11±1.01	2.49	5.37	14.84	32.96	44.34
教师注重营造班级的接纳和关怀氛围	4.17±0.99	2.39	4.49	14.25	31.38	47.49
教师能够有效促进残疾学生和普通学生的相互理解和交往	4.15±1.00	2.54	4.73	13.81	32.60	46.32
残疾学生清楚并能遵守班级常规	3.91±1.09	3.95	7.08	19.29	33.25	36.43
教师能秉公处理残疾学生和普通学生之间的矛盾	4.20±1.01	2.93	5.81	14.84	29.42	47

(十) 残疾学生发展评估

1. 北京市各个区在融合教育残疾学生发展评估方面的实施情况分析

图 3-12 显示,北京市各区的融合学校在残疾学生发展评估实施方面差异较大。其中西城区在残疾学生发展评估方面表现最好,平均分为 4.06 分,得分超过了 4 分;朝阳区、通州区和石景山区的实施水平也较高,得分在 3.9 和 4 分之间。而大兴区、昌平区、丰台区、东城区等区在残疾学生发展评估方面实施相对较差,得分均在 3.6 分以下,与得分较高的几个区在分值上差异明显。特别是门头沟区和密云区的平均分在 3.5 分以下。

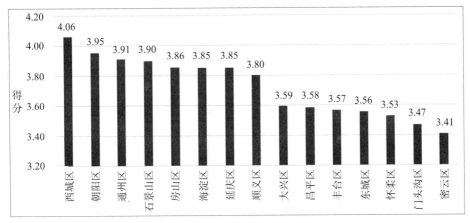

图 3-12　北京市各个区在融合教育残疾学生发展评估方面的实施比较

2. 北京市在融合教育残疾学生发展评估方面的实施项目分析

残疾学生的发展评估涉及评估的管理体系和评估的具体实施。如表 3-14 所示,残疾学生发展评估方面,各个项目之间差异不大,基本上都维持在 3.5 到 4 分之间,处于"中立"和"比较符合"之间。从残疾学生发展评估的各项来看,评估管理体系方面得分相对较低,为 3.57 分。仅有 56.93% 的教师认同"学校建立了完备的残疾学生评估管理体系,包括评估目的、分工和记录等"。

在评估具体实施方面,62.20% 的教师认为自己能够"针对残疾学生的特点来灵活地设计评价内容和方法",其平均得分为 3.74 分;66.32% 的教师认为"教师能依据残疾学生的年龄、能力和课程特点灵活地实施评价",其得分为 3.8 分;64.43% 的教师"能使用合适的材料和支持来开展评价",其得分为 3.77 分。另外,60.35% 的教师认为"残疾学生及其家长能实质性地参与到评估中来,并得到及时反馈"。63.93% 的教师认为"学校会提供辅导和支持来帮助残疾学生适应学校常规考试"。

表 3-14　北京市在融合教育残疾学生发展评估方面的实施项目分析

残疾学生发展评估项目	$M \pm SD$	完全不符合(%)	比较不符合(%)	中立(%)	比较符合(%)	完全符合(%)
学校建立了完备的残疾学生评估管理体系,包括评估目的、分工和记录等	3.57 ± 1.17	6.98	10.60	25.49	31.88	25.05

续表

	M±SD	完全不符合(%)	比较不符合(%)	中立(%)	比较符合(%)	完全符合(%)
教师能针对残疾学生的特点来灵活地设计评价内容和方法	3.74±1.10	4.63	7.85	25.32	33.52	28.68
教师能依据残疾学生的年龄、能力和课程特点灵活地实施评价	3.80±1.08	4.05	7.86	21.77	36.46	29.86
教师能使用合适的材料和支持来开展评价	3.77±1.06	3.91	7.87	23.79	36.24	28.19
残疾学生及其家长能实质性地参与到评估中来,并得到及时反馈	3.65±1.11	5.66	8.84	25.15	36.04	24.31
学校会提供辅导和支持来帮助残疾学生适应学校常规考试	3.77±1.14	5.27	8.69	22.11	31.87	32.06

第三节 北京市融合教育实施的结果与分析

一、北京市融合教育实施整体情况分析[①]

(一)融合教育整体实施水平较高,但融合教育实施的不同维度之间差异较大

普通学校通往融合的变革中,成功的学校变革不仅能改变与学校相关的组织结构和政策,还能改变教师的角色和责任、班级中使用的课程、教学中分组的方法、教师的态度和信念等。融合教育的实施要求融合学校全校教职工转变传统的教育观念,树立融合教育的理念,加强与学生家长的合作;学校领导者重构

---

① 颜廷睿,关文军,邓猛.北京市中小学融合教育实施情况的调查研究[J].残疾人研究,2017(2):90—96.

学校体制结构,制定学校融合教育发展政策,鼓励所有教职员工参与并共同承担教育有特殊教育需要的学生的责任。[①] 基于此,本研究将融合教育的实施整合为领导与管理、学校发展规划、学校环境、沟通机制、学生潜能发展、融合教育课程计划、个别化教育计划、教与学策略、班级管理、残疾学生发展评估十个方面,并据此对北京市融合教育实施情况进行调查。研究显示,各个方面的得分均在3分以上,并且融合学校在促进学生的潜能发展和融合班级管理两项上超过了4分。这表明,北京市融合教育实施整体水平较高,各方面的发展比较符合融合教育的发展要求。

北京市融合教育的发展离不开政府各部门及相关各方多年来在融合教育方面的努力。近年来,北京市在融合教育的政策支持、物质保障、专业指导、师资培训和教育教学质量提高等方面都做出了有益的探索和切实的实践,走在全国前列。早在2004年,北京市海淀区率先要求学校提供适当的教育环境,使所有残疾学生有机会进入普通学校学习,并正式提出要实施"融合教育"。2007年北京市教委要求,为了能够让随班就读学生得到有针对性的辅导和训练,接收5名及以上随班就读学生的中小学校就需要向当地教育管理部门申请建立资源教室或资源中心。2012年,北京市教委公布七类残疾学生"随班就读"具体标准,并以量化的形式做出了详细的规定。至此,在整个北京市范围内,能够实现融合教育的残疾学生近6000名,分布于1093所普通小学,占全中小学在校残疾学生总数的66%。融合教育成为实现残疾儿童特殊教育的主要模式,北京市融合教育已经全面普及开来。为了进一步提高融合教育的质量,2013年4月,北京市发布了《北京市中小学融合教育行动计划》,明确提出要以融合教育为指导,以提高素质教育为目标,提高特殊教育的科学性、针对性和实效性。《北京市中小学融合教育行动计划》的出台,标志着北京市融合教育的发展从重视残疾学生入学量的增加开始向质的提高的转变,融合教育成为北京市特殊教育发展的主要方向。北京市所有这些方面的努力都在全国特殊教育的发展方面居于领先地位。

另一方面,本研究也发现,尽管北京市融合教育发展整体水平较高,但发展

[①] Ainscow M, Miles S. Making Education for all Inclusive: Where Next? [J]. Prospects, 2008, 38 (1): 15—34.

的各个方面差异较大。简而言之,北京市融合教育各个方面的发展不协调或不一致。数据显示,除了领导管理与沟通机制、教与学策略各维度之间不存在显著差异外,其他各维度之间均存在显著差异。在融合教育实施的各维度中,融合学校在实施融合教育的过程中表现最好的在于能够认识到并促进学生的潜能发展,其次是班级管理,表现在融合教育教师能够较好地处理残疾学生与普通学生之间的关系,并能够对残疾学生的问题行为进行有效管理。相对来说,融合学校在个别化教育计划和融合学校发展规划方面表现较差,其平均分均在3.5分左右。这些都表明,尽管北京市融合教育发展整体水平较高,但其发展的各个方面并不平衡。

(二) 融合教育实施中的残疾学生外围支持方面较好,但在实际的针对残疾儿童教育教学实践方面相对较差

从北京市融合教育发展的各个方面来看,学校在认识和理解学生潜能、融合性的文化环境、班级管理以及家长与教师的沟通等方面实施较好,但针对残疾儿童的具体教育则实施较差。本研究显示,北京市融合教育实施在教与学策略的设计与使用、融合教育课程的设计与调整、个别化教育计划的制订和实施,以及残疾学生发展评估等方面得分都没有超过4分,并没有达到比较符合融合教育发展的水平和程度。因此,可以看出,融合教育实施中残疾学生的外围方面比较容易做好,但针对残疾儿童本人的教育教学工作却存在一定的困难。

融合教育简而言之可以划分为三个层次:物理上的融合、课程与教学的融合以及社会的融合。① 只有这三个层面都达到了融合,融合教育才能真正实现。② 一般而言,物理上的融合较容易实现,课程与教学的融合以及社会的融合较难实现。在融合班级中取得成功的融合教育并非依靠运气,仅仅将残疾儿童安置于普通教育环境中并不意味着他们就能获得高质量和高标准的教育,决定融合教育成败的关键在于课程与教学设计。③ 而个别化教育计划是指导残

---

① 邓猛.关于全纳学校课程调整的思考[J].中国特殊教育,2004,(3),1—6.
② Friend M, Bursuck W D. Including Students with Special Needs: A Practical Guide for Classroom Teachers[M]. Pearson, 2012:6.
③ 颜廷睿,邓猛.全纳课堂中的学习通用设计及其反思[J].中国特殊教育,2014(1):17—23.

疾学生在学校接受特殊教育的指南,对学生的基本特点与教育需求、教育教学目标、方法与评价等方面有着明确的规定,是落实个别化教育,确保特殊儿童教育质量的重要保障。① 这些既是融合教育的核心方面,也是融合教育实施中挑战性最大的方面。融合教育课程、教学、个别化教育计划以及发展评估更多的是涉及融合教育的专业知识和融合教育教师的专业技能,因此,北京市在这方面发展的困难仍然与融合教育教师本人的专业化程度密切相关。从当前我国的融合教育教师的专业发展来看,由于缺乏相应的政策和规定,融合教育教师的职前培养基本上还处于空白,北京市的融合教育教师同样不例外。对于职后培训而言,包括北京市在内的一些地方关于随班就读教师的职后培训主要是通过短期培训班、讲座、分级培训、导师制入职指导活动、教研活动以及网络教师专业发展资源等方式进行的。② 然而,职后培训的效果很少得到研究的证明。即使是在北京,教育职后培养的教师仍然只是一小部分,多数教师仍然缺乏对特殊教育的基本了解,专业素养低。本研究的发现印证了国内相关研究的结果:教师对残疾儿童的认识存在片面性和局限性;教师在职特殊教育专业与技能培训不足。③④其他相关研究表明,当前特殊教育在职培训由于系统性不够、时间有限等原因对随班就读教师的教学只能产生很小的作用或者几乎没有作用,多数教师对培训效果并不满意。⑤因此,特殊教育教师职前与职后学习呈倒金字塔结构,在职培训多、学历教育少,短期培训多、系统教育少,基础不牢,规模始终无法扩大,专业制度与群体不足以支撑完整的特教体系。值得注意的是,普通教育职后培训往往针对有专业基础与经验的教师而言,特教师资的职后培训却更多地针对没有任何专业基础与经验的新手而言,"临阵磨枪"的成分较多,而可持续的专业发展成分较少。而且,在许多中小学的教师通过攻读高等学府专业硕士提升自己的学历与学位的同时,特殊学校教师学历与学位仍处

---

① 肖非.关于个别化教育计划几个问题的思考[J].中国特殊教育,2005(2):8-12.
② 王雁,等.中国特殊教育教师培养研究[M].北京:北京师范大学出版社,2012:300.
③ 郭海英,姚瑞.河北省普通小学随班就读现状的调查研究[J].中国特殊教育,2006(5):14-17.
④ 王雁,莫春梅.论我国教育硕士专业培养体系中增设特殊教育专业的必要性与可行性[J].教师教育研究,2009(6):15-19.
⑤ 杨希洁,徐美贞.北京市随班就读小学资源教室初期运作基本情况调查[J].中国特殊教育,2004(6):7-11.

于较低的水平,专业发展的愿望与后劲不足。[①] 融合教育实施中残疾儿童发展的外围方面,例如,认识残疾儿童的潜力、创建融合性环境、公平对待学生等,基本上都属于专业态度方面的;但专业知识与专业技能却较难获得和提高,需要建立在一定的专业成长基础之上,这方面目前面临的困难还较大。

(三) 融合学校的领导与管理方面虽然实施较好,但融合教育发展规划方面并不明确

本研究调查发现,北京市融合学校在领导与管理方面表现较好,平均分为3.8分,但对融合教育的发展规划方面却并不明确,其平均分为3.49分,并且二者之间的差异达到了显著水平。在融合教育实施过程中,以学校校长为核心的融合教育领导与管理团队对成功实施和维持有效的融合学校来说是十分关键的,特别是校长在塑造融合学校中的校园文化、统筹学校中的改革路线、分配资源与提供支持方面发挥着多方面的作用。

本研究发现,虽然学校领导的领导能力与管理较好,却缺乏明确与清晰的融合教育发展规划。融合教育发展规划阐明了学校发展融合教育的基本框架与路线,融合学校的一个突出特点就是全校需要形成统一的融合发展规划,满足所有学生的需要。融合学校形成统一的发展规划就好像一份契约把学校的领导和教职员工捆绑在一起,使他们从道德、智力和情感诸方面做出同样的奉献和努力,有助于促进融合教育领导团队的合作,改善做决策的过程。在融合学校的发展规划中,融合学校力图支持与接纳各种背景的学生,包括不同语言、文化、种族以及有残疾的学生,能够对所有学生持有高期待,期望所有学生取得成功;教职员工、专家、家庭和社区共同致力于融合学校的创建与发展。因此,从本研究中可以总结,虽然融合学校的领导有领导和管理融合教育发展规划的能力,却并未将这方面的工作真正落实,导致融合教育发展规划不明确。

二、北京市各区融合教育实施情况分析

(一) 北京市各区的融合教育发展不平衡,发展水平差别较大

本研究调查结果发现,北京市融合教育地区发展不平衡,且差距较大。在

[①] 邓猛. 我国特殊教育教师教育的困境与出路初探[J]. 现代特殊教育,2009(9):8—11.

北京市各区中,西城区融合教育实施最好,其平均分超过了4分,意味着西城区的融合教育实施已经比较符合融合教育的发展要求,融合教育教师对西城区的融合教育发展比较认可;其次是海淀区的融合教育,其平均分为3.95分;再次为朝阳区、通州区和石景山区。融合教育实施水平最低的则是门头沟区和密云区,其得分均在3.5分以下,意味着这两个区的融合教育教师对所在学校的融合教育实施认可度一般,处于中等水平。而其他相对较低的还包括丰台区、昌平区、大兴区、怀柔区,这几个区的融合教育实施水平都与上述几个实施较好的区的融合教育的差距达到了显著水平。

一般认为,教育的发展与当地的经济水平呈正相关,即经济发展水平越高,教育的质量也越高。但本研究的研究结果与这一结论并不完全相符。根据北京市2017年各区GDP排名,GDP排名靠前的依次为海淀区、朝阳区、西城区、东城区、大兴区和顺义区,排名靠后的依次为石景山区、怀柔区、密云区、平谷区、门头沟区、延庆区。[①] 与融合教育的实施水平相对比,尽管通州区和石景山区的经济水平相对较低,但其融合教育实施程度却相对较高;而大兴区和东城区虽然经济较为发达,但融合教育实施程度却相对较低。

(二) 北京市各区在融合教育实施的各个维度上差异显著,各个方面发展不协调。

本研究调查表明,北京市各区在融合教育实施各个维度方面的发展情况与其总体排名基本类似,即融合教育整体实施较好的区,在融合教育的不同方面也实施较好。例如,在领导与管理这一维度上,实施最好的是西城区、海淀区和通州区,实施相对较差的是密云区、门头沟区和怀柔区。在领导与管理这一维度上的排名与各区的实施融合教育的整体排名比较类似。

从每个实施维度来看,不同区实施的程度之间仍然差距显著。例如,在个别化教育计划这一维度上,实施相对最好的是西城区,其平均分为3.75分,而实施相对最差的门头沟区的平均分为2.82分,其他处于3分以下的还有丰台区和密云区,意味着这些区的教师普遍对其所在学校的个别化教育计划实施不尽满意。

---

① 2017年北京市各区县GDP和人均GDP排名[EB/OL]. http://finance.Sina.com.cn/roll/2018-01-19/doc-ifyqtycx0219418.shtml

三、北京市融合教育各个维度的实施情况分析

(一) 融合教育学校能够认识到残疾学生的潜力并为之提供发展机会

本研究中针对残疾学生潜能发展的各题项分数均在 3.8 分以上,表明融合教育教师比较认同学校能促进残疾学生的潜力发展。具体表现在两个方面:一是教师对残疾学生的潜力有着高度认同感。多数教师都认为包括残疾学生在内的所有学生都有闪光点,并且认为教学能够促进他们的全面发展。这说明长期以来关于融合教育的在职培训中的一个基本观念"人皆有潜能",已经深入人心。二是教师和学校注重挖掘和促进学生潜能的实现。教师对自己的教学和学校的工作都比较认同,多数教师认为自己能"因材施教",教学"能满足残疾学生学习的需要",学校能"听取残疾学生的声音,鼓励并提供机会让他们表达自己的观点"。

在当今融合教育理念下,每一个儿童都有独一无二的个人特点、兴趣、能力和学习需要,每个人都是有巨大潜力的,具有发展性。即使是对于残疾儿童而言,他们也是有发展潜力的,有能力的。甚至于"超常潜能"人皆有之,只不过每个人的超常之处不同,认识和发现发掘程度不同而已。[1] 教育需要为特殊儿童提供充满人文关怀、接纳与归属感的环境氛围,促进他们自我创造、自我成长。

(二) 在发展规划方面,融合学校在未来融合教育的发展目标和理念还不明确

为满足儿童的平等的、独特的、多样的学习需要,包括有特殊需要的所有儿童都应就近在社区内的普通学校里的普通班级里接受适合其年龄的、高质量的、无歧视性的教育;学校进行包括课程、学校组织、教学策略、资源利用及社区合作等方面的重组使特殊教育与普通教育逐渐融合成为单一的、整合的系统。[2] 融合教育发展首先要明确融合教育发展规划目标,形成共同的融合教育发展理念。在融合教育实施伊始,学校领导需要鼓励学校中的教师和行政人员对创建接纳所有学生的融合学校进行充分的讨论,其目的就是要确保在一开始就能够获得他们对创建融合学校的支持,并进一步确定融合学校创建具体的努

---

[1] 孟万金,官群.人人都有超常潜能,人人都需要超常教育——再论双超常教育:破解拔尖创新培养人才难题[J].中国特殊教育,2010(7):49—53.

[2] 邓猛,潘剑芳.关于全纳教育思想的几点理论回顾及其对我们的启示[J].中国特殊教育,2003(4):1—7.

力方向,达成理念和目标的共识;并且要鼓励教师和学校的行政人员对融合学校的创建形成初步的设想,以此作为指导他们日后行动的纲领。

例如,北京市海淀区融合教育特色彰显,形成了"全面提升特殊教育品质,让每个特殊孩子都能享受适合的教育"的发展模式,走在全国前列。海淀区融合教育发展现已覆盖区内140余所中小学,为有特殊需求的中小学配备了无障碍设施,建成77个资源教室,并配备专兼职资源教师,资源教室数量位居北京首位,适龄特需儿童入学率达100%。

北京农业大学附属中学在资源教室建设过程中以"相亲相爱一家人"为主题,促进融合接纳的校园文化建设,并倡导"有你的陪伴是我的荣幸"的关心、帮助残疾学生的精神。顺义区第13中学,则以"人人有潜质,个个能发展"作为校训,推动融合教育发展,尊重关注,融合共生。

北京市朝阳区新源西里小学是一所"特殊"的学校,也是一所具有标志意义的学校。既有本市的学生,也有外地的学生;有中国的孩子,也有日本、新加坡、尼日利亚等国家的孩子;有普通儿童,也有残疾儿童。自1983年建校以来,新源西里小学先后经历了三个发展阶段,即"特教特办,普教特教并行并重""普教出精品,特教出特色""开拓普特融合教育之路,师生共发展,学校成典范"三个阶段。通过"四个优化",即优化育人环境、优化学校管理、优化师资队伍、优化办学条件,推进普教与特教相融合,实现教育优质化。融合的环境、融合的氛围、融合的课程,使正常儿童与特殊儿童共同生活,共同学习,和谐发展;使教职工的思想、理论和科研能力得到发展和提高;使学校成为融合教育的办学模式的典范,成为关爱弱势群体、构建和谐社会的典范。[①]

中国人民大学附属小学多年来在推广融合教育方面做出了巨大的努力。七彩的校园文化环境独具特色,彩虹门呈现的赤、橙、黄、绿、青、蓝、紫,寓意着中国人民大学附属小学"爱校、阳光、厚德、坚韧、创新、包容、凝聚"的七彩精神。"彩虹校门"不仅是学校的标志性建筑,更是七彩的生活空间、多元的学校文化,绽放着师生多元成长的幸福之花。"不要把生命当成累赘,他们是我们教育的资源!"学校为特殊学生建造"资源教室",为特殊学生配备"资源教师";珍视每

---

① 人民网—教育频道. 北京市朝阳区新源西里小学模式[EB/OL].(2010-01-11)[2015-10-20]. http://edu.people.com.cn/GB/8216/179216/179228/10744209.html,2010-01-11.

一个孩子,尽其所能地去帮助他们,让"拥抱是人大附小最通用的语言"!

在本研究中,北京市融合教育实施中的学校规划发展这一维度的各个项目得分基本上都在 3.5 分左右,处于中等水平。具体来看,接近一半的教师并不认可"学校发展规划中明确提出致力于发展残疾学生的融合教育"。可见,即使在一些融合学校中,融合教育工作仍然没有被明确纳入工作规划和发展目标中。也有接近一半的教师认为学校领导在制定融合教育发展目标和规划时并没有与教师和家长共同商议制定。学校对融合教育规划发展的忽视也导致部分教师对融合教育理念与目标的认识模糊,多数教师并不认为所有的教职员工都能够对融合教育形成明确的理念和发展目标。并且由于部分学校在发展规划中没有明确地提出发展融合教育,也就导致学校在融合教育理念的宣传和工作践行中仍然存在一定不足。例如,有超过 40% 的教师并不认为"学校会对融合教育理念进行宣传,使之能深入人心"以及"融合教育理念已经渗透到了学校教育工作的各个方面"。

(三)融合教育在环境建设方面,相比于文化环境氛围而言,硬件及物理环境在融合教育整体实施水平上相对较差

融合教育需要对现行普通学校管理体制及课程教学进行系统的调整,有两点最为重要。第一是课程的准入(Access),即学校确保每个学生都能全面、平等地参与学校课堂内外的各种教学与活动,不能因为学生具有残疾或相关服务的需求而将他们拒绝于某项教学活动之外。学校应该提供各种资源、设备与服务,改进教学策略,使普通学校课程真正成为所有学生都能够学习的、高质量的课程。第二是相关资源与服务的提供。例如,对于那些具有肢体残疾和感官残疾(如盲聋)的学生来说,最重要的是他们能否以适当的方式"准入"其他学生学习的课程,能否提供斜坡、扶手等残疾人辅助建筑设施,能否提供盲文材料、助听设备、音像教材等将决定这些学生能否有效地接受与其他正常学生一样的课程与教学。只要提供了适当的设备与服务,他们是可以与正常儿童一样接受普通学校的学科教学的。全纳教育的信念之一就是特殊儿童不仅有权在普通教室里受教育,还应该在普通教室而非"抽出"(Pull-out)的环境接受需要的支持、设备与服务。①

---

① 邓猛.关于全纳学校课程调整的思考[J].中国特殊教育,2004(3):1—7.

本研究发现,融合教育教师和普通学生基本上都能很好地接纳残疾学生,并平等地对待他们。例如,超过70%的教师认为自己能够"公平地对待残疾学生""普通学生能够平等接纳残疾学生"。即使是一些普通学生家长,也越来越多地支持残疾学生就读于普通学校。从整体来看,目前北京市各个区的融合学校已经形成了接纳残疾学生的良好氛围。从调查中可以看出,目前融合学校中的融合性文化已经具备。

从研究中也可以看出,目前融合学校的物理环境仍然难以满足融合教育的发展要求,仍然有大量的融合学校不具备专业的资源教室以及部分残疾学生所需要的无障碍设施(盲道、无障碍电梯、洗手间、坡道等),教室也并没有根据残疾学生的特点进行相应的调整与布置,学校在开展"残健融合交流"活动方面仍然不足。正如调查数据显示,不到42%的教师认为自己的学校"为残疾学生建设了无障碍设施";30%多的教师认为自己的学校开展了"残健融合交流"活动。

融合学校最核心的要素就是接纳、平等、合作。融合教育的接纳既有对残疾学生从心理和文化环境的接纳,也有物理环境的接纳。物理环境是最基本的保障,文化氛围的创建则是决定性的关键要素。只有具备物理环境的无障碍以及教学环境的无障碍,学校中的所有残疾学生才能够顺畅地进入学校中,与普通学生一起学习课程。北京市融合教育发展中所面临的重要问题就是物理环境接纳存在困难。尽管教师和普通学生能够从心理上接纳残疾学生,但在学校的各项硬件建设中,残疾学校可能还会存在着较大的困难。因此,融合教育"软件"与"硬件"之间的差距仍是北京市融合教育发展的一大挑战。

(四)在融合教育信息共享机制方面得分相对较低

在融合教育的沟通机制方面,总得分均在4分以下。因此,可以认为,北京市融合教育实施中,沟通机制建设方面处于中等甚至偏下水平。本研究发现,学校在融合教育的信息共享机制方面发展相对较差,超过40%的教师认为家长和教师难以从学校那里有效获取信息和资源。在我国目前融合教育的发展中,融合教育教师和残疾学生家长普遍缺乏融合教育的相关信息,包括针对残疾学生的教育教学、评估和安置等。即使是学校层面,也只是了解一些国家关于融合教育的政策,对于融合教育的具体信息也难以获得。研究者在访谈中得知,目前我国融合教育教师获得融合教育信息的渠道单一,主要是集中于校外专家的培训。而家长基本上是通过网络获取相关信息。从目前来说,融合学校一方面缺乏融合教育信息,另一方面更缺乏有效的信息共享机制。

(五) 融合教育课程设计与调整中的问题

从研究中发现,尽管目前融合教育教师在课程设置和教学中会考虑残疾学生的需求,但在实际的课程设计中却并不能有效地针对残疾学生的个体差异做出相应的调整。尽管大多数教师在课程设计时都会考虑到残疾学生的特点,但很多教师认为没有注意到残疾学生当前和未来的发展需要。在实际的课程提供与调整中,并不是很多的教师能够真正针对残疾学生做出灵活的课程调整。一些教师认为学校课程设置缺乏足够灵活性,难以针对残疾学生的个体需要做出调整,另外一方面就是超过一半的教师认为学校不能有效地根据残疾学生特点对教学大纲、学习材料做出充分调整。

融合教育课程的调整,对教师教学质量的提升有很大帮助。同时也是对教师个人教学能力的极大挑战。课程的调整是在保证普通教育原有课程的基础上,根据特殊学生的特点对所学的普教课程的内容和标准做出适当的调整或修正,以满足学生的特殊教育需要。之所以能够进行课程调整,是因为特殊学生和普通学生之间虽有差异性,但仍有很大的共性可以使用基本相同的课程,所以不需要为他们设计专用的课程。课程的调整可以是调整课程的内容,也可以是调整期望学生达到的成绩水平。[1] 具体的课程调整方法可以是由教师调整课程内容的数量和范围,深度和难度。当然,如果特殊学生在课程调整后仍然无法跟上学习进度或还有其他的特别要求需要满足,再考虑充实或替代普通教育的课程。

(六) 个别化教育计划实施程度不高

个别化教育计划是特殊教育的基石,它规划和指导一个特殊学生在学校接受的特殊教育的方方面面,如教育目标、学生的教育需要、安置形式,并明确了学生的教学进程和进步的评价标准。[2] 一般而言,个别化教育计划是由施测人员(以及按规定其他应该参加的人员)在对3至21岁的残疾学生进行评估的基础上制订的书面文件,并且要求考虑残疾学生发展的结果,它保证残疾学生将

---

[1] 于素红.普通学校随班就读学生的课程建设[J].中国特殊教育,2005(4):56—59.
[2] 肖非.关于个别化教育计划几个问题的思考[J].中国特殊教育,2005(2):9—13.

从特殊教育中获益,而且真正享有平等的教育机会,使他们做到生活独立,经济自主,并能充分参与社会生活。[①] 个别化教育计划一经提出,便成为特殊教育的重要课题,它对特殊需要学生的教育进行总体规划,能有效指导普通学校里教师的教学。

本研究发现,北京市融合教育在个别化教育计划方面实施并不好。本研究所涉及的个别化教育计划的各个方面,包括人员结构与分工,个别化教育计划评估、制订、修订以及内容等各个方面均在3.5分以下。首先,在个别化教育计划小组方面,多数教师并不认可个别化教育计划小组的工作。个别化教育计划小组的成员主要包括特殊儿童的家长或监护人、普通教育教师、特殊教育教师或特殊教育服务的提供者等,为了特殊儿童的教育需要,每个成员都需要发挥各自的作用。本研究中,多数教师不认可目前所在学校个别化教育计划的小组成员分工,并且不认为他们很好地履行了个别化教育计划小组成员的职责和责任。超过一半的教师并不认为目前个别化教育计划小组能够为残疾学生制定可测量和可操作的具体目标、会对每一名残疾学生进行全面细致的评估。其次,在个别化教育计划的内容方面,多数教师认为目前所在学校的个别化教育计划并不十分清楚,没有达到个别化教育计划的内容要求。只有少数教师认为个别化教育计划在对残疾学生优势和弱势、教学和学习策略、所需要的各种支持方面的阐释符合融合教育的要求。另外,研究还表明,多数教师也并不认可目前个别化教育计划的修订、实施、评价以及家长参与的实施情况。

在融合教育的实施过程中,个别化教育计划明确了残疾学生发展的长期与短期目标,以及残疾学生学习发展所需要的各项支持。无论是从整体来看,还是从个别化教育计划的各个方面来看,北京市在个别化教育计划的实施方面都没有得到多数教师的认可。因此,规范、科学地制订和实施个别化教育计划仍然是北京市融合教育发展所面临的一个挑战。

[①] 安·特恩布尔,宋·史密斯,路得·特恩布尔,等.今日学校中的特殊教育[M].汪海萍,译.上海:华东师范大学出版社,2004:78.

第四章 北京市融合教育教师专业素养研究

据2018年全国教育事业发展统计公报,全国共招收各种形式的特殊教育学生12.35万人,在校生66.59万人。其中,附设特教班在校生3316人,占特殊教育在校生0.50%;随班就读在校生32.91万人,占特殊教育在校生49.42%。[1]北京越来越重视残疾学生的融合教育。2015年北京市接受融合教育的学生有5227人,其中小学阶段2953人,中学2274人,[2]且残疾学生的入学率始终保持全国领先水平,其受教育权得到了较好的保障。残疾学生进入普通学校,使得普通学校的学生组成结构发生变化,融合教育的理念逐渐渗透,而这种变化也对北京市融合教育师资队伍的建设提出了相应的要求和挑战。

第一节 北京市融合教育教师专业素养研究设计

高质量的融合教育依赖于高质量的教师队伍。爱因斯克指出,教师的发展是学校融合实践的关键。[3] 大量研究表明:融合教育的成功与否取决于普通学校教师是否愿意并有能力应对学生越来越多样化的学习需求。[4][5]因此,融合教育的发展不仅涉及教育体制、课程资源、信息技术等诸多方面变革,更重要的是必须培养一支能在融合环境下科学、有效开展教育教学的师资队伍。融合教育的发展必然有相应的融合教育教师,随着社会融合实践的推进,西方早已明确

---

[1] 教育部.2018年全国教育事业发展统计公报[EB/OL].(2019-07-24)[2019-11-27]. http://www.moe.gov.cn/jyb_sjzl_fztjgb/201907/t20190724_392041.html.

[2] 来自北京市特教中心内部统计数据。

[3] Ainscow M. Using Teacher Development to Foster Inclusive Classroom Practices[M]//Tony Booth. Developing Inclusive Teacher Education. New York: Routledge Falmer, 2003: 15.

[4] Villa R A, Thousand J S. Restructuring for Caring and Effective Education: Piecing the Puzzle Together[M]. 2nd ed. Baltimore: Paul H. Brooks, 2000.

[5] Ainscow M. Using Teacher Development to Foster Inclusive Classroom Practices[M]// T Booth. Developing Inclusive Teacher Education. New York: Routledge Falmer, 2003: 15.

提出"融合教育教师"的概念。融合教育要求普通教师和特殊教师在高度多样性的全纳学校环境中相互合作、协同教学。普通教师需要掌握特殊教育或全纳教育相关知识与技能,特殊教育教师需要学习普通教育的相关教学方法,这成为融合教育教师教育的必然选择。在我国相关文献里,也有学者使用"融合教育教师""全纳教师"的术语,结合我国相关政策文件的表述,此处仍然使用"融合教育教师"一词。融合教育教师的专业素养要求在本质上是一致的,只不过是不同的国家和地区发展融合教育的不同模式的体现,本书在使用随班就读与融合教育两词时,除特别说明外,没有实质意义的区分。

特教要发展,师资须先行。同样,要提高融合教育教学质量,培养高质量的师资是关键。融合教育是我国普及残疾儿童少年义务教育的主要策略,超过60%的残疾学生在普通学校里与正常儿童在同一环境中接受教育。这一发展模式在20世纪80年代以来几乎在所有的特殊教育相关法律、法规中都得到确认与强调。这一事实意味着异质化、多样化已经成为普通学校的事实,普通学校必须通过自身的变革与资源重组,应对学生多样的、个性化的学习与发展需求,促进教育公平与质量目标的实现。中国特色的融合教育——随班就读,也需要高质量的师资队伍。我国1989年颁发的《关于发展特殊教育的若干意见》中明确规定:"高等师范院校应有计划地增设特殊教育选修课程。"[1]《中华人民共和国残疾人保障法》(1993年)规定:"普通师范院校开设特殊教育课程或者讲授有关内容,使普通教师掌握必要的特殊教育知识。"1994年颁发的《中华人民共和国残疾人教育条例》第三十七条和第四十一条分别提出——国家实行残疾人教育教师资格证书制度;普通师范院校应当有计划地设置残疾人特殊教育必修课程或者选修课程,使学生掌握必要的残疾人特殊教育的基本知识和技能,以适应对随班就读的残疾学生的教育需要。[2] 2008年修订的《中华人民共和国残疾人保障法》和2014年的《特殊教育提升计划(2014—2016)》,在不同时期的政策和法规里都提到了随班就读师资的培养,强调在高等师范院校开设特

---

[1] 国务院办公厅转发国家教委等部门《关于发展特殊教育若干意见的通知》[Z].中华人民共和国国务院公报,1989(13).

[2] 邓猛,赵梅菊.融合教育背景下我国高等师范院校特殊教育师资培养模式改革的思考[J].教育学报,2013(6):75—81.

殊教育相关课程,培养师范生融合教育的理念。

2017年颁布的《特殊教育提升计划(2017—2020)》更加明确地要求:支持师范类院校和其他高校扩大特殊教育专业招生规模,提高培养质量。加大特殊教育专业硕士、博士研究生培养力度。各地采取公费培养、学费减免、助学贷款代偿等措施,为中西部贫困地区定向培养特殊教育教师。鼓励有条件的高等学校加强学前、普通高中及职业教育的特教师资培养。普通师范院校和综合性院校的师范专业应当设置特殊教育课程。教师资格考试内容要含有一定比例的特殊教育相关内容。[1]

这为我国特殊教育教师的培养提供了法律和政策保障。但是,关于融合教育教师教育的相关规定很少,且在具体操作中并没有得到落实。目前国内的普通教育教师培养体系与特殊教育师资培养体系相互独立,普通学校教师的职前教育并没有系统地包含特殊教育知识内容,资格证书的获得与考核很少或根本就没有包含特殊教育成分。融合教育师资质量得不到保障,残疾儿童得不到他们需要的特殊教育,出现了特殊儿童随班混读的现象。

北京市在2013年颁发的《关于进一步加强随班就读工作的意见》里提出"加强随班就读师资队伍建设,提高专业化水平";在2013年3月开始施行的《北京市残疾儿童少年随班就读工作管理办法(试行)》明确了随班就读教师的培训机制;随后在发布的《北京市中小学融合教育行动计划》进一步强调"完善随班就读教师队伍建设";在随班就读模式的基础上发展与全纳教育理念更加一致的"同班就读",促进融合教育的发展。这也意味着普通学校需要融合教育的专门人才,应对学生多样化需求带来的挑战。[2]

当前,我们在融合教育理念、基础教育领域课程改革、教育公平诉求等发展背景下,北京市融合教育教师的专业素养现状如何?不同人口统计特征教师间专业素养的差异是什么?这些都是我们迫切需要了解的问题,对探讨北京市已有的融合教育相关政策与实践的落实情况、提升融合教育教师专业素养,进而

---

[1] 中华人民共和国残疾人教育条例. (2017-02-23)[2020-01-15]. http://www.gov.cn/gongbao/content/2017/content_5178184.htm.

[2] 北京市人民政府办公厅. 北京中小学融合教育行动计划[EB/OL]. (2013-04-25)[2015-04-12]. http://www.bdpf.org.cn/zwpd/zcfg/jypxl/c16200/content.html.

保障融合教育工作质量、明确未来发展和改进方向都具有重要意义。

一、研究思路

本研究参考国内外已有的研究成果,结合北京市发展融合教育工作的相关政策文件,在此基础上编制"北京市普通中小学融合教育教师专业素养调查问卷"(见附录3),通过预测试构建合理的问卷结构;然后通过大规模施测,了解北京市融合教育教师专业素养现状,分析教师在理念与认识、教学能力、沟通与合作、反思与发展等各维度上的具体表现。接下来选取一些关键的人口统计学变量,考察它们在专业素养及各维度上的影响;最后为提高融合教育教师的专业素养提供发展建议。具体研究思路见图4-1。

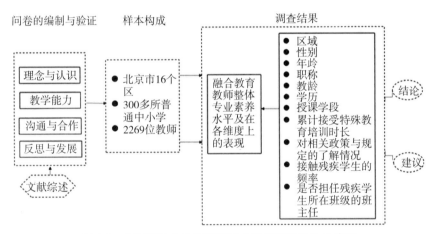

图4-1 北京市融合教育教师专业素养研究设计思路图

(一)"北京市普通中小学融合教育教师专业素养调查问卷"的编制与验证

1. 概念界定

教师素养指教师在教育、教学活动中表现出来的,决定其教育、教学效果,对学生身心发展有直接而显著影响的心理品质的总和;[1]是教师为了胜任其岗位职责并完成其工作目标必须具备的专业知识、技能和态度。它既是评价教师的依据,也是教师培养的出发点。[2] 教师专业素养是当代教师质量的集中表

---

[1] 林崇德. 教师素质的构成及其培养途径[J]. 中小学教师培训(中学版),1998(1):10—14.
[2] 董丽华. 高职院校专业教师胜任力研究述评[J]. 太原城市职业技术学院学报,2011(10):25—26.

现,它以承认教师职业是一种专业性的职业为前提。关于一种职业能否被称为专业,不仅以学历或对业务提出一定的要求为标准,还由与职业性质相关的综合性要求决定。① 教师专业素养对于教师而言,是一种有关知识的理解并保存在头脑中、体现在教师的教育实践活动中,它更加突显教师职业发展所需要的人文关怀和后天培育的重要性。② 融合教育教师的专业素养除需要具备教育普通学生的一般的素质和修养外,还要具备能教育残疾学生的专业素质和修养。这也对这类教师的专业素养提出了更高的要求和挑战。

2. 融合教育教师专业素养的维度建构

在融合教育教师的专业发展上,欧洲特殊教育发展局(European Agency for Development in Special Needs Education)提出了融合教育背景下所有教师都需要具备的四个核心价值观:尊重学习者的多样性(Valuing Learner Diversity)、支持所有的学习者(Supporting all Learners)、与他人的合作(Working with Others)和个人职业的可持续发展(Continuing Personal Professional Development)。③ 英国在融合教育教师的职前培养阶段非常重视培养教师的反思能力、批判思维、合作能力等。④ 库珀(Cooper)等总结了融合教育教师需要具备五个方面的能力:残疾的相关知识、残疾学生学科内和学科间的有效教学策略、适当的班级管理和行为干预技能、正式和非正式的评估方法、与家人和其他专业人员能进行有效的沟通和合作。⑤ 有学者总结了国内外对融合教育教师特殊教育能力的研究,认为已有的研究集中于教师专业理念、专业知识和专业技能的探讨,并指出融合的专业理念是教师整个能力结构的灵魂,指导和影响教师融合教育实践。⑥

---

① 叶澜. 新世纪教师专业素养初探[J]. 教育研究与实验,1998(1):41—46.

② 李玫. 小学科学教师专业素养现状及提升策略研究——基于对太原市城区小学的调查[D]. 北京师范大学硕士论文,2010.

③ European Agency for Special Needs Education. Teacher Education for Inclusion: Profile of Inclusive Teachers [R]. European Agency for Development in Special Needs Education,2012:11—18.

④ 陈静. 英国全纳教育职前培养研究[D]. 南京师范大学,2014,4.

⑤ Cooper J E, Kurtts S, Baber C R, Vallecorsa A. A Model for Examining Teacher Preparation Curricula for Inclusion [J]. Teacher Education Quarterly,2008,35(4):155—176.

⑥ 朱楠,雷江华. 融合教育背景下免费师范生特殊教育能力培养研究[J]. 中国特殊教育,2014(2):29—35.

在特殊教育教师专业发展上,全美教师教育认证理事会(National Council for Accreditation of Teacher Education)基本采用美国特殊儿童协会(Council for Exceptional Children)关于特殊教育从业者的标准,从四个领域(学习者学习、内容知识和专业基础、教学法、专业素质与合作)制定具体的标准。美国专业教学标准委员会(The National Board for Professional Teaching Standards)发布的《特殊教育教师标准》(Exceptional Needs Standards)针对特殊教育教师的三个方面(基础知识与能力、学生学习与发展、责任与实践)制定了12条专业发展标准。美国优质教师证书委员会(The American Board for Certification of Teacher Excellence)提出特殊教育教师的专业标准集中体现在四个领域:广泛的特殊教育实践、理解特殊学生、专业知识技能和语言发展策略。①

在普通教师专业发展上,美国专业教学标准委员会1989年发布的《教师应该知道什么和能够做什么》(What Teachers Should Know and Be Able to Do)中,提出所有教师(包括特殊教育教师)的专业素养发展应具备以下五个核心命题:教师应致力于学生和他们的学习;教师应熟悉自己的教学科目,并知道如何把教学内容传授给学生;教师负责管理和监控学生的学习;教师会系统反思自己的教学实践,并从经验中学习;教师是学习共同体的成员。②

我国在2012年颁布了《小学教师专业标准(试行)》和《中学教师专业标准(试行)》,从专业理念与师德、专业知识、专业能力三个维度提出了对我国中小学教师的专业发展要求。我国目前还没有专门的随班就读或融合教育教师的专业标准,2015年教育部颁布了《特殊教育教师专业标准(试行)》的文件。有学者参照2012年的《中小学教师专业标准(试行)》,也从专业理念与师德、专业知识、专业能力三个维度,结合残疾学生的发展需求及安置特点,分别构想了特殊教育教师和随班就读教师的专业标准,③为我们建构融合教育教师的专业素养维度提供了一定的参考。

---

① 冯帮,陈影. 美国特殊教育教师专业标准解读及启示——基于美国学科教师专业标准[J]. 中国特殊教育,2014(9):43—48.

② The National Board for Professional Teaching Standards. What Teachers Should Know and Be Able to Do[R]. The National Board for Professional Teaching Standards,1989.

③ 顾定倩,杨希洁,江小英. 从政策解读我国特殊教育教师专业标准的建构[J]. 中国特殊教育,2014(3):70—74.

综上，融合教育教师的专业素养不同于专门的普通教育教师和特殊教育教师，它需要兼顾正常学生和残疾学生的学习需求。因此，本问卷的维度建构参照已有的对普通教育教师和特殊教育教师的发展要求，还会考虑西方对融合教育教师的素养要求。从已有的研究来看，虽然不同的研究针对融合教育教师都有不同的专业标准，但其中也有共性。我们在参照国内外已有研究的基础之上，再结合我国对普通中小学教师的一般要求，最后从四个维度来考察研究融合教育教师的专业素养：理念与认识、教学能力、沟通与合作、反思与发展。

3. 对融合教育教师专业素养四个维度的解读

（1）理念与认识

要成功实施一项活动，成员对活动的认识和态度至关重要，其重要性丝毫不亚于其他左右活动成败的因素。[①] 融合教育教师对融合教育的理念和认识程度，是他们从事融合教育的前提。教师只有树立民主的教育观和形成正确的教育价值观，才能真诚接纳残疾学生，在传统教学模式基础上为残疾学生做出相应的调整和改变。

（2）教学能力

教育质量首先需要的是教师组织、实施和评价教学活动的能力。对融合教育来说，教师只有融合的理念是不够的，还要能提出适当的教学方案，为班上包括残疾学生在内的所有学生制定合适的、有意义的、能促进学生发展的教学策略；同时，教师对自身角色的定位也是基于教学的，教师应能够为每个儿童制定正确的策略，做出适合其发展需要和兴趣的课程调整。融合教育对教师的教学能力要求更高，如美国在职前教师教育里已经呈现出一种倾向，即以对社会工作、心理学、教育学等学科进行"学科内部对话式的交叉综合"培养形式代替了先前简单的"跨学科"培养形式。[②] 因此，融合教育教师需要跨专业、跨领域和跨学科工作，能参与残疾学生从诊断评估，到课堂调整教学，再到评价学习成效的整个过程，了解残疾学生的需要，并将其融入学校教学中。

---

① Ryan T, Gottfried J. Elementary Supervision and the Supervisor: Teacher Attitudes and Inclusive Education[J]. International Electronic Journal of Elementary Education, 2012, 4(3): 563—571.

② Pugach M C, Blanton L P, Florian L. Unsettling Conversations Diversity and Disability in Teacher Education [J]. Journal of Teacher Education, 2012, 63(4): 235—236.

(3) 沟通与合作

融合教育工作的推行仅有融合教育教师的参与是不够的,教师要应对充满不确定性的融合课堂,第一,要做好残疾学生和普通学生的沟通交往工作,建立起有意义的伙伴关系,营造良好的课堂班级氛围。第二,还要做好与其他教师间的沟通合作,开展合作教学。第三,做好残疾学生和普通学生家长的沟通工作,一方面让普通学生家长了解融合教育,另一方面让残疾学生家长来学校时觉得没有压力。第四,还要做好与校领导间的沟通工作,让他们理解教师在融合教育工作中遇到的困难,并能提供相关资源。第五,教师还要能与其他专业人员合作,并借助社区力量,为残疾学生的融合教育提供相应的支持和帮助。

(4) 反思与发展

反思与发展是教师主动谋求职业发展的意识,是提升教师专业素养的内在动力。融合教育是在自由、平等、博爱的基础上发展起来的普适理念,尤其在欧洲,融合教育更是被赋予建立"融合社会"的使命。教师需要时刻反思自己在教学过程中是否践行了融合的理念,要有剖析自身在教学组织、实施和评价等过程中行为的能力,以及是否在这些教育活动中秉持了融合教育的原则。同时,终身教育理念的提出,大大扩展了教育的概念范畴,学习不再局限于学校教育阶段,而是人终其一生的一项事业。教师教学的过程也是自身不断学习和提升的过程,融合教育课堂是一个充满不确定性的环境,每个学生的学习需求不同,课程的设置、实施和评价始终处于动态,课程调整成为融合教育教师实施课程的常态。[①]教师的教学策略、教学方法、教学模式等需要不断调整和变化,同时教师自己对融合教育理念下的课程与教学的认识也在不断更新和完善。所谓"教学相长",教师认识并能不断反思自身教学的过程也是不断发展提高的过程,是终身学习的过程。因此,教师的反思与发展能力是融合教育教师必备的专业素养之一。

(二) 考察北京市融合教育教师的整体专业素养及在各维度上的表现

确定问卷的基本结构后,基于对北京市 16 个区的调查的基础上,本研究描

---

① 赵勇帅,邓猛. 西方融合教育课程设计与实施及对我国的启示[J]. 中国特殊教育,2015(3):9-15.

述融合教育教师的专业素养,分析教师在理念与认识、教学能力、沟通与合作、反思与发展四个维度上的表现,以反映融合教育教师专业素养的发展现状,明确未来努力的方向。

(三) 基于人口统计学变量分析北京市融合教育教师专业素养

为了考察人口统计特征对教师专业素养的影响,本研究主要从区域、性别、年龄、职称、教龄和学历等方面进行分析,探讨导致教师专业素养发展差异的因素。

(四) 根据北京市融合教育教师专业素养的研究结论提出发展建议

总结北京市融合教育教师专业素养的发展情况,并对未来提升教师专业素养和相关政策文件出台提供发展建议。

二、研究过程

本研究拟对北京市16个区(包括密云区、西城区、房山区、顺义区、延庆区、东城区、昌平区、门头沟区、大兴区、石景山区、通州区、丰台区、朝阳区、平谷区、怀柔区、海淀区)普通中小学融合教育教师进行问卷调查。此次调查共分三阶段进行,调查内容包括教师的基本信息、理念与认识、教学能力、沟通与合作、反思与发展五个方面。

(一) 抽样调查

根据调查需要,本研究数据通过三阶段抽样调查完成。第一阶段旨在验证研究工具的有效性,不需要大范围施测,所以只选择海淀区调查融合教育教师的专业素养,探索问卷的内容结构。在对第一阶段的调查结果进行探索性因素分析后,适当地精简问卷题目,在此基础上进行第二阶段的调查。第二阶段选取北京市另外15个区的普通中小学随机发放问卷,对问卷进行验证性因素分析,验证经第一阶段修订后问卷的有效性。第三阶段采用经验证有效的问卷进行大范围的抽样调查。由于第一阶段已经对海淀区进行过抽样调查,所以第三阶段主要在另外15个区抽样调查。同时还要注意,发放问卷时如果已经参与过第二阶段问卷填写的教师,则不用参与第三阶段的调查。第三阶段问卷数量庞大,涉及的学校较多,主要采用纸质问卷作答形式,教师填写完问卷后交给学校相关负责人;校负责人再交给各区负责人汇总,最后邮寄给研究单位。

(二) 调查对象

本次调查要求是有过教育残疾学生经历的教师填写,但问卷在发放过程中,也有一些没有教育残疾学生经历的教师填写了问卷,在计算有效问卷时并没有将其计算在内。

经过三阶段调查,第一阶段在海淀区采用方便抽样的方法,向 474 位教师发放了问卷,随机将问卷对半分,将一半数量(237 份)用于探索性因素分析,其中回收的有效问卷为 194 份,有效回收率约为 81.86%。另外的 237 份问卷用于第三阶段的整体分析,回收的有效问卷为 188 份,有效回收率约为 79.32%。

第二阶段在北京市其余的 15 个区随机发放 401 份问卷,回收有效问卷 311 份,有效回收率为 77.56%。调查对象基本信息见表 4-1。

第三阶段对北京市 15 个区的融合教育教师发放问卷,共回收有效问卷 2081 份,另加上第一阶段海淀区的有效问卷 188 份,合计 16 个区的问卷数为 2269 份。三个阶段调查对象的基本信息见表 4-1[①]。

表 4-1 三个阶段调查对象的基本信息

项目	第一阶段:频数 (百分比) $n=194$	第二阶段:频数 (百分比) $n=311$	第三阶段:频数 (百分比) $n=2269$
性别			
男	25(12.9%)	69(22.2%)	444(19.6%)
女	169(87.1%)	242(77.8%)	1825(80.4%)
年龄			
25 岁以下	10(5.2%)	20(6.4%)	138(6.1%)
26～35 岁	70(36.1%)	92(29.6%)	723(31.9%)
36～45 岁	97(50%)	162(52.1%)	1123(49.5%)
46～55 岁	16(8.2%)	35(11.3%)	267(11.8%)
56 岁以上	1(0.5%)	2(0.6%)	18(0.8%)

---

① Deng M, Wang S, Guan W, Wang Y. The Development and Initial Validation of a Questionnaire of Inclusive Teachers' Competency for Meeting Special Educational Needs in Regular Classrooms in China[J]. International Journal of Inclusive Education, 2016.

续表

项目	第一阶段:频数（百分比）$n=194$	第二阶段:频数（百分比）$n=311$	第三阶段:频数（百分比）$n=2269$
职称			
初级及以下	84(43.3%)	116(37.3%)	831(36.6%)
中级	82(42.3%)	154(49.5%)	1127(49.7%)
高级	28(14.4%)	41(13.2%)	311(13.7%)
教龄			
5年及以下	36(18.6%)	49(15.8%)	378(16.7%)
6～10年	25(12.9%)	40(12.9%)	291(12.8%)
11～15年	36(18.6%)	45(14.5%)	347(15.3%)
16～20年	39(20.1%)	83(26.7%)	579(25.5%)
20年以上	58(29.9%)	94(30.2%)	674(29.7%)
学历			
高中及以下		1(0.3%)	21(0.9%)
专科	15(7.7%)	18(5.8%)	126(5.6%)
本科	161(83.0%)	281(90.4%)	2016(88.8%)
研究生	18(9.3%)	11(3.5%)	106(4.7%)
专业背景			
学科类专业（中文、数学、英语等）	89(45.9%)	203(65.3%)	1462(64.4%)
		3(1%)	15(0.7%)
特殊教育	68(35.1%)	44(14.1%)	377(16.6%)
其他教育类专业	2(1%)	6(1.9%)	62(2.7%)
心理学		14(4.5%)	79(3.5%)
社会学		1(0.3%)	2(0.1%)
医学康复	22(11.3%)	22(7.1%)	161(7.1%)
文体类	5(2.6%)	6(1.9%)	59(2.6%)
管理类	8(4.1%)	12(3.9%)	52(2.3%)
其他			
目前授课学段			
幼儿园		1(0.3%)	20(0.9%)
小学		200(64.3%)	1479(65.2%)
初中	194(100%)	106(34.1%)	749(33.0%)
高中		4(1.3%)	21(0.9%)

续表

项目	第一阶段:频数 (百分比)$n=194$	第二阶段:频数 (百分比)$n=311$	第三阶段:频数 (百分比)$n=2269$
累计接受特殊教育培训时长			
从未接受	80(41.2%)	160(51.4%)	1250(55.1%)
1周以内	54(27.8%)	55(17.7%)	430(19.0%)
1周~1月	21(10.8%)	38(12.2%)	213(9.4%)
1~3月	11(5.7%)	11(3.5%)	101(4.5%)
3~6月	10(5.2%)	15(4.8%)	95(4.2%)
6月以上	18(9.3%)	32(10.3%)	180(7.9%)
对融合教育政策与规定的了解程度			
完全不清楚	14(7.2%)	25(8%)	168(7.4%)
知道一点	95(49%)	126(40.5%)	962(42.4%)
了解一部分	72(37.1%)	112(36%)	789(34.8%)
比较清楚	11(5.7%)	38(12.2%)	289(12.7%)
非常清楚	2(1%)	10(3.2%)	61(2.7%)
接触残疾学生的频率			
很少接触	70(36.1%)	59(19%)	487(21.5%)
有时接触	73(37.6%)	126(40.5%)	942(41.5%)
经常接触	51(26.3%)	126(40.5%)	840(37.0%)
是否担任残疾学生所在班级班主任			
是	57(29.4%)	111(35.7%)	767(33.8%)
否	137(70.6%)	200(64.3%)	1502(66.2%)

说明:"职称"部分的"初级及以下"包括初级职称教师和暂时没有职称的教师

(三) 数据处理

本研究使用 SPSS 22.0 和 AMOS 22.0 软件分析数据,以验证调查工具的有效性,并描述统计北京市融合教育教师的基本情况,分析教师专业素养现状及人口统计特征对专业素养的影响。

(四) 研究工具

1. 问卷内容

"北京市普通中小学融合教育教师专业素养调查问卷"正式问卷部分共 40 个题项,分为四个维度:维度一为对融合的理念与认识,共 10 题,对应的题号为 1~10;维度二为教学能力,共 9 题,对应的题号为 11~19;维度三为沟通与合作,共 11 题,对应的题号为 20~30;维度四为反思与发展,共 10 题,对应的题号为 31~40。每个题项采用 Likert 5 点量表,从"1~5"表示同意或符合的程度。数字越大,表示同意或符合的程度越高。

(1) 基本信息

此部分主要统计教师的基本信息,包括是否教授过残疾学生、所在学校、性别、年龄、职称、教龄、最高学历、专业背景、授课的学段、累计接受过特殊教育培训的时长、对融合教育的相关政策与规定的了解程度、教学中接触残疾学生的频率和是否担任残疾学生所在班级的班主任。

(2) 理念与认识

理念与认识包括教师对融合教育的态度、对残疾的态度、对残疾学生教育相关知识的掌握情况、对融合教育合作的认识、融合教育对教师个人发展的意义、融合教育对普通学生发展的意义、发展融合教育对普通学校和教师的要求、普通学校安置形式对残疾学生发展的影响等。

(3) 教学能力

教学能力部分包括诊断与评估残疾学生、制订和实施个别化教育计划、进行有效的教学设计、设计评价内容和方法、运用现代教育技术辅助教学、促进残疾学生参与课堂互动、预防和处理残疾学生的问题行为、减少对残疾学生的歧视等。

(4) 沟通与合作

沟通与合作包括营造良好的班级氛围、与残疾学生的有效沟通、帮助家长了解融合教育、帮助残疾学生适应普通学校、与其他专业人员的合作、与其他教师的合作、与校领导的有效沟通、与普通学生的合作、有效利用社区人员和资源等。

(5) 反思与发展

反思与发展包括主动发展、教学反思、反思的频率、反思的形式、反思结果的应用、制订融合教育发展规划、参加融合教育相关培训、参与残疾学生的教学研讨、提升自己教育残疾学生的理论水平和未来发展的信心等方面。

2. 项目区分度分析

本问卷采用临界比法和相关分析法对第一阶段海淀区的 194 份数据进行项目分析。将问卷得分总和按从高到低的顺序排列,得分前 27% 的高分组(52 份数据)和后 27% 的低分组(55 份数据)在每个项目上的得分进行均值 t 检验,删除临界值不显著的第 3 题。然后运用相关分析法考察与问卷总分的相关性,将其中与总分相关不显著的题项删除,依据此标准,删除第 6 题,最后剩 38 道题。

3. 探索性因子分析

首先用 KMO 统计量和巴特利特(Bartlett)球形检验分析数据是否适合进行因子分析,得到 $KMO=0.939$,巴特利特球形检验 $\chi^2=5980.89(df=703)$,$P=0.000$,说明本数据群的相关矩阵有共同因素存在,适合进行因子分析。

根据大多数研究者编制问卷的经验,项目删减的原则是:逐步排除某些极端项目;排除因子负荷小于 0.3 的项目;排除虽对同一公因子影响显著,但明显与其他项目不属于同一种类的个别项目;删除某些在两个或两个以上因子负荷比较近似的项目;一个因子最少应包含 3 个项目,否则项目太少,无法测出该因子的特质,其内容效度会受影响。依据这些标准对问卷的项目进行筛选,每次删除一个项目,重新进行探索性因素分析。①

采用主成分分析法抽取特征值大于 1 的因子,经正交旋转,最后 19 个条目得到了 4 个因子,4 个因子方差累计可以解释总体变异的 70.652%,因子结构见表 4-2。②

---

① Manne S, Schnoll R. Measuring Cancer Patient's Psychological Distress and Well-being: A Factor Analytic Assessment of the Mental Health Inventory[J]. Psychological Assessment, 2001, 13(1): 99-109.

② Deng M, Wang S, Guan W, Wang Y. The Development and Initial Validation of a Questionnaire of Inclusive Teachers' Competency for Meeting Special Educational Needs in Regular Classrooms in China[J]. International Journal of Inclusive Education, 2016, DOI: 10.1080/13603116.2016.1197326

表 4-2 融合教育教师专业素养调查问卷探索性因子分析结果

题项	因子1	因子2	因子3	因子4
15.我能准确判断残疾学生对我讲授内容的理解程度	0.785			
16.我能运用多种现代教育技术和手段满足包括残疾学生在内的所有学生的学习需求	0.777			
17.我能通过各种方法不断促进残疾学生的课堂参与和互动	0.770			
18.我能有效预防和处理残疾学生的问题行为（如情绪失控、攻击性行为等）	0.749			
14.我能依据残疾学生的特点来设计评价内容和方法	0.737			
13.我能依据残疾学生特点进行有效教学设计，包括教学目标设定、课程内容和方法调整等	0.696			
29.我能与普通学生一起共同为残疾学生的学习和生活提供帮助		0.815		
26.我能就残疾学生教育中出现的问题与学校领导有效沟通		0.739		
20.我能采取有效措施营造接纳和关怀氛围,促进残疾学生和普通学生的交往		0.698		
23.残疾学生家长来学校时我会让他们觉得没有压力		0.607		
2.普通学校有义务为包括残疾学生在内的所有学生提供合适的教育			0.756	
9.与其他安置方式（特殊教育学校、康复机构、家庭）相比,普通学校更有利于残疾学生的正常发展			0.743	
10.残疾学生在普通学校就读能促进普通学生的发展			0.721	
7.融合教育能促进教师的积极改变与专业水平的提高			0.705	
1.我赞成学校大力推行融合教育			0.675	

续表

题项	因子1	因子2	因子3	因子4
34.我能通过多种方式(如反思日记、反思教案或评说课等)来反思融合教育实践				0.786
33.我会经常总结自己融合教育的经验,并能反思不足之处				0.726
36.我有明确的融合教育发展规划,包括发展目标、发展内容和发展途径				0.708
35.我能将反思的结果付诸融合教育实践				0.667

4.验证性因子分析

对第二阶段15个区的311份数据进行验证性因素分析。

按照模型拟合度标准:χ^2/df 大于10表示模型数据不理想,小于5表示模型可以接受,小于3则模型较好,但样本容量越大,则 χ^2/df 越大[①];IFI、CFI、TLI、NFI 和 GFI 应大于或接近0.90,越接近1越好;[②]$RMSEA$ 处于0和1之间,临界值为0.08,越接近0越好。[③]

为了得到更精确的模型,我们用 AMOS 来拟合北京市融合教育教师专业素养的分析模型(见图4-2)。由表4-3可知,χ^2/df 的值为2.616,小于3;其他拟合指标也符合统计要求,说明该模型具有较好的拟合度和稳定性,证明本次编制的问卷是有效可信的。[④]

表4-3　融合教育教师专业素养四个因子模型拟合指标

拟合指数	χ^2	df	χ^2/df	IFI	CFI	TLI	NFI	$RMSEA$
模型	397.58	152	2.616	0.944	0.944	0.937	0.913	0.072

---

① Cox B J, Enns M W, Clara I P. The Multidimensional Structure of Perfectionism in Clinically Distressed and College Student Samples[J]. Psychological Assessment, 2002, 14(3): 365-373.

② Henderson J W, Donatelle R J, Acock A C. Confirmatory Analysis of the Cancer Locus Control Scale [J]. Educational and Psychological Measurement, 2002, 62(6): 995-1005.

③ 侯杰泰,温忠麟,成子娟.结构方程模型及其应用[M].北京:教育科学出版社,2004:166-173.

④ Deng M, Wang S, Guan W, Wang Y. The Development and Initial Validation of a Questionnaire of Inclusive Teachers' Competency for Meeting Special Educational Needs in Regular Classrooms in China[J]. International Journal of Inclusive Education, 2016, DOI: 10.1080/13603116.2016.1197326

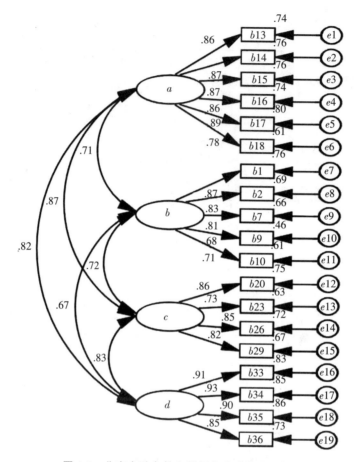

图 4-2 北京市融合教育教师专业素养的分析模型

5. 信度分析

本研究以问卷的内部一致性系数和分半信度作为问卷信度的考察指标。问卷的总体信度和各维度的信度见表 4-4。

以发展测量工具为目的,信度系数在 0.7 以上,表示测验分数可靠,如果信度系数在 0.8 以上,说明有较高的信度。根据表 4-4 的数据,本问卷各因子和总分信度系数都在可接受范围内。

表 4-4 "北京市普通中小学融合教育教师专业素养调查问卷"的信度分析

	理念与认识	教学能力	沟通与合作	反思与发展	总体量表
Cronbach α	0.869	0.928	0.839	0.929	0.974
分半信度	0.794	0.904	0.837	0.925	0.917

6. 效度检验

本研究主要从内容效度和结构效度两方面来对问卷的效度进行检验。

为保证问卷的内容效度,本研究邀请国内融合教育领域研究的资深专家及博士研究生、硕士研究生一起对初始问卷进行 1~5 级评价,删除平均分低于 4 的项目。同时,参考国内外相关研究问卷的题项,合并部分语义相近的题项,修改了表意模糊或容易引起歧义的表述,确保本问卷有很好的内容效度。

结构效度上,本问卷各维度之间的相关程度及维度与问卷总分之间的相关程度令人满意。融合教育教师专业素养 4 个因子间显著相关,其相关系数在 0.537~0.739 之间,表明各因素间呈现中、高程度相关;量表各维度与总量表间也存在显著相关,其相关系数在 0.815~0.910 之间,明显高于各因子之间的相关程度,说明本量表各因子间不仅有一定的独立性,而且能反映总量表所要测量的内容,量表的结构效度很好。

三、融合教育教师专业素养的结构分析

(一) 融合教育教师专业素养的结构

本研究通过项目分析、探索性与验证性因子分析,最终确定了普通学校教师融合教育专业素养的四个因子,分别为:教学能力、沟通与合作、理念与认识、反思与发展。

对比已有的相关研究可以发现,本研究得出的教师融合教育专业素养结构模型与其他研究者所提出模型既有相似点又有不同点。例如 NCERI(National Center on Educational Restructuring and Inclusion)的研究发现,普通学校教师的融合教育专业能力包含合作、课程调整、有效教学、获取支持等方面。[1] 李

---

[1] Lipsky D K, Gartner A G. Inclusion and School Reform: Transforming America's classrooms[M]. Baltimore, MD: Paul H. Brookes, 1997.

(Lee)、吉安特森(Jantzen)和巴格哈弗(Bargerhuff)的研究发现,教师的融合教育能力包含合作能力、灵活调整教学和指导的能力、班级管理能力、评估能力、学生发展的知识等。[①] 徐盛的研究发现,融合教育教师的胜任特征包含：专业态度、教育机智、成就动机、个人特质四个因子。[②] 冯雅静的核心素养则提到了知识、技能和态度。[③] 王雁等的模型则提出随班就读教师的专业素养应包含：专业知识、专业态度、专业技能和获取支持四个因子。[④] 本研究提出的融合教育教师专业素养模型在有关残疾学生的知识、态度、教学技能、支持、合作等方面与已有研究有较大重合,反映了普通学校教师开展融合教育的过程中应当具备的共性特征；而在反思和发展方面,其他研究尚未涉及,本研究的结果是对其他模型的修正和补充。

(二)工具的有效性和未来的发展与应用

就本研究开发的工具而言,第一,在编制逻辑上,我们采用理论分析和实证修正相结合的方法,相较于单纯建立在现状调查上的模型,更具可取性。第二,本研究的样本量相对充足,有效被试达到875名,符合大样本的要求。第三,在问卷题项编制过程中,我们采用专家独立评定和问卷编制者及一线教师共同评议的方式,多轮次对问卷题项在可懂度和主题相关度方面做了评定,并进行了及时修正,保证了问卷的内容效度。第四,为保证问卷的科学性,在对问卷做质量分析时,本研究综合运用项目区分度分析、探索性因子分析、验证性因子分析、相关分析等多种方法对问卷的质量进行了求证。结果显示,问卷信效度较好,模型结构拟合度较高,科学性较强。

就本研究的应用价值而言,首先,研究所建构的普通学校教师融合教育专业能力模型可以为我国开展融合教育教师专业标准的建设提供重要参考,对我国融合教育教师的发展及培养具有推广和引领作用。同时,本研究建构的模型对融合教育教师专业素养以及相关培训与评价也具有重要的指导价值。其次,

---

① Lee B Hamill Anne K J, Mary E B. Analysis of Effective Educator Competencies in Inclusive Environments[J]. Action in Teacher Education, 1999, 21(3):21—37.
② 胡胜. 随班就读教师胜任力特征的研究[D]. 重庆师范大学硕士论文, 2013.
③ 冯雅静. 随班就读教师核心专业素养研究[J]. 中国特殊教育, 2014(1):4—9.
④ 王雁,王志强,冯雅静,邓猛,梁松梅. 随班就读教师专业素养现状及影响因素研究[J]. 教师教育研究, 2015(4):46—60.

基于本研究建构的模型所开发的"融合教育专业素养量表"可以用于我国普通学校教师融合教育专业能力发展的现状调查,为相关学校融合教师的发展和培养作出指导。

第二节 北京市融合教育教师专业素养调查结果

本节首先描述北京市16个区融合教育教师的整体专业素养及在各维度上的表现情况,然后分析区域、性别、年龄、教龄、学历等人口统计学变量对教师专业素养的影响。不同因素水平下,融合教育教师专业素养的总分及在各维度上的得分和均值比较结果见表4-5。

表4-5 北京市融合教育教师专业素养总分及各维度的均值差异比较($N=2269$)

		理念与认识	教学能力	沟通与合作	反思与发展	总分
性别	总体	3.49±1.06	3.53±0.94	3.89±0.90	3.55±0.99	3.60±0.83
	男	3.53±1.07	3.49±0.93	3.82±0.87	3.50±0.97	3.57±0.83
	女	3.48±1.05	3.54±0.94	3.90±0.91	3.56±0.99	3.60±0.83
	t	0.860	0.882	2.920	1.134	0.468
年龄	25岁及以下	3.84±0.91	3.78±0.78	4.05±0.77	3.85±0.93	3.85±0.72
	26~35岁	3.55±1.03	3.53±0.94	3.87±0.86	3.62±0.97	3.62±0.83
	36~45岁	3.41±1.09	3.52±0.95	3.89±0.92	3.51±0.99	3.57±0.83
	46~55岁	3.49±1.03	3.43±0.96	3.85±0.96	3.36±1.05	3.53±0.84
	55岁以上	3.48±1.13	3.58±0.85	3.85±0.92	3.57±0.96	3.61±0.87
	F	6.036***	3.038*	1.377	6.885***	4.804**
职称	初级	3.59±1.04	3.60±0.90	3.93±0.86	3.65±0.95	3.68±0.80
	中级	3.43±1.06	3.47±0.96	3.86±0.93	3.48±1.01	3.54±0.84
	高级	3.46±1.08	3.55±0.94	3.88±0.89	3.52±0.99	3.59±0.83
	F	5.974**	4.500*	1.386	7.824***	6.438**

续表

		理念与认识	教学能力	沟通与合作	反思与发展	总分
教龄	5年及以下	3.73±1.01	3.72±0.87	3.97±0.83	3.79±0.93	3.79±0.79
	6~10年	3.50±1.01	3.49±0.94	3.81±0.85	3.53±1.00	3.57±0.83
	11~15年	3.49±1.04	3.44±0.95	3.90±0.86	3.60±0.94	3.59±0.80
	16~20年	3.41±1.08	3.48±0.97	3.82±0.94	3.47±1.01	3.53±0.86
	20年以上	3.42±1.08	3.53±0.94	3.92±0.94	3.45±1.00	3.57±0.83
	F	6.473***	5.039***	2.497*	8.374***	6.389***
学历	高中及以下	3.47±1.03	3.44±0.98	3.88±0.97	3.55±1.00	3.56±0.90
	专科	3.38±1.05	3.53±0.92	3.82±0.84	3.43±0.97	3.53±0.81
	本科	3.49±1.06	3.53±0.94	3.89±0.90	3.55±0.99	3.60±0.83
	研究生	3.67±0.99	3.52±0.95	3.88±0.91	3.69±0.95	3.67±0.82
	F	1.512	0.060	0.250	1.301	0.576
目前授课学段	幼儿园	3.76±1.04	3.84±0.84	3.91±1.00	3.74±1.06	3.81±0.86
	小学	3.46±1.05	3.58±0.92	3.93±0.89	3.56±0.98	3.62±0.82
	初中	3.53±1.06	3.41±0.97	3.79±0.92	3.51±1.02	3.54±0.85
	高中	4.19±0.73	3.83±0.78	4.15±0.65	3.83±0.74	3.99±0.60
	F	4.181**	6.699***	4.929	1.188	3.459*
累计接受特殊教育培训时长	从未接受	3.32±1.08	3.36±0.98	3.76±0.92	3.40±1.03	3.44±0.85
	1周以内	3.62±0.99	3.65±0.86	3.97±0.82	3.63±0.88	3.71±0.75
	1周~1月	3.71±0.98	3.79±0.78	4.07±0.83	3.73±0.89	3.82±0.75
	1~3月	3.88±0.84	3.84±0.81	4.10±0.86	3.85±0.88	3.91±0.73
	3~6月	3.72±1.06	3.79±0.80	4.09±0.90	3.87±0.89	3.85±0.77
	6月以上	3.79±0.99	3.78±0.90	4.09±0.92	3.81±0.97	3.85±0.82
	F	15.389***	17.079***	10.621***	13.908***	20.127***

续表

		理念与认识	教学能力	沟通与合作	反思与发展	总分
对相关政策与规定的了解情况	完全不清楚	2.98±1.09	3.04±0.99	3.39±0.91	2.98±1.17	3.09±0.83
	知道一点	3.36±1.07	3.40±0.94	3.78±0.89	3.44±0.96	3.48±0.81
	了解一部分	3.58±1.00	3.63±0.91	3.96±0.89	3.61±0.96	3.68±0.80
	比较清楚	3.89±0.95	3.87±0.79	4.21±0.76	3.90±0.85	3.95±0.69
	非常清楚	4.02±1.07	4.11±0.88	4.39±0.82	4.30±0.86	4.18±0.81
	F	34.022***	39.044***	36.444***	42.969***	53.248***
接触残疾学生的频率	很少接触	3.28±1.10	3.36±0.96	3.72±0.90	3.47±0.99	3.44±0.83
	有时接触	3.48±1.02	3.47±0.96	3.80±0.94	3.49±1.00	3.55±0.84
	经常接触	3.62±1.05	3.70±0.88	4.07±0.82	3.65±0.98	3.75±0.78
	F	20.696***	29.942***	37.582***	11.052***	32.336***
是否担任残疾学生所在班级班主任	是	3.50±1.04	3.59±0.92	4.00±0.87	3.54±0.99	3.64±0.80
	否	3.49±1.07	3.50±0.95	3.83±0.91	3.55±0.99	3.58±0.84
	t	0.084	4.382*	17.736***	0.163	2.913

一、北京市融合教育教师的整体专业素养及在各维度上的表现

由表4-5和图4-3可知,北京市融合教育教师的专业素养在每一题项上的平均得分为3.60分(最高分为5分)。在各个维度的表现上,得分最高的是沟通与合作,其次是反思与发展,接下来是教学能力,理念与认识的得分相对低。

具体来说,分析理念与认识维度下各题项的得分可以看出,大多数教师基本认可学校开展融合教育的实践,学校应该为残疾学生提供适当的教育,也承认融合教育的开展能提升教师的专业能力,但对于普通学校的安置是否一定有利于残疾学生的发展及是否能促进普通学生的发展上均持保守态度。从世界范围来看,融合教育已经成为国际上发展残疾人教育的主要趋势,且影响在逐渐扩大。从建立和谐、民主社会的角度出发,理想状态下的融合教育是优于其他各类安置形式的,也能促进教师自己和普通学生的成长。但教师在理念与认识维度下得分最低,并显著低于其他三个维度。我国的历史发展较短,考虑我国特定的国情(有限的资源和全世界最多的残疾人数量),我们发展融合教育必

然困难重重。尽管自 20 世纪 80 年代开始我们有本土化的随班就读,在提高残疾学生入学率和保障其受教育权方面起到了关键作用,但其实践却一直饱受争议。本研究中的教师只是基于中国的实情对目前融合教育的发展做出了理性的判断,这也从侧面反映了我国融合教育整体质量不高的事实,进一步明确了未来我国融合教育的发展应关注"质"的提升,同时应促进教师对融合教育的信心和加强认识。

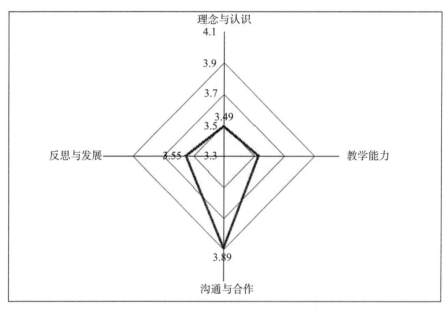

图 4-3　融合教育教师专业素养整体情况

融合教育的发展需要各方人员的通力合作才能取得成功,在合作过程中,教师起着关键的桥梁作用。在本研究的因子结构里,教师的沟通与合作能力发展最好,显著高于其他三个维度得分,表明教师意识到了沟通与合作的重要性,能整合人力资源促进残疾学生的融合教育发展。从沟通合作的对象来看,普通学生对残疾学生的接纳程度比较高,他们愿意与教师一起帮助残疾学生;而教师与学校领导间的沟通合作的得分相对较低,表明教师与学校领导间的沟通合作尚存一定阻力。分析原因可能在于这几类合作对象里,普通学生与残疾学生的日常接触较密切,他们了解、关心残疾学生的发展和需要,加上教师的积极引导,所以很容易接纳残疾学生,并对其提供帮助。学校领导则日常工作繁忙,与残疾学生的接触有限,不能及时了解学生需求,导致与教师的沟通相对困难。

教师有一定的反思与发展能力。从调查结果可知,大多数教师有反思与发展的意识,会主动反思自己的融合教育实施情况,并努力把反思的结果付诸实践,只是反思的方式尚不够多样化,以致教师没有明确的融合教育发展规划,没有完全实现以反思促发展的目的。分析原因可能在于普通学校重视教师的反思与发展能力,我国在2012年的《中小学教师专业标准》里明确提出教师应具备主动反思的能力,并能制订专业发展规划。但由于教师对融合或残疾的认识不够,导致不能有效反思,反思的结果难以在实践中落实。

教师的教学与指导能力相对不足。在反映教学能力各项,教师在教学评价设计、促进残疾学生的课堂参与、现代教育技术和手段的应用和整体教学设计的得分相对较好,说明教师在教学中能够做出相应的调整改变以满足残疾学生学习需要。在对残疾学生学习的评价和残疾学生问题行为的处理两项能力上的得分相对较低。分析原因可能在于,这两项技能对教师要求相对较高,也最能体现残疾学生学习的特殊性,但教师相关知识技能的储备显然不充分。

二、基于人口统计学变量的北京市融合教育教师专业素养的分析

采用单因素方差分析不同区域、性别、年龄、教龄、学历等因素在融合教育教师专业素养方面的特点,对各因素不同水平间进行均值差异比较。

(一) 区域

1. 整体情况

北京市16区融合教育教师专业素养的总体情况见表4-6和图4-4。教师专业素养总体得分较高的区域是西城区,接下来依次是海淀区、朝阳区、通州区、丰台区、石景山区、东城区、房山区、顺义区、门头沟区、怀柔区、密云区、大兴区、延庆区、昌平区和平谷区。

表4-6 北京市16区融合教育教师专业素养总体及各维度的得分结果

	数量	百分比	理念与认识	教学能力	沟通与合作	反思与发展	总体
密云区	149	6.6%	3.29±1.24	3.43±1.07	3.74±1.05	3.45±1.08	3.46±0.95
西城区	181	8.0%	3.74±1.00	3.70±0.95	4.24±0.78	3.74±1.00	3.83±0.80
房山区	189	8.3%	3.62±1.07	3.60±0.99	3.97±0.91	3.57±1.06	3.68±0.88

续表

	数量	百分比	理念与认识	教学能力	沟通与合作	反思与发展	总体
顺义区	170	7.5%	3.51±1.03	3.57±0.88	3.80±0.88	3.48±0.98	3.59±0.81
延庆区	117	5.2%	3.23±1.04	3.35±0.94	3.59±0.95	3.51±0.90	3.40±0.85
东城区	206	9.1%	3.59±1.05	3.66±0.94	3.99±0.95	3.58±1.07	3.69±0.86
昌平区	92	4.1%	3.21±1.02	3.22±0.89	3.70±0.93	3.25±1.02	3.32±0.76
门头沟区	142	6.3%	3.51±1.07	3.47±0.91	3.80±0.89	3.48±0.92	3.55±0.81
大兴区	164	7.2%	3.19±1.08	3.43±0.97	3.74±0.83	3.44±0.99	3.43±0.85
石景山区	79	3.5%	3.55±0.96	3.67±0.84	3.98±0.79	3.60±0.94	3.69±0.76
通州区	90	4.0%	3.57±1.00	3.61±0.78	3.94±0.85	3.72±0.88	3.69±0.72
丰台区	131	5.8%	3.62±0.94	3.60±0.80	4.03±0.83	3.59±0.92	3.69±0.73
朝阳区	184	8.1%	3.62±1.08	3.64±0.85	3.94±0.81	3.69±0.92	3.71±0.78
平谷区	115	5.1%	3.17±1.03	3.13±1.06	3.65±0.90	3.18±1.03	3.26±0.80
怀柔区	72	3.2%	3.22±1.06	3.43±0.86	3.74±0.91	3.52±0.96	3.46±0.78
海淀区	188	8.3%	3.72±0.91	3.62±0.97	4.01±0.89	3.72±0.92	3.75±0.76
F			5.252***	4.040***	5.315***	3.285***	5.558***

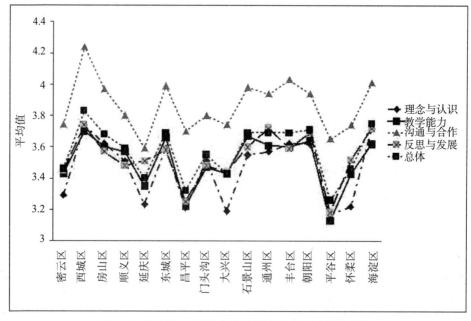

图 4-4 北京市 16 区融合教育教师专业素养总体情况

2. 理念与认识

在理念与认识维度上,西城区和海淀区得分均在 3.70 分以上,排名靠前;密云区、延庆区、怀柔区、昌平区、大兴区和平谷区的得分均在 3.30 分以下,排名相对靠后;丰台区、房山区、朝阳区、东城区、通州区、石景山区、顺义区、门头沟区的得分在 3.51~3.62 分之间,处于中游,且得分分布较为平均。

3. 教学能力

在教学能力维度上,西城区得分最高,为 3.70 分;门头沟区、怀柔区、大兴区、密云区、延庆区、昌平区和平谷区得分较低,在 3.47 分以下;石景山区、东城区、朝阳区、海淀区、通州区、丰台区、房山区和顺义区的得分在中游徘徊,达 3.57 分及以上。

4. 沟通与合作

各区在沟通与合作维度上的总体表现是最好的,其中西城区、丰台区和海淀区的得分超过了 4 分;东城区、石景山区、房山区、朝阳区和通州区的得分在 3.94 分及以上;顺义区、门头沟区、大兴区、怀柔区、密云区和昌平区的得分位于 3.70~3.80 分之间;平谷区和延庆区得分相对最低,分别为 3.65 分和 3.59 分。

5. 反思与发展

在反思与发展维度上,西城区、通州区、海淀区和朝阳区的得分均在 3.69 分及以上,排名靠前;石景山区、丰台区、东城区、房山区、怀柔区和延庆区的得分在 3.51~3.60 分之间;门头沟区、顺义区、密云区和大兴区的得分则在 3.44~3.48 分之间;昌平区和平谷区得分相对最低,分别为 3.25 分和 3.18 分。

(二) 性别

北京市不同性别融合教育教师专业素养情况见图 4-5。由表 4-5 和图 4-5 可知,融合教育女性教师的整体专业素养高于男性教师。在教学能力、沟通与合作和反思与发展三个维度上,女性教师均表现出一定的优势,但在理念与认识上则是男性教师得分略高一些。

方差分析结果表明,不同性别的教师在专业素养总分及各维度得分上均没有显著性差异。但在沟通与合作维度上,不同性别教师间的得分差异临近显著 ($p=0.088$),女性教师高于男性。

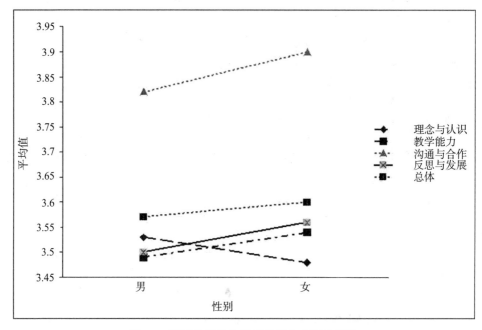

图 4-5　不同性别融合教育教师专业素养情况

(三) 年龄

北京市不同年龄融合教育教师专业素养情况见图 4-6。由表 4-5 和图 4-6 可知,将融合教育教师年龄按由低到高的组别排列,专业素养的总体得分呈现先逐渐下降再上升的趋势,其中 25 岁及以下年龄段教师在总体及各维度上的得分均是最高的。

方差分析结果表明,在总分上,不同年龄段融合教育教师的得分存在显著性差异。事后检验结果发现,25 岁及以下年龄组教师的专业素养显著高于 26~35 岁组、36~45 岁组和 46~55 岁组,也高于 55 岁及以上年龄组。

在各维度水平上:在理念与认识维度上,各年龄段融合教育教师的得分存在显著性差异。事后检验结果发现,25 岁及以下年龄组教师对融合教育的理念与认识水平显著高于 26~35 岁组、36~45 岁组和 46~55 岁组;26~35 岁组教师的理念与认识水平显著高于 36~45 岁组。在教学能力维度上,各年龄段融合教育教师的得分存在显著性差异。事后检验结果发现,25 岁及以下年龄组教师的教学能力显著高于 26~35 岁组、36~45 岁组和46~55 岁组。在沟通与合作维度上,各年龄段融合教育教师的得分存在显著性差异。事后检验结果发现,25岁及以下年龄组教师的沟通与合作水平显著高于26~35岁组、36~45岁组和46~55岁组。在反思与发展维度上,各年龄段融合教育教师的得分存在显著性差异。事后检验结果发现,25岁及以下年龄组教师的反思与发展能力水平显著高于26~35岁组、36~45岁组和46~55岁组;26~35岁组教师显著高于36~45岁组和46~55岁组;36~45岁组教师显著高于46~55岁组。

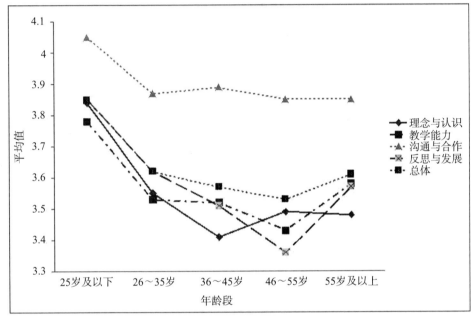

图4-6 不同年龄段融合教育教师专业素养情况

(四) 职称

北京市不同职称水平融合教育教师专业素养情况见图4-7。由表4-5和图4-7可知,初级职称教师的专业素养得分最高,接下来依次是高级职称和中级职称。

方差分析结果表明,在总分上,不同职称水平融合教育教师的得分存在显著性差异。事后检验结果发现,初级教师的专业素养显著高于中级教师。

在各维度水平上:在理念与认识维度上,不同职称水平融合教育教师的得分存在显著性差异。事后检验结果发现,初级教师对融合教育的理念与认识水平显著高于中级教师。在教学能力维度上,不同职称水平教师的得分存在显著性差异。事后检验结果发现,初级教师的教学能力水平显著高于中级教师。在沟通与合作维度上,不同职称水平融合教育教师的得分没有显著性差异。在反思与发展维度上,不同职称水平融合教育教师的得分存在显著性差异。事后检验结果发现,初级教师的反思与发展能力显著高于中级教师和高级教师。

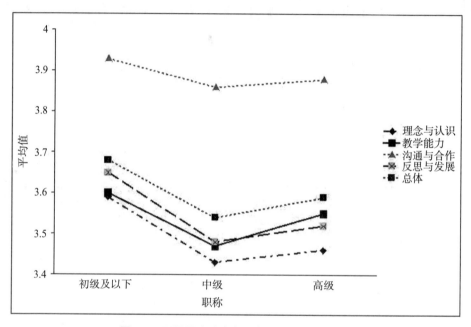

图 4-7 不同职称融合教育教师专业素养情况

(五) 教龄

北京市不同教龄的融合教育教师专业素养情况见图 4-8。由表 4-5 和图 4-8 可知,5 年及以下教龄的教师在各维度得分均高于相同维度下其他教龄的教师,接下来按得分高低排列依次是 11~15 年、20 年以上、6~10 年、16~20 年。

方差分析结果表明,在总分上,不同教龄融合教育教师的得分存在显著性差异。事后检验结果发现,5 年及以下教龄教师的专业素养显著高于 6~10 年、11~15 年、16~20 年和 20 年以上教龄的教师。

在各维度水平上:在理念与认识维度上,不同教龄融合教育教师的得分存在显著性差异。事后检验结果发现,5 年及以下教龄教师对融合教育的理念与认识水平表现最好。在教学能力上,不同教龄融合教育教师的得分存在显著性差异。事后检验结果发现,5年及以下教龄教师的教学能力水平较高。在沟通与合作维度上,不同教龄融合教育教师的得分存在显著性差异。事后检验结果发现,5年及以下教龄教师的沟通与合作能力显著高于6～10年和16～20年教龄的教师;20年以上教龄教师的得分显著高于16～20年教龄的教师。在反思与发展维度上,不同教龄融合教育教师的得分存在显著性差异。事后检验结果发现,5年及以下教龄教师的反思与发展能力水平最高;11～15年教龄教师的反思与发展能力水平显著高于16～20年和20年以上教龄的教师。

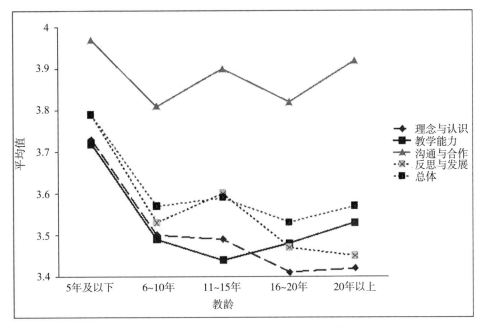

图 4-8 不同教龄融合教育教师专业素养情况

(六) 学历

北京市不同学历水平融合教育教师专业素养情况见图 4-9。由表 4-5 和图 4-9 可知,研究生学历教师的专业素养得分最高,接下来依次是本科、高中及以下、专科。

方差分析结果表明,不同学历程度的教师在专业素养总分及各维度得分上均没有显著性差异。但在理念与认识维度上,研究生学历教师的得分显著高于专科学历的教师($p=0.035$),与本科学历教师间的差异临近显著($p=0.087$),也高于本科学历的教师;在反思与发展维度上,研究生学历教师的得分均显著高于专科学历的教师($p=0.048$)。这说明,学历对融合教育教师的专业素养有一定的影响。

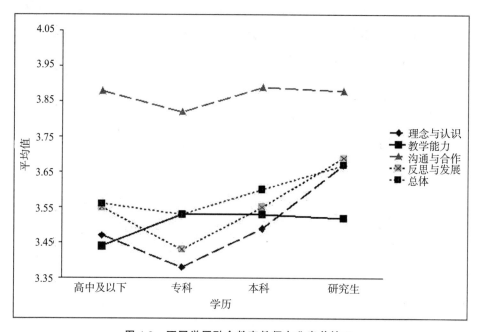

图4-9 不同学历融合教育教师专业素养情况

(七)目前授课学段

北京市不同授课学段融合教育教师专业素养情况见图4-10。由表4-5和图4-10可知,在不同授课学段上教师的总体得分由高到低排列分别是高中、幼儿园、小学和初中。

方差分析结果表明,在总分上,不同授课学段教师的得分存在显著性差异。事后检验结果发现,小学教师的得分显著高于初中教师的得分;高中教师的得分显著高于小学和初中教师的得分。

在各维度水平上:在理念与认识维度上,不同授课学段融合教育教师的得分存在显著性差异。事后检验发现,高中教师的得分显著高于小学和初中教师的得分。在教学能力维度上,不同授课学段融合教育教师的得分存在显著性差异。事后检验发现,初中教师的得分显著低于幼儿园、小学和高中教师的得分。在沟通与合作维度上,不同授课学段融合教育教师的得分存在显著性差异。事后检验发现,小学教师的得分显著高于初中教师的得分。在反思与发展维度上,不同授课学段融合教育教师的得分没有显著性差异。

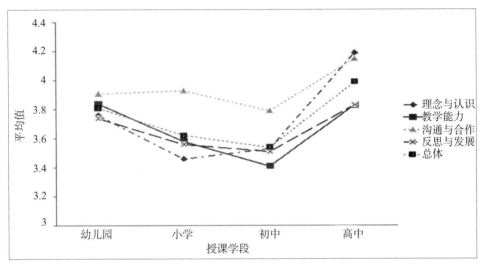

图 4-10 不同授课学段融合教育教师专业素养情况

(八) 累计接受过特殊教育培训的时长

北京市接受不同特殊教育培训时长的融合教育教师专业素养情况见图 4-11。由表 4-5 和图 4-11 可知,接受过 1~3 个月培训的教师的专业素养得分最高,接下来依次是 3~6 个月、6 个月以上、1 周~1 月、1 周以内、从未接受过。

方差分析结果表明,在总分上,不同培训时长融合教育教师的得分存在显著性差异。事后检验结果发现,从未接受过特殊教育培训教师的专业素养显著低于培训时长为 1 周以内、1 周~1 月、1~3 月、3~6 月、6 月以上的教师;累计接受培训时长为 1 周以内教师的专业素养显著低于培训时长为 1~3 月和 6 月以上的教师。

在各维度水平上:在理念与认识维度上,不同培训时长融合教育教师的得分存在显著性差异。事后检验结果发现,从未接受过特殊教育培训教师对融合教育的理念与认识水平显著低于接受过培训的教师;培训时长为 1 周以内的教师对融合教育的理念与认识水平显著低于培训时长为 1~3 月的教师。在教学能力维度上,不同培训时长融合教育教师的得分存在显著性差异。事后检验结果发现,从未接受过特殊教育培训的教师的教学能力最低。在沟通与合作维度上,不同培训时长融合教育教师的得分存在显著性差异。事后检验结果发现,从未接受过特殊教育培训教师的沟通与合作能力最低。在反思与发展维度上,不同培训时长融合教育教师的得分存在显著性差异。事后检验结果发现,从未接受过特殊教育培训教师的反思与发展能力最低;培训时长为1周以内教师的反思与发展能力显著低于培训时长为1~3月、3~6月和6月以上的教师。

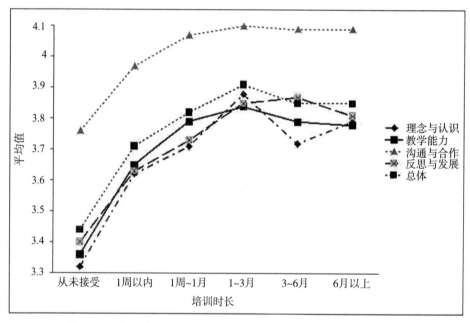

图 4-11　接受不同特殊教育培训时长的融合教育教师专业素养情况

(九) 对融合教育政策与规定的了解程度

对北京市融合教育相关政策与规定不同了解程度的融合教育教师专业素养情况见图 4-12。由表 4-5 和图 4-12 可知,教师对相关政策与规定的了解程度越高,专业素养得分越高。

方差分析结果表明,在总分上,对融合教育相关政策与规定不同了解程度的融合教育教师的得分存在显著性差异。事后检验结果发现,完全不清楚融合教育相关政策与规定的教师得分显著低于其他各组教师;知道一点程度的教师

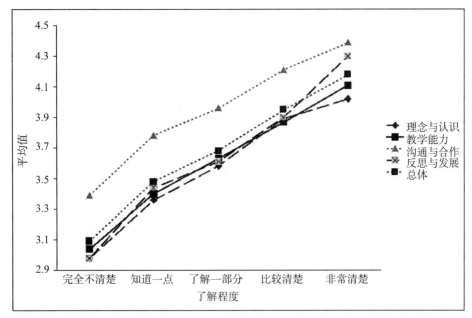

图4-12 对融合教育政策与规定的不同了解程度的融合教育教师专业素养情况

的得分显著低于了解程度比其高的各组教师;了解一部分程度的教师的得分显著低于了解程度比其高的各组教师;比较清楚程度的教师的得分显著低于非常清楚程度的教师。

在各维度水平上:在理念与认识维度上,对融合教育相关政策与规定不同了解程度的融合教育教师的得分存在显著性差异。事后检验发现,完全不清楚融合教育相关政策与规定的教师得分显著低于其他各组教师;知道一点程度的教师的得分显著低于了解程度比其高的各组教师;了解一部分程度的教师的得分显著低于了解程度比其高的各组教师。在教学能力维度上,对融合教育相关政策与规定不同了解程度的融合教育教师的得分存在显著性差异。事后检验发现,完全不清楚融合教育相关政策与规定的教师得分显著低于其他各组教师;知道一点程度的教师的得分显著低于了解程度比其高的各组教师;了解一部分程度的教师的得分显著低于了解程度比其高的各组教师。在沟通与合作维度上,对融合教育相关政策与规定不同了解程度的融合教育教师的得分存在显著性差异。事后检验发现,完全不清楚融合教育相关政策与规定的教师的得分显著低于其他各组教师;知道一点程度的教师的得分显著低于了解程度比其高的各组教师;了解一部分程度的教师的得分显著低于了解程度比其高的各组教师。在反思与发展维度上,对融合教育相关政策与规定不同了解程度的融合教育教师的得分存在显著性差异。事后检验发现,完全不清楚融合教育相关政策与规定的教师得分显著低于其他各组教师;知道一点程度的教师的得分显著低于了解程度比其高的各组教师;了解一部分程度的教师的得分显著低于了解程度比其高的各组教师;比较清楚程度的教师的得分显著低于非常清楚程度的教师。

(十) 接触残疾学生的频率

北京市接触残疾学生不同频率的融合教育教师专业素养情况见图4-13。由表4-5和图4-13可知,教师接触残疾学生频率越高,教师专业素养各维度得分也越高。

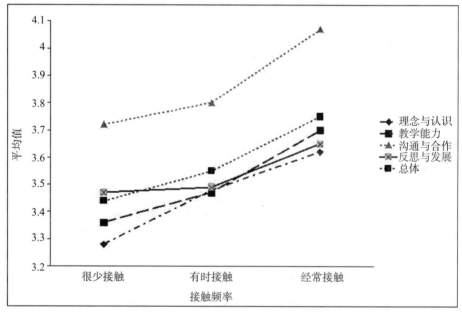

图4-13 接触残疾学生不同频率的融合教育教师专业素养情况

方差分析结果表明,在总分上,与残疾学生不同接触频率融合教育教师的得分存在显著性差异。事后检验结果发现,很少接触频率的教师的得分显著低于有时接触和经常接触的;有时接触频率教师的得分显著低于经常接触的。

在各维度水平上:在理念与认识维度上,不同接触频率的融合教育教师的得分间存在显著性差异。事后检验发现,很少接触频率的教师的得分显著低于有时接触和经常接触的;有时接触频率的教师的得分显著低于经常接触的。在教学能力维度上,不同接触频率融合教育教师的得分间存在显著性差异。事后检验发现,很少接触频率的教师的得分显著低于有时接触和经常接触的;有时接触频率的教师的得分显著低于经常接触的。在沟通与合作维度上,不同接触频率融合教育教师的得分间存在显著性差异。事后检验发现,很少接触频率的教师的得分显著低于经常接触的;有时接触频率的教师的得分显著低于经常接触的。在反思与发展维度上,不同接触频率融合教育教师的得分间存在显著性差异。事后检验发现,很少接触频率的教师的得分显著低于经常接触的;有时接触频率的教师的得分显著低于经常接触的。

(十一) 是否担任残疾学生所在班级的班主任

北京市担任残疾学生所在班级班主任与非班主任的融合教育教师专业素养情况见图 4-14。由表 4-5 和图 4-14 可知,担任班主任的教师在理念与认识、教学能力、沟通与合作三个维度得分均高于非班主任教师,在总体得分上,班主任教师得分也高于非班主任教师。方差分析结果表明,在总分上,担任残疾学

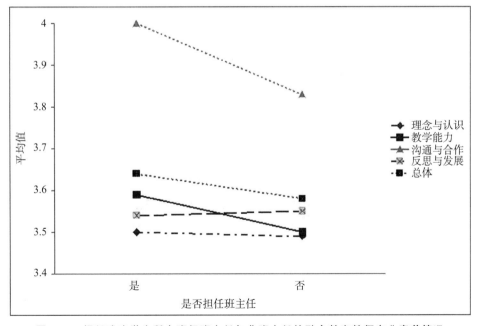

图 4-14 担任残疾学生所在班级班主任与非班主任的融合教育教师专业素养情况

生所在班级班主任工作教师的得分与未担任班主任工作教师的得分临近显著，班主任教师的得分高于非班主任教师的得分。

在各维度上，在理念与认识、反思与发展上，两类教师间没有显著性差异；在教学与指导和沟通与合作上，班主任教师的得分显著高于非班主任教师。

第三节　北京市融合教育教师专业素养现状分析

一、融合教育教师专业素养的整体分析

融合教育教师专业素养在每一题项上的平均得分为 3.60 分，在各维度上的平均得分由高到低排列分别是沟通与合作、反思与发展、教学能力及理念与认识，且只有沟通与合作能力的得分高于总的平均分，其他三个维度均低于总平均分。说明北京市融合教育教师沟通与合作的能力很好，而反思与发展、教学能力及对融合教育的理念与认识水平均表现欠佳。

（一）融合教育教师沟通与合作能力很好

由表 4-7 可知，从沟通与合作维度下四个题项的选择来看，60%以上的教师都选择了"5"和"4"，并且除了第 23 题，选"5"的比例相对更高一些；每一个题项里只有不到 14%的教师选择的是"1"和"2"。说明大多数教师都在努力，并能够做好与残疾学生家长、学校领导、普通学生及其他相关人员的沟通工作，一起促进残疾学生的融合。其中，在与各类人群的沟通与合作过程中，与普通学生的沟通合作最为顺畅，第 20 题的平均得分最高，其次是第 29 题和 23 题；得分最低的是第 26 题，与校领导的沟通合作不太令人满意。

融合教育的发展需要各方人员的通力合作才能取得成功，在合作过程中，融合教育教师起着关键的桥梁作用。从沟通与合作的对象来看，普通学生对残疾学生的接纳程度比较高，他们愿意与教师一起帮助残疾学生；而教师与学校领导间的沟通与合作的得分相对较低，表明教师与学校领导间的沟通与合作尚存在一定阻力。分析原因可能在于这几类合作对象里，普通学生与残疾学生的日常接触较密切，他们了解、关心残疾学生的发展和需要，加上教师的积极引导，所以很容易接纳残疾学生，并提供帮助。学校领导可能是因为工作繁忙，与残疾学生的日常接触有限，不能及时了解学生需求，导致教师的沟通相对困难。

表4-7 北京市融合教育教师在沟通与合作维度下各题的选择情况

题项	M±SD	1	2	3	4	5
20.我能采取有效措施营造接纳和关怀氛围,促进残疾学生和普通学生的交往	4.01±1.03	2.6%	6.6%	17.4%	34.7%	38.8%
23.残疾学生家长来学校时我会让他们觉得没有压力	3.86±1.12	4.5%	7.5%	21.3%	31.2%	35.4%
26.我能就残疾学生教育中出现的问题与学校领导有效沟通	3.69±1.09	4.2%	9.6%	25.7%	33.6%	26.8%
29.我能与普通学生一起共同为残疾学生的学习和生活提供帮助	3.99±1.03	2.8%	6.2%	17.7%	35.8%	37.5%

(二) 融合教育教师有一定的反思与发展能力

由表4-8可知,从反思与发展下四个题项的选择来看:第33题的得分最高,其余依次是第35题,第34题,第36题。在第33题上,大多数教师的选择是"4"和"5",表明他们会有意识地反思自己融合教育实践的不足和总结经验。在第34题上,大多数教师的选择是"4"和"3",说明他们会通过相应的途径来反思残疾学生的教学,但反思的形式尚不够多元化。在第35题上,大多数教师的选择是"4"和"3",表示他们能够把反思的结果应用于融合教育实践,但也存在一定的困难。在第36题上,大多数教师的选择是"3"和"4",说明他们在尝试做出残疾学生融合教育的发展规划,但难以构建起清晰的发展蓝图。

从调查结果可知,大多数融合教育教师会主动经常反思自己的融合教育实践,并努力把反思的结果付诸将来的实践,只是反思的方式尚不够多元化,以致教师还不能明确残疾学生未来的发展,没有完全实现以反思促发展的目的。分析原因可能在于普通学校重视教师的反思与发展能力,2012年的《中小学教师专业标准》明确提出中小学教师具备主动反思的能力,能制订专业发展规划。但由于教师对融合或残疾的认识不够,导致不能有效反思,反思的结果不能完全在实践中得以落实。

表 4-8 北京市融合教育教师在反思与发展维度下各题的选择情况

题项	M±SD	1	2	3	4	5
33.我会经常总结自己融合教育的经验,并能反思不足之处	3.70±1.12	4.8%	10.2%	22.4%	35.4%	27.1%
34.我能通过多种方式(如反思日记、反思教案或评说课等)来反思融合教育实践	3.52±1.09	4.7%	13.0%	27.7%	34.7%	19.8%
35.我能将反思的结果付诸融合教育实践	3.65±1.07	4.3%	9.7%	26.3%	36.6%	23.1%
36.我有明确的融合教育发展规划,包括发展目标、发展内容和发展途径	3.33±1.14	7.6%	14.9%	30.5%	30.5%	16.4%

(三) 融合教育教师教学能力相对不足

由表 4-9 可知,从教学与指导维度下六个题项的选择来看:按得分高低排列,分别是第 14 题,第 17 题,第 16 题,第 13 题,第 15 题,第 18 题。无论是在整体教学设计,还是教学评价设计、对学生学习的评价、现代教育技术和手段的应用、课堂参与和互动、问题行为的预防和处理上,超过 60% 教师的选择都集中在"4"和"3"上,表明他们能够根据残疾学生的特点和个别需求进行适当的教学,并做好课堂管理工作,但是各方面能力均没有达到最佳水平。

在各项教学能力里,对教学评价设计、现代教育技术和手段的应用、课堂参与和互动、整体教学设计这几项得分相对较高,均分都在 3.55 分以上,说明教师在教学中能够做出相应的调整改变以满足残疾学生学习需要,特别是现代教育技术和手段的应用与课堂参与和互动,这两项对教师来说比较容易实现,也是对教师的基本要求。而在学生学习的评价和问题行为的预防和处理上得分较低,都在 3.50 分以下。分析原因可能在于,这两项技能对教师要求相对较高,也最能体现残疾学生学习的特殊性,但教师相关知识技能的储备显然不充分。

表 4-9 北京市融合教育教师在教学能力维度下各题的选择情况

题项	M±SD	1	2	3	4	5
13.我能依据残疾学生特点进行有效教学设计,包括教学目标设定、课程内容和方法调整等	3.56±1.10	5.0%	12.1%	26.0%	35.5%	21.4%
14.我能依据残疾学生特点来设计评价内容和方法	3.58±1.11	5.2%	11.5%	25.9%	35.3%	22.1%
15.我能准确判断残疾学生对我讲授内容理解程度	3.47±1.10	5.8%	12.6%	29.1%	34.4%	18.2%
16.我能运用多种现代教育技术和手段满足包括残疾学生在内的所有学生的学习需求	3.57±1.11	5.2%	11.1%	27.0%	34.5%	22.2%
17.我能通过各种方法不断促进残疾学生的课堂参与和互动	3.57±1.09	4.5%	11.9%	26.6%	35.7%	21.3%
18.我能有效预防和处理残疾学生的问题行为(如情绪失控、攻击性行为等)	3.42±1.11	6.2%	13.9%	28.1%	35.0%	16.8%

(四)融合教育教师对融合教育的理念与认识不够深入

由表 4-10 可知,从理念与认识下五个题项的选择来看:按得分高低排列,分别是第 2 题,第 7 题,第 1 题,第 10 题,第 9 题。在第 1 题上,被问及教师对融合教育的态度时,选择"5"的教师比例最高,表达了自己对融合教育的支持,但也有 20.1% 的教师选择"3",另外还有 22.6% 的教师选择"1"和"2",表示不支持学校开展融合教育。在第 2 题和第 7 题上,大多数教师选择"5"和"4",表示他们能够认识到为残疾学生提供适当的教育是普通学校的义务,并认可融合教育对提升自己专业水平的作用。在第 9 题上,大多数教师对残疾学生安置在普通学校的选择持保守态度,"3"和"4"的选择比例较高,只有 18.8% 的人认为普通学校是最有利残疾学生发展的,另有 14.5% 和 15.5% 的教师分别选择"1"和

"2",不认可普通学校的安置形式。在第 10 题上,大多数教师选择"3"和"4",他们对融合教育是否能促进普通学生的发展上持保守态度,只有 19.4% 的教师选择"5",另有 12.6% 和 16.6% 的教师分别选择"1"和"2"。

整体看来,大多数教师基本认可学校开展融合教育的实践,学校应该为残疾学生提供适当的教育,也承认融合教育的开展能提升教师的专业能力,但对于普通学校的安置是否一定有利于残疾学生的发展及是否能促进普通学生的发展上均持保守态度。

表 4-10　北京市融合教育教师在理念与认识维度下各题的选择情况

题项	$M \pm SD$	1	2	3	4	5
1.我赞成学校大力推行融合教育	3.60 ± 1.43	13.9%	8.7%	20.1%	18.0%	39.3%
2.普通学校有义务为包括残疾学生在内的所有学生提供合适的教育	3.74 ± 1.31	8.4%	10.6%	19.5%	21.7%	39.8%
7.融合教育能促进教师积极改变与专业水平的提高	3.72 ± 1.25	7.8%	8.8%	22.4%	25.5%	35.5%
9.与其他安置方式(特殊教育学校、康复机构、家庭)相比,普通学校更有利于残疾学生的正常发展	3.18 ± 1.31	14.5%	15.5%	26.0%	25.3%	18.8%
10.残疾学生在普通学校就读也能促进普通学生发展	3.21 ± 1.28	12.6%	16.6%	27.1%	24.3%	19.4%

二、融合教育教师的专业素养在不同区间的差异

北京市 16 个区融合教育教师的专业素养存在显著性差异。由表 4-11 可知,西城区、海淀区、朝阳区和丰台区融合教育教师的专业素养排名靠前。区域经济发展水平是影响地区教师专业素养的重要因素。强大的经济支撑意味着更多的教育经费投入,用于提升融合教育的硬件水平和教师培训,给予残疾学生和教师发展更多的支持。2012 年北京市政府发布的《北京市主体功能区规划》里提出:"集中力量聚焦通州,加快培育商务、文化、教育等城市综合服务功

能……"表明市政府打造通州新城的决心,以此带动通州整体发展。另一方面,可能是由于本研究里通州区的样本量较少,不同区域间样本比例差距较大,导致通州区教师专业素养排名靠前。

在教育质量上,由于本研究的调查对象大多为小学和初中教师,所以这里以2014年北京市中考各区普通高中的录取率为依据,对各区教育质量做一个大致的排名,以此分析各区的教育水平与融合教育教师专业素养的关系。整体教育水平发展较好的区,教师专业素养也更高一些,如西城区、海淀区、朝阳区、丰台区、东城区、石景山区等。这表明,首先,教育质量高的区必然有一支优秀的师资队伍,即使面对残疾学生,他们也能运用已有的经验,及时转变教学思路,提供给学生适当的教育。其次,表中所显示的教育排名靠前的区,其人均GDP排名大多也位于前列。所以,地区经济发展水平会影响地区教育质量,进而影响融合教育教师的专业素养。

三、融合教育教师专业素养在人口统计学因素上的分析

(一) 女性融合教育教师的专业素养整体高于男性教师

不同性别融合教育教师的专业素养没有显著性差异。究其原因可能在于,对大多数普通学校教师来说,他们在职前培养阶段很少会通过专业系统的训练来了解残疾的相关知识。而在工作后,即使会参与残疾学生的教学,但教师接受相关培训的机会非常有限,所以无论是对男性教师还是女性教师来说,他们的专业素养差异并不显著。从专业素养的整体得分上看,女性教师高于男性教师,原因可能在于残疾学生身心发展的特殊性,使得他们需要教师倾注更多的爱心、责任心和耐心,女性本身所具有的母性关怀较男性更具有优势。在沟通与合作维度上,女性教师得分也显著高于男性,分析原因可能在于与男性教师相比,女性教师心思更为细腻,也更擅长沟通的技巧,容易促成合作。

(二) 融合教育教师的专业素养随年龄的增长,整体呈下降趋势

从25岁及以下到46~55岁之间,各年龄段融合教育教师的专业素养在逐渐下降,而55岁以上教师的专业素养没有继续下降,反而得到了提升。分析原因可能在于55岁及以上组的样本量最少,仅占总数的0.79%,导致年龄组别比例失衡,样本差异悬殊。

25岁及以下年龄组教师的专业素养具有明显优势，在总分及各维度上的表现显著高于26～35岁组、36～45岁组和46～55岁组。究其原因可能在于这个年龄段的教师大多是新教师，根据斯蒂芬(Steffy)的教师生涯阶段模式，他们大多处于预备生涯阶段(Anticipatory Career Stage)，具备有理想、有活力、富有创造力、容易接纳新观念等特点，会主动适应新的学校工作环境并生存下来。[①]所以对残疾学生的教学，他们会更加积极上进，以此作为稳定职业的契机，力求有所表现和突破。在经历了初期职业适应之后，26～35岁年龄段的教师都已进入了职业稳定时期，这也是他们职业发展的关键期，会逐渐形成明确的职业理想，也容易接受新事物和新观念。所以与36～45、46～55岁年龄段的教师相比，他们对融合教育的认识更深入一些，也会主动反思自己的不足，规划未来的发展。对46～55岁年龄段的教师来说，他们有着丰富的教学经验和自己固有的教学风格，残疾学生的到来必然会对教师传统的教学形成挑战。同时考虑这一阶段教师临近退休，他们很难主动求"变"来满足少数残疾学生的需求。所以，在反思与发展维度上，46～55年龄段教师的得分显著低于其他年龄较小组别的教师。

(三) 初级职称融合教育教师的专业素养显著高于中级职称教师

具有不同职称融合教育教师的专业素养间存在显著性差异，特别是初级职称教师表现出全面的优势，在总分及各维度上均高于中级职称教师，只是在沟通与合作维度上未达显著性水平，而临近显著。分析原因在于，初级教师入职时间短，更容易接受新事物和新观念，他们在过去的学习中对残疾的认识有限，而与残疾学生的接触和教学对大多数教师来说恰好都是全新的。另一方面，在2013年1月北京市教委等颁发的文件《关于进一步加强随班就读工作的意见》，第17条明确提出，"在北京市骨干教师、学科带头人评选中建立特殊教育系列，并在现有北京市优秀教师、优秀教育工作者的评选表彰和特级教师、职称评定等方面，对从事随班就读的干部教师给予适当倾斜。"因此，对初级教师来说，他们无论是从教师职责本身出发，还是同情、关爱残疾学生，或是出于职称晋升的考虑，这都会驱使他们更加积极主动地学习或做出改变来满足残疾学生的需求。

---

① Steffy B E. Career Stages of Classroom Teachers[M]. Lancaster, PA: Technomic. 1989.

对于高级职称教师来说,他们在反思与发展维度上的得分显著低于初级职称教师。原因可能在于随着教龄的增加,教师会有一定的职业倦怠感。由表4-12可知,超过90%高级教师的教龄都在10年以上,超过80%教师的教龄在15年以上。另外,反思与发展的目的是为了改进对残疾学生进行的教学,并展望未来融合教育的发展,而对高级教师来说,他们在教学上求新、求突破的动机和探索、研究的意识远不如初级教师来得强烈。

表4-11 高级职称教师的教龄情况

总数	5年及以下		6~10年		11~15年		16~20年		20年以上	
	人数	百分比	人数	百分比	人数	百分比	人数	百分比	人数	百分比
311	2	0.64%	16	5.14%	35	11.25%	95	30.55%	163	52.41%

(四)5年及以下教龄融合教育教师的专业素养显著高于其他教龄组的教师

教龄会影响融合教育教师的专业素养,特别是教龄最短(5年及以下)教师的专业素养在总分及各维度上的表现显著高于其他教龄组,其原因可能在于新教师更容易接受新事物和新观念,积极作出改变迎接工作中的挑战。因此,他们对融合教育的理念与认识更加深入,教学中会考虑残疾学生的特殊需求,也会积极主动地搭建沟通的桥梁,寻求合作,并反思自己的不足,为残疾学生的融合教育建立长效的发展机制。

在沟通与合作维度上,20年以上教龄教师的得分显著高于16~20年教龄的教师。原因可能在于,20年以上教龄教师有着丰富的教学经验和与各类人群打交道的经历。关于残疾学生的发展,他们沟通、合作的积极性可能不如5年及以下教龄的教师,但凭借已有的经验,无论沟通、合作的对象是谁,他们都能够游刃有余地处理各类人际关系。

在反思与发展维度上,11~15年教龄教师的得分显著高于16~20年和20年以上教龄的教师。究其原因在于11~15年教龄的教师大多属于各自所在学校的中坚力量,教学经验丰富。他们接受新观念的速度也许没有新进教师迅速,但事业还有继续上升发展的空间,所以与教龄更加丰富的两组教师相比,他们会积极主动地反思如何促进专业素养的提升,进而有利于残疾学生更好地融入普通课堂。

(五)学历对融合教育教师专业素养的影响有限

本研究里,不同学历教师的专业素养间没有显著性差异。原因可能在于无论是何种学历层次,普通师范的人才培养体系里很少会涉及残疾教育的相关内容,使得普通学校融合教育教师缺乏相关的知识体系,所以在残疾学生的教学方面,不同学历教师的发展起点是一样的,他们的专业素养也就没有显著差异。

但在理念与认识维度上,研究生学历教师的得分显著高于专科学历,也高于本科学历教师。分析原因可能在于,近年来国家越来越重视特殊教育事业的发展,在一些政策文件、重要报告和讲话里都有提到特殊教育,整个社会也加大了对残疾人群体的关注力度。研究生学历教师的知识结构更加完整和丰富,看待问题的视角也更广阔,所以他们对融合教育的理念与认识也会更深刻一些。在反思与发展维度上,研究生学历教师的得分显著高于专科学历。因为在本研究中,专科学历教师大多有着较长时间的教龄(见表4-12),可能存在一定的职业倦怠,而研究生学历教师的教龄较短,工作热情和积极性更高一些,所以他们会经常反思,并对残疾学生的发展做出长期规划。

表4-12 研究生和专科学历融合教育教师的教龄情况

学历	5年及以下		6~10年		11~15年		16~20年		20年以上	
	人数	百分比	人数	百分比	人数	百分比	人数	百分比	人数	百分比
研究生	56	52.83%	19	17.92%	17	16.04%	12	11.32%	2	1.89%
专科	15	11.90%	6	4.76%	7	5.56%	26	20.63%	72	57.14%

(六)小学融合教育教师的专业素养优于初中教师

由于此次调查对象的授课学段分布极不平均,差别较大,大多数调查对象都是小学和初中教师,只有极少数是幼儿园和高中的教师。因此,从各学段样本数来看,小学和初中的教师间更具有可比性。在总分、教学能力及沟通与合作上,小学教师的得分都显著高于初中教师。分析原因可能在于,与中学相比,小学阶段没有升学压力,同时学生所学的知识技能相对简单一些,他们能较好地适应普通学校教学,所以教师的教学压力小一些,他们会有更多的时间和精力用于残疾学生的教学。

(七)培训在提升融合教育教师专业素养上发挥着重要作用

接受特殊教育培训的累计时长会影响融合教育教师的专业素养。从未接受过培训教师的得分显著低于参加过培训的教师,培训时长为1周以内教师的得分显著低于培训时长为1~3月和6月以上的教师,说明培训对教师专业素养的提升起着重要作用。对普通学校教师来说,职前培养阶段他们对特殊教育的了解有限,于是职后培训就成了他们了解特殊教育和残疾学生教学的主要途径。但这里值得注意的是,并不是培训时间越长,教师的得分就越高,而是累计时长为1~3月教师的得分最高。分析原因可能在于接受特殊教育的相关培训对大多数教师来说都是全新的体验。他们每参加完一次培训后需要花费一定的时间在实践中去消化和思考,这样参加接下来的培训才会更有目的性,达到事半功倍的效果。另一方面,随着融合教育工作的推进,相关的培训也是越来越多,特别是在近年来得到了迅猛发展。教师参加的培训越多,也会产生一系列的问题,包括内容重复、培训模式单一刻板、培训内容针对性不强等,容易导致教师的厌烦情绪,反而不利于教师发展。

在四个维度上,从未接受过培训教师的得分均显著低于参加过培训的教师,再次验证了培训的重要性。在理念与认识维度上,培训时长为1周以内的教师对融合教育的理念与认识水平显著低于培训时长为1~3月的教师,且参加过1~3月时长培训教师的得分是最高的。表明1~3月时长的培训有利于普通教师对融合教育有大致的了解,且效果是最好的。在反思与发展维度上,培训时长为1周以内教师的反思与发展能力显著低于培训时长为1~3月、3~6月和6月以上的教师。说明累计培训时长不能太短,太短可能达不到提升教师能力的效果。因此,我们应控制好教师参与培训的"量",既要确保尽可能多的教师有机会参与培训,同时还要避免过度培训。

(八) 教师越了解相关政策,越有利于专业素养的提升

融合教育教师对相关政策的了解程度,在其专业素养上的影响是全面性的。教师对随班就读或融合教育相关政策的了解越深入,他们的专业素养越高。特别是近年来,北京市教委、北京市残联主管部门等相继颁发了《关于进一步加强随班就读工作的意见》《北京市残疾儿童少年随班就读工作管理办法(试行)》《北京市中小学融合教育行动计划》等一系列旨在促进北京市融合教育工作的政策文件,表明了政府重视发展融合教育工作的决心。本研究结果表明,超过90%的教师对这些政策都有着或多或少的了解,说明政策宣传的范围已达到了一定的广度,但深度还不够,大多数教师都集中在"知道一点"和"了解一部分"的水平,只有不到3%的教师"非常清楚"。

(九)教师与残疾学生的接触越频繁,越有利于专业素养的提升

与残疾学生不同接触程度的融合教育教师间的专业素养存在显著性差异,其中与残疾学生接触得越多,在各维度上的得分越高。分析原因在于教师与残疾学生接触越频繁,越有利于教师深入了解学生,发现他们个别化的需求,从而激励教师发挥主观能动性,主动自我提升,探寻如何更好地帮助残疾学生适应普通学校的学习,也就全方位地提升了教师的专业素养。另一方面,由表4-13可知,与残疾学生经常接触的教师,近一半(47.7%)的教师都是班主任教师,说明在残疾学生的教育过程中,班主任教师倾注的时间和精力更多一些。但从长远发展来看,融合教育需要教师的通力合作,单凭某一个教师的努力是不够的。

表4-13 与残疾学生不同接触程度教师担任班主任的情况

是否班主任	很少接触		有时接触		经常接触	
	人数	百分比	人数	百分比	人数	百分比
是	118	24.2%	248	26.3%	401	47.7%
否	369	75.8%	694	73.7%	439	52.3%

(十)融合教育班主任教师的专业素养略高于非班主任教师

班主任教师与非班主任教师的专业素养间的差异临近显著,班主任教师的得分略高于非班主任教师。从四个维度的表现来看,在教学能力和沟通与合作两个维度上达到了显著性差异,班主任教师的得分高于非班主任教师。分析原因可能在于班主任教师与残疾学生接触更多,更了解残疾学生的需求,与残疾学生的家庭、学校领导、相关专业人员间沟通与合作的机会也更多一些,所以他们会主动提升自己的教学能力,寻求各方支持合作,帮助残疾学生更好地融入普通班级。

四、本部分调查研究的主要结论

(一)北京市融合教育教师沟通与合作能力表现最好,教学能力相对较弱

北京市融合教育教师的沟通与合作能力最好。普通学生愿意接受并与教师一起帮助残疾学生融入班级学习生活,因此教师与普通学生间的沟通与合作最为通畅,而与学校领导间的沟通合作尚存在一定阻力。

教师有一定的反思与发展能力,他们有主动反思的意愿,并把反思结果与实践结合起来,但反思方式不够多元化,且对融合教育的未来发展没有明确的规划。

教师的教学能力相对不足,教学评价设计、现代教育技术和手段的应用、课堂参与和互动、整体教学设计的得分相对较高,而在学生学习的评价、问题行为的预防和处理上的得分则相对较低。

教师对融合教育的理念与认识尚不够深入,大多数教师基本认可学校的融合教育实践,学校应该为残疾学生提供适当的教育,及融合教育的开展能提升教师的专业能力,但对于普通学校的安置是否一定有利于残疾学生的发展及是否能促进普通学生的发展上均持保守态度。

(二) 各区间的经济发展水平和教育质量差距会影响融合教育教师的专业素养

受地区经济发展水平、教育质量、政策导向等因素的制约,北京市 16 区间融合教育教师的专业素养在总分及各维度上均存在显著性差异。

(三) 融合教育教师专业素养受人口统计学因素的制约

融合教育教师的专业素养受区域、年龄、职称、教龄、目前授课学段、累计接受特殊教育培训时长、对相关政策与规定的了解情况、接触残疾学生的频率等因素的制约。

女性融合教育教师的专业素养整体高于男性教师;随着年龄的增长,融合教育教师的专业素养整体呈下降趋势;初级职称融合教育教师的专业素养高于中级和高级职称教师;5 年及以下教龄融合教育教师的专业素养高于其他教龄组的教师;学历越高,融合教育教师的专业素养得分也相对更高;小学融合教育教师的专业素养优于中学阶段的教师;适当的培训有利于提升融合教育教师的专业素养,累计培训时长 1~3 个月是最有利于教师专业素养的提升;融合教育教师越了解相关政策,其专业素养的得分越高;融合教育教师与残疾学生接触越频繁,其专业素养的得分越高;担任残疾学生所在班级班主任工作的融合教育教师的专业素养高于非班主任教师。

五、北京市融合教育教师专业素养发展建议

(一)全面提升融合教育教师的专业素养

1. 逐渐变革融合的理念,深化对融合的认识

理想状态下的融合教育是完美的。融合教育教师对融合理念与认识的不足是我们可以预见的客观事实,并得到了国内相关研究的论证。[①] 需要更多的本土化融合教育的理解与解释才能符合我国教育发展的实际。尽管本研究里大多数教师仍然选择支持融合教育,但从他们的选项分布来看,其中也包含了一丝犹豫和怀疑。理念与认识是人们对事情的主观判断,对待同一个事情每个人的价值取向不同,也存在认识程度上的差异。提升教师对融合教育理解和认识的关键在于教师的主观能动性,在实践中去发现融合的意义和价值,扭转过去的判断。外在力量只能通过培训弥补教师基本知识技能的缺失,加上支持体系的建构提升融合教育质量,帮助教师逐渐变革融合的理念,深化对融合的认识。

普通学校教师的态度同样对于融合教育有着关键性的影响。同时,教师作为融合教育的实施者,他们的态度也直接影响了融合教育的实施效果。总体而言,普通教师对于融合教育的理念大部分是持支持态度的,但如果将残疾学生安排到他们班级里去,他们的态度则会发生消极的变化。[②] 由于缺乏经验、技能等方面的原因,他们对残疾儿童在普通教室中的发展的信心明显不足。

2. 提供有针对性的培训课程,着重发展教师差异教学能力

残疾学生会对融合教育教师固有的教学模式带来一定的挑战,融合环境下教师的教学必然要做出相应的调整和改变,以适应学生多样化的发展需求。本研究与国内大多数的研究结论一致,即我国融合教育教师的教学能力不足,缺乏特殊教育的知识和技能。提升教师教学能力,还是要从培训入手,着眼于残疾学生的特殊需要,系统安排针对性的课程,包括教学设计的调整、教材的调

---

① 王雁,王志强,冯雅静,邓猛,梁松梅. 随班就读教师专业素养现状及影响因素研究[J]. 教师教育研究,2015(4):46—60.

② Cook Bryan G, Cameron David L, Tankersley Melody. Inclusive Teachers' Attitudinal Ratings of Their Students With Disabilities[J]. The Journal of Special Education,2007,40(4):230—238.

整、个别化教育计划的制订和实施、行为矫正和干预等。因此,建议在师范教育阶段增加特殊教育、融合教育等的相关内容。高等师范院校需要转变人才培养观念,要改变以往的特殊教育教师和普通教育教师各行其是的独立培养模式,而是将特殊教育培养与普通教育培养紧密地结合起来;建立健全完整的特殊教育师资培养体系,将特殊教育师资培养真正纳入我国整体的教师教育体系中来,构建完整的、专业化的、符合全民教育与教育公平目标的教师教育体制。[①]同时,构建以提升"自主性"为核心的在职培训模式,全面提升随班就读教师专业素养。[②] 应以培训的知识技能为基础,教师在实践中还要具备差异教学的意识和能力,不仅看到残疾学生的特性,还要看到他们与普通学生发展的共性。教师在课程的目标、内容、教学方法、过程等方面做出适当的调整,通过并列式教学计划体现出来,兼顾残疾学生和普通学生的学习需要,这样既没有给教师增添太多额外的工作负担,又很好地贯彻了融合教育所提倡的平等的理念。因此,差异教学能力是融合教育教师应该具有的教学能力,它是提高融合教育质量的有效途径,也很好地契合了融合教育的教学理念、策略和方法。

3. 构建完善的沟通与合作机制,充分发挥学校领导的作用

融合教育的长效发展依赖团队合作,特别是我国融合实践尚不成熟,需要更多人员的参与。从本研究结果来看,教师能够做好与普通学生、残疾学生家长和校领导的沟通合作工作,只是在不同的对象间存在程度差异。但融合教育的推进仅有这几类对象是不够的,教师还应该与特殊教育教师、不同领域的专业康复师或治疗师、普通学生家长、社区人员一起,建立更加广泛的沟通与合作机制。

在学校层面上,融合教育工作的开展依靠学校行政管理团队自上而下的推动与协助,以促进融合学校的发展变革,特别是学校领导的作用至关重要。相关调查结果表明,学校领导对融合教育的支持程度是影响教师对融合态度的最重要的因素,而他们为融合教育所能提供的支持就包括情感支持(如愿意倾听

[①] 邓猛,赵梅菊.融合教育背景下我国高等师范院校特殊教育师资培养模式改革的思考[J].教育学报,2013(6):75—81.

[②] 王雁,王志强,冯雅静,邓猛,梁松梅.随班就读教师专业素养现状及影响因素研[J].教师教育研究,2015(4):46—60.

有关残疾学生发展的心声)。学校领导对融合教育的支持能够在整个学校内营造良好的融合氛围,以积极的态度影响更多人参与融合教育的实践工作中来。

4. 丰富培养教师反思能力的途径,以反思促进融合教育实践和教师个体发展

反思是教师专业发展的重要组成要素,心理学家伯斯纳(Posner)提出了著名的教师成长公式:经验+反思=成长,表明反思在教师成长中的作用。[①] 反思来自教师自我意识的觉醒,而这种觉醒又产生于对实践的困惑和迷茫,因此反思来源于问题。当前,在教师已具备了主动反思意识的前提下,缺乏的是反思的方法,特别是当反思的内容是他们原本不太熟悉的针对残疾学生的教学时就显得更加困难。固然,通过培训加深教师对融合或残疾教育的认识是一种有效的方法,但融合教育教师相关知识经验的缺失是不争的事实,偶尔的培训很难弥补不足。所以,从长远发展来看,我们需要通过一定的途径帮助教师发现问题,拓宽教师的反思渠道,如撰写教案后记、教学案例、积极参加相关的校本教研、与专家同行交流等形式。通过有效的反思,我们希望教师能更新固有的与融合或残疾有关的观念,主动探究解决问题的方法,既促进融合教育的实践,又能带来个人专业素养提升,缩短成长周期,实现全面发展。

(二)平衡融合教育师资队伍结构

1. 激发教师潜能,构建梯队结构合理的老中青融合教育师资队伍

在不同年龄结构的融合教育师资队伍里,各有所长:青年教师参加工作时间不长,他们对工作还保有较高的热情和激情,力求工作有所表现和突破,敢于大胆实践创新,也更容易接受新事物和新观念;中年教师年富力强,是学校发展的中流砥柱;老教师有着丰富的教学经验,更能起到"传帮带"的作用。三类教师如果能按一定比例合理组合,老中青三代有效结合,将大大有利于学校融合教育工作的开展。但本研究调查结果表明,参加融合教育工作的以中年教师居多,青年教师和老年教师所占的比例相对较少,同时青年教师和老年教师专业素养得分又相对更高一些。因此,融合教育工作的开展需要充分发挥各年龄段教师的优势,适当增加青年教师和老年教师的比例。对青年教师,学校应多给予他们学习和参加相关培训的机会;对老年教师,学校应积极争取他们的参与

---

① Posner G J. Field Experience: Method of Reflective Teaching[M]. 2nd ed. New York: Lonkma, 1989:22.

和配合,以老年教师的教学经验弥补中青年教师的不足。

针对一些中老年教师可能出现的职业倦怠,建议学校能为从事融合教育的教师制定公平、有效的职业激励机制和奖惩措施,在与其他普通教师同工同酬的基础上,完善和落实特教津贴的发放机制。同时还要创设良好的工作氛围,让青年教师、初级职称段的教师拥有良好的职业发展空间,长期保持高涨的工作热情,能够高质量地从事融合教育工作。

2.进一步提升融合教育教师学历层次,建设高质量的师资队伍

与高中及以下学历和专科学历教师相比,研究生和本科学历教师的专业素养得分更高一些,其中研究生学历教师的得分最高。据统计,2013年北京市各初中和小学研究生学历教师比例达10.13%和2.34%,均位列全国各省(自治区、直辖市)之首。本研究初中和小学阶段的教师,研究生学历教师所占比例分别为8.41%和2.50%,与整体统计数据基本趋于一致,说明他们已经充分参与了残疾学生的教学。但为了建设高质量的融合教育师资队伍,学校应努力让更多高学历层次的教师参与进来。特别是随着现在就业竞争压力的增大,每年全国研究生招生考试和毕业人数屡创新高,学历成为应届毕业生在就业市场上的一个有力筹码,北京市普通中小学教师招聘考试也有越来越多的岗位向研究生倾斜。所以未来我们相信,研究生学历教师在北京普通中小学中所占比例会越来越大,各学校应利用好这些人员优势参与融合教育,提升教师的整体专业素养。

(三)优化融合教育师资培训

1.充分利用培训时间,提高培训成效

绝大多数融合教育教师的职前师范教育课程并没有包含任何特殊教育或者融合教育的知识与技能内容。因此,参加职后培训是提升他们专业素养最直接、最快捷和最有效的方式,也是唯一的方式。但教师参加培训的时间并不是越长越好,累计时长1~3个月的效果是最佳的。因此,这要求我们充分利用好每次的培训机会,建立明确的培训目标和课程体系,了解教师需求,避免重复培训。在每次培训结束后,及时做好学员反馈工作,总结经验和不足,提升下一次培训的质量和成效。

2.重视基础知识教学,逐步深化培训内容

融合教育教师对融合或残疾基础知识的不足是不争的事实。我国有些地

区残疾学生回流到特殊教育,其中一个很重要的原因就是教师的特殊教育相关知识的欠缺。本研究里,教师在理念与认识维度上的得分最低也恰好验证了这一点。因此,在培训内容上,我们应加深融合教育教师对融合教育相关政策与规定的了解程度,弥补其基础知识的不足。同时,还要从能提升教师教学能力的角度出发,逐渐深化培训内容,提高培训的可操作性,在技能上给予教师更多的支持。

3. 丰富培训形式,提升教师学习兴趣

一般情况下,融合教育教师的培训多以集中讲授为主,辅以参观交流,培训形式较为单一,建议开拓新的培训方式,包括基于计算机平台的网络学习,既能提供给教师足够的信息量,还不受时空限制,能最大限度地实现资源共享;脱产进修,能提供给教师相对完整的时间以接受系统的学习;案例讨论,集合学校教师团队的力量,通过讨论相互学习提升;通过政府购买服务引入多方资源,在满足学生教育消费多元化需求的同时,教师也能参与其中,这对教师也是学习、培训的机会。

4. 关注初中阶段融合教育教师的培训,确保残疾学生学习的连贯性

长期以来,我国融合教育的实施多集中在小学阶段,尤其是低年级阶段。这是因为年龄层次低、教学内容相对简单,融合教育管理和教学相对容易实施。随着年龄与年级的升高,学业要求越来越难,融合教育往往更加困难。低年级段融合教育工作的开展情况是高年级段融合教育发展的基础,因此小学阶段的融合教育比初中阶段要相对成熟一些。本研究结果表明,小学阶段融合教育教师的专业素养高于初中阶段教师,这既符合我国融合教育发展的客观规律,同时也提醒我们应该重视初中阶段融合教育教师的专业素养,确保残疾学生融合教育的连贯性,避免回流现象的出现。在教师专业素养的四个维度里,初中教师教学能力的得分是最低的。所以,我们要以培训为突破口,重点培养教师的教学能力。特别是与小学相比,初中阶段学生在普通学校的学习越深入,学业知识越难,要求也越高,相应地对教师的专业素养要求也越高,而教师专业素养最核心的体现就是教学能力。

(四)培养融合教育教师的关怀意蕴

融合教育教师与残疾学生接触得越多,他们的专业素养得分越高。接触残

疾学生的频率,与教师对班级中残疾学生的关怀程度呈显著正相关。有学者认为,教育关怀是融合教育教师的核心品质,是特殊学生获得融合教育的关键突破口,而教育教学实践中的关怀是教师实现教育关怀的方法之一。[1] 融合教育教师需要养成关怀的敏感性,教师接触残疾学生频率越高,越说明教师在有意识地、主动地培养自己的关怀敏感性。教育关怀属于融合教育的专业要求,教师培训中需要纳入教育关怀的价值追求和具体知识,来提升融合教育教师的关怀意蕴。在融合教育的背景中,对残疾人进行教育关怀是为了促使其获得更好的教育。在关怀的场域中,通过从道德的场域转变为权利的场域,从感性的场域转变为理性的场域,从文化的场域转变为制度的场域,实现残疾人的自然性关怀、伦理性关怀和制度性关怀。

---

[1] 彭兴蓬,邓猛. 论融合教育的关怀意蕴[J]. 中国特殊教育,2014(7):3-7.

第五章　北京市中小学融合教育发展整体特点及建议

一、北京市中小学融合教育发展的整体特点

北京市是我国较早开展随班就读试验的地区之一。经过几十多年的发展，北京市随班就读工作成效显著。尤其是近年来，随着《北京市残疾儿童少年随班就读工作管理办法（试行）》和《北京市中小学融合教育行动计划》的相继颁布和实施，北京市融合教育工作进一步深化，已经由单纯地追求规模和数量转变为目前积极追求数量和质量同步提升的内涵式发展阶段。在此过程中，北京市在融合教育工作的支持体系、行政管理、教学模式和质量评价等方面都开拓了许多创新的做法，为其他省市地区随班就读工作的推进积累了许多宝贵的经验。总体而言，北京市融合教育近年来的发展呈现如下特点。

（一）普特融合成为常态

西方发达国家特殊教育实践表明传统的隔离式特殊教育学校体系基本上已经崩溃，隔离的特殊学校以及特殊班安置形态已经或正在消失。例如，融合教育在英国的发展已经导致特殊学校急剧减少或关闭；1990年，只有1.3％的特殊儿童在特殊学校就读。澳大利亚统计局从1989年就已停止统计特殊学校（班）的学生人数。在意大利，99％的特殊儿童都在普通教室里就读。法国、比利时、丹麦等国的特殊教育学校则转变功能，成为融合教育的资源中心。[①]

特殊教育学校作为我国特殊教育体系中的关键节点，其地位与功能发挥更是理论建设与实践探索的焦点。中国是当今世界上唯一还在持续大量建设特

---

① 邓猛,肖非.全纳教育的哲学基础：批判与反思[J].教育研究与实验,2008(5):18—22.

第五章 北京市中小学融合教育发展整体特点及建议

殊教育学校的国家,是唯一将特殊教育学校作为融合教育基础的国家,是唯一服务人数较少却成为特殊教育发展骨干的国家,也是唯一在特殊学校设立融合教育指导中心的国家。可见,我国无论以何种方式实施特殊教育,特殊教育学校总被寄予厚望。特殊教育学校并非融合教育的对立面,而是融合教育的一部分;它们都是特殊教育体系中相互关联、互为依托的有机组成部分。特殊教育学校有着较为丰富的资源与专业力量,是融合教育的基础与依托骨干,发挥着示范引领的骨干作用。这正是中国特殊教育工作者对融合教育理念的本土化回应,体现了实用主义融合教育的特征。[①]

随着北京市融合教育的发展,特殊教育学校面临新的机遇与挑战。

一方面,特殊教育学校开始转变职能,积极"走出去",从功能单一的特殊教育机构逐渐发展成为辐射辖区的特殊教育资源中心,成为普通学校开展融合教育的支持者。特教教育学校不仅担负起了本辖区内普通学校残疾学生的评估和诊断工作,还积极开展普通学校融合教育教师、资源教师的培训,为普通学校融合教育师资建设提供了专业的支持。同时,特殊教育学校教师还以巡回指导的方式,协助在普通学校就读的残疾学生,为他们提供康复指导、问题行为干预和学业补偿等服务。但是,普通学校教师与特殊教育学校专业人员之间的合作仍然是一个难以解决的问题。双方的矛盾与冲突仍然存在,角色改变非一时能达到;合作协调机制仍然需要探讨。总的来看,北京市特殊教育学校的功能如下:

①资源信息分享;②师资培训研讨;③鉴定与评估;④安置模式决定;⑤巡回教学指导;⑥直接教育康复服务;⑦家庭指导与咨询;⑧督导与管理;⑨专业支持提供;⑩康复教学设备的提供;⑪资源教室运作与管理;⑫个别化教育计划制订与实施。

另一方面,普通学校也应积极"请进来",将特殊教育学校中具有丰富残疾儿童教学经验的老师请进学校,将具有丰富融合教育经验的专家请进学校,共

---

① 邓猛,杜林.西方特殊教育范式的变迁及我国特殊教育学校功能转型的思考[J].中国特殊教育,2019(3):3—10

同为残疾学生融合教育的发展出谋划策,共同解决残疾学生在普通学校遇到的各种问题。另外,普通学校还应积极通过资源教室、资源教师与特殊教育学校取得联系,为残疾学生个别化教育计划的制订、资源教室功能的发挥等方面寻求支持和帮助。可以说,无论是从交流的频率还是交流的深度、层次和内容来看,北京市大多数区的特殊教育学校和融合教育学校都做出了有益的尝试,积累了丰富的实践经验。此外,普通学校融合教育的氛围也日益浓烈,普通学生和普通教师对融合教育的态度也越来越积极。普通教师逐步认识到残疾学生的潜力,并多方寻求促进残疾学生更好发展的方法。普特交融,共同为残疾学生发展提供支持已经成为北京市融合教育工作的常态。

(二) 融合教育专业支持日趋完善

随着《北京市中小学融合教育行动计划》的颁布实施,普通学校开展融合教育获得的专业支持越来越完备。这主要表现在四个方面:第一,北京市已经形成了自上而下的,无行政缺环的支持与管理系统,上至北京市教委、下至各区教育局、再到各学区,都有专门的管理人员,负责为融合教育提供必要的协调和支持。另外,"市特教中心—区特教中心—学校资源教室"三级资源支持与服务体系正在逐步完善,市区两级特教中心在融合教育的推进过程中发挥着越来越重要的作用,为普通学校融合教育提供的支持和指导也越来越细致、专业和具体化;学校资源教室与资源教师在接受上级有关信息与传递信息,并具体在推动学校融合教育发展中起到了至关重要的作用。第二,普通学校融合教育获得的硬件支持和资金支持在逐年提升和完善。大部分有随班就读残疾学生的普通学校都在各区教育部门的支持下建设了资源教室,并配齐了开展资源教学所需的康复训练设备和教学材料。同时,残疾学生的生均费用标准、融合教育教师、资源教师津贴补贴也在稳步提升当中。第三,资源教师和融合教育教师队伍的建设和专业支持也越来越系统化。各级教育行政管理部门和特教中心除了开展常规的融合教育师资培训之外,部分区已经尝试开展融合教育教师和资源教师专业资格认证制度,为融合教育师资队伍的完善提供了专业标准和专业支持。另外,各区的巡回指导教师制度正在逐步完善,专兼职的巡回指导教师队伍正在逐步壮大,为资源教师和融合教育教师提供的支持也越来越全面和专业化。第四,普通学校自身关于融合教育的管理和支持体系也在逐步完善。大部分的普通学校都成立了融合教育领导小组,制定了融合教育相关制度,并依据学校自身的特点,在学校无障碍环境的改造方面做出了努力,并积极探索适合于本校残疾学生特点的融合教育实践模式。

总的来看,北京市融合教育支持呈现出以下几个特点。

(1)融合教育支持专业化。资源教室的创建以及资源教师的持续培训,使得普通学校具备初步的特殊教育专业能力,为融合教育的实施配备专业化的人员,提供专业化的支持。

(2)融合教育支持的精准化。针对残疾儿童的学习特点、行为方式,以及个性化的教育需求,相对应地提供个性化的、基于精确评估的支持。

(3)融合教育支持通达化。各种支持与服务是针对学校整体。从学生整体出发,既满足不同学生的需求,又能够适合残疾学生的具体情况,还方便学生在各种活动中交流与沟通。

(4)融合教育支持信息化。以现代教育技术为手段,借助当前北京市正在推广实施的教育信息化改革,使得融合教育支持实现信息化的目标。其独特之处就在于它以"通达性"为目标,强调在课程设计中,借助于技术,提供多种信息、实现多种行为与表达方式以及多样化的参与方式,使具有不同背景、学习风格和能力的学生,以及各种类型的残疾儿童能够真正获得适切的教育和支持。

具体来说,在融合教育行政支持方面:

(1)在市、区层面建立特殊教育专家委员会,成员包括教育、心理、康复、社会工作等领域专家,开展残疾儿童少年的评估安置鉴定、教学指导、教育康复、质量监控与评价等工作。

(2)在普通学校建立融合教育推行委员会制度,为特殊需求学生提供行政与专业服务。

(3)在现有"三免两补"的基础上对学前至高中阶段的残疾儿童少年免伙食费,补交通费、特殊学习用品费和校服费等费用;为各学段残疾学生提供辅助器具适配服务。

(4)为开展融合教育的各级各类学校进行无障碍环境改造。

(5)为学区融合教育资源中心配备专业教室、设施设备和专业师资。

(6)支持特教学校和开展融合教育的普通学校、幼儿园向社会购买非营利性特殊教育机构提供的康复训练、生活保育、就业辅导等教育辅助性专业服务。

在融合教育专业支持方面,北京市从以下方面进行:

(1)各区建有达标的特殊教育学校和标准化区级特殊教育中心。

(2)规划建设集教育教学、医疗康复、人才培养、科创研发和国际交流等功能于一体的高水平现代化市级特殊教育中心。

(3)鉴于自闭症发生率不断增加的趋势,应布局建设自闭症教育康复基地。

(4)在距离特教学校较远且到校就读困难的残疾学生集中区域,就近在普通中小学布点建设特教班。

(5)建设市级视障、听障融合资源中心,对在普通学校就读的视障和听障学生开展巡回指导。

(6)依托融合教育发展基础较好的普通学校建设学区融合教育资源中心,依据需求以特教学校外派、政府购买服务等方式为学区内有特殊教育需求的儿童少年配备语言治疗、物理治疗、行为矫正和心理辅导等专业教师,为学区内普通中小学开展融合教育提供支持。

(7)逐步为有特殊教育需求的儿童少年配备具有特殊教育专业知识的班主任和专业教师。

(8)完善市、区、学区、学校四级教研网络,将特殊学生的学习需求纳入普通教育教研机构的教学指导和专业支持中。

(9)建立从3岁起各年龄段残疾儿童少年信息数据库,建立筛查、诊断、教育、康复、资助等数据共享的信息管理平台,为特殊教育儿童少年提供一站式服务。

在此基础上,北京市形成了完整的针对特殊儿童差异化学习需求的融合教育专业支持服务体系(见图5-1)。

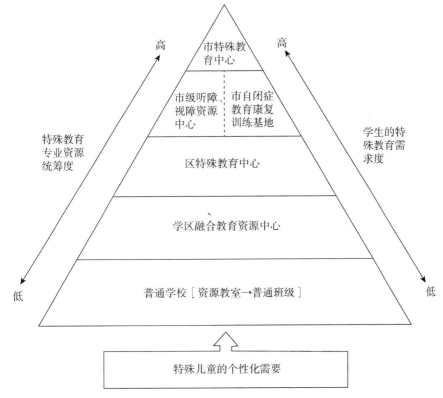

图 5-1 北京市融合教育专业支持体系

（三）多元化教学方式逐步渗透

北京市《关于进一步加强随班就读工作的意见》明确要求,"随班就读学校应针对随班就读学生的特殊教育需要,设置适合其需要的特殊课程……任课教师要研究随班就读课堂教学策略,在教学目标的设置、教学内容的安排、教学方法的选择以及教学评价等方面关注随班就读学生的特殊学习需要,实施针对性教学。"从本次调查的结果来看,大部分普通学校在对残疾学生进行教学的过程中采用了多元化的教学方式,如差异教学、合作教学、小组教学、个别化教学、结构化教学、分层教学等多种融合课堂的典型教学方式被大量运用于残疾学生的教学设计和教学活动中;大部分学校都比较重视制订残疾学生 IEP,为每个残疾学生单独建立了 IEP 档案,并适时地做出改变和调整。同时,大部分学校的教师在教学过程中也能够依据残疾学生的学习能力、残疾特点在课程内容、课业任务要求和教学方式上做出适合残疾学生特殊教育需要的调整和改变,如降低任务难度、替代、改变考核方式、增加生活能力训练、开设康复课程等。另外,也有部分学校开始尝试从融合教育课程的角度做出变革,除了设计一些专门针对残疾学生的康复类课程、社会适应类课程之外,也正在摸索学科课程的整体改革。

(四)可持续发展得到保障

融合教育推行的并非旨在短期内解决残疾学生受教育的问题,而是面向未来,意在从根本上为残疾学生的可持续发展提供保障。经过多年的探索,北京市已经初步形成了残疾学生融合教育的可持续发展与保障模式。第一,北京市积极推行"双学籍"制度,让残疾学生既具有特殊教育学校的学籍,也具有其户口所在地就近的普通学校学籍。"双学籍"制度的推行不仅保证了残疾学生可以根据自身情况,通过教师专业指导,在普通学校和特殊教育学校间选择最适合自己的教育形式和发展方式,还在一定程度上创新了融合教育的实践模式,这为其他省份的融合教育的实现提供了可借鉴的思路。第二,北京市在残疾学生的教育转衔问题上积极探索,初步形成了从幼儿园到小学,再到初中和高中的教育转衔机制,为残疾学生的顺利升学提供了保障。在此过程中,有关残疾学生的转衔评估和服务工作也日趋完善。第三,普通学校还关注残疾学生的潜能发展,部分学校通过开设一些专门的心理辅导课程、职业技能培训课程,为残疾学生提供专门的课外实践机会,让残疾学生积极参与学校事务、班级事务等方法,增强残疾学生在普通学校的归属感、成就感和幸福感,发展他们的潜能,培养他们自尊和乐观向上的态度和良好的社会适应能力。第四,部分学校在残疾学生职业准备方面做了有益探索。如探索开设职业生涯规划类课程,引导残疾学生参与社会实践等。

(五)区域发展的不平衡性日益凸显

从本调查的结果来看,北京市中小学融合教育区域发展的不平衡性日益凸显。具体表现为:第一,各区融合教育学校基础条件差异明显。以资源教室建设为例,本次调查的融合教育学校中,朝阳区有94.5%的学校都建有完备的资源教室,而丰台、平谷、怀柔、门头沟、房山、延庆等区仅有不到四分之一的融合教育学校建有资源教室。其中,延庆区被调查的学校中,仅有5%的学校建有资源教室。第二,各区融合教育实施情况差异明显。在被调查的区中,西城、海淀和朝阳三个区融合教育的整体实施情况比较理想,而昌平、怀柔、门头沟和密云等几个区的整体实施情况不太乐观。另外,从融合教育实施情况的各个维度来看,各区的发展也极不平衡,例如在领导与管理这一维度上,实施较好的是西城区、海淀区和通州区,实施相对较差的是密云区、门头沟区和怀柔区。在个别化教育计划这一维度上,实施相对较好的是西城区和海淀区,而实施相对最差的是门头沟区、丰台区和密云区。第三,各区融合教育教师的专业素养和教学能力差异明显。西城区、海淀区、朝阳区、丰台区的教师融合教育素养水平相对较高,而延庆区、昌平区、平谷区等的教师融合教育素养相对较低。另外,就教师的融合教育素养本身而言,本次调查发现,沟通与合作,反思与发展是所有融合教育教师表现得比较好的方面,而教学能力,理念与认识方面的表现还相对较差,有很大提升空间。

二、北京市融合教育发展的对策与建议

(一)加大对落后区的支持力度,推进融合教育的均衡发展

从本课题调查的数据来看,北京市融合教育发展地区差异明显,具体表现为经济和教育发达的区融合教育的发展程度较高,经济和教育发展相对较弱的区融合教育的发展程度相对较低;城区学校融合教育发展的程度相对较高,城郊、乡镇和农村中小学融合教育发展的水平相对较低。更为具体的表现,则是在资源教室建设、融合教育师资、学校无障碍环境建设以及融合教育课程与教学方面的差异。为推进北京市融合教育的均衡发展,需要加大对落后区的支持力度。

第一,需要从市级层面加大对落后区的政策与资金支持,这种自上而下的行政与物质支持可以为落后区融合教育发展提供充足的保障,激发落后区发展融合教育的动力。具体而言,可为他们提供资源教室建设、无障碍环境改造、师资力量培训等方面充足的经费支持。此外,还可普及民众对融合教育的认识,通过文化宣传,提升人们对融合教育的支持力度,进一步改变一些传统落后的残疾观与态度,从而在社会层面为融合教育的长远发展奠定基础。

第二,在融合教育教师培训方面要有倾斜,既要为落后区提供充足的培训

名额，还要尽可能优先为其提供融合教育教学能力提升方面的专业培训，这在融合教育教师基本素养调查结果中也有体现。总体来看，不论城区还是郊区，不论经济发达地区还是欠发达地区，教学能力都是教师素养下各个维度中得分相对较低的因子。为此，更应该重视落后区融合教育教师的培训工作，可以逐步探索出多种培训模式，增加培训的系统性与周期内的一致性。培训部门需要增加与落后区一线融合教育教师的对话，从而在了解其日常所需的基础上提供有针对性的培训，提高培训的成效，并使融合教育教师能切实将培训所接受的知识与技能应用到具体的教学中去。

第三，要加强发达区和落后区之间的联动帮扶机制，一个融合教育发展较好的区帮扶一个发展相对较弱的区，为其提供具体的工作指导和师资培训等方面的帮助，甚至可以具体到人，形成非正式的"导生制"，使发达区业务精良的融合教育教师与落后区的一线教师结对子，互相帮助，共同提升。北京市的区域划分和区域发展失衡，导致城区融合教育发展水平整体优于其他区，基础教育阶段的按片划分、学区覆盖的招生体制使得基础教育阶段残疾学生跨区域入学的可能性微乎其微，而经济发展的差异性具有连带效应，如医疗发展水平、家长受教育程度与文化水平、社会公众对残疾和特殊教育的认知等，这些因素都可能导致非城区的残疾儿童数量增加，而这些区域的特殊教育与融合教育发展水平恰恰又受制于上述各个因素，在同属北京市的大行政体系范围内，发达区和落后区之间实现融合教育资源的联动帮扶，无疑是快速、高效地提升落后区融合教育发展水平的重要选择与参考。

第四，加强北京市特殊教育中心对北京市巡回指导教师、资源教师的统筹管理，通过建立市级骨干巡回指导教师、优秀资源教师流动教学等措施和制度，加大对落后区融合教育的支援力度，促进地区发展的平衡；在区域发展不平衡将长期存在的前提下，巡回指导教师机制可以提高落后地区残疾儿童在普通学校接受教育机会与受教育质量，融合教育的灵魂在于支持，支持来源于管理、经济、制度、社会观念等各个层面，落后地区的融合教育发展水平在短时间内受制于上述各领域的发展，难以短时间内从本质上实现突破，而这些瓶颈并不能成为残疾儿童受教育权可以被剥夺或放缓实现的理由；同时，在教育资源相对集中的发达地区，优质师资力量的流动对其自身也是一种益处，将发达地区的先进理念与措施通过巡回指导教师定期传递到教育资源相对稀缺的落后地区,不仅是教育公平的体现,更是社会资源有效利用的选择;这就使得巡回指导教师制度成为相对必然的一种选择。现实中巡回指导教师制度容易流于空泛。其原因主要在于管理制度上存在漏洞与过程中实施不力。巡回指导教师要能够"下得去""走得久""做得深""乐于做"。这就要求教育管理部门在对巡回指导教师的薪金待遇、职业发展、职后培训等方面有实质性的制度保障;对资源教师、巡回指导教师的统筹管理,建立市级骨干巡回指导教师、优秀资源教师流动教学等举措都是制度性保障的具体化。另外,建立巡回指导教师津贴和人性化补助,制定巡回指导教师职称评定标准,定期进行相关领域的教师职后专业培训等也是具体的举措。

(二) 完善各区特教中心与资源教室的对接机制,为融合学校的发展提供切实支持

近年来,北京市"市特教中心－区特教中心－学校资源教室"三级资源支持与服务体系正在逐步完善,市区两级特教中心在融合教育的推进过程中发挥着越来越重要的作用。但是,各级特教中心与普通学校资源教室的对接机制尚不完善。我们的调查发现,第一,各区特教中心对普通学校资源教室的管理尚未形成直接监管体制,资源教室大部分还是由普通学校自主摸索运行,这就很容易导致普通学校忽视资源教室工作,使得资源教室一定程度上成为摆设和应付融合教育检查的工具。第二,区特教中心对普通学校资源教室的指导尚未形成科学合理的体系,大部分区特教中心对资源教室的指导多以普通学校提出需求,特教中心派出巡回指导老师给予指导的方式完成,但这往往仅限于部分在融合教育工作中表现比较主动的学校,而大部分的普通学校并没有这样的主动意识。这种被动的指导模式成效的高低往往取决于普通学校对融合教育工作的重视程度。

资源教室是普特合作和交流的重要纽带,也是融合教育推进的关键环节。因此,必须完善各区县特教中心与资源教室的对接机制,为普通学校融合教育的发展提供切实支持。

第一,各区特教中心要逐步形成对辖区内所有资源教室的直接监管体制,将资源教室运行情况(主要是资源教室为残疾学生提供资源教学的情况、残疾学生发展情况,个别化教育计划制订和修订等)的监督纳入日常工作范围之内,普通学校要逐步形成资源教室运行情况的定期上报制度。

第二,各区特教中心要逐步完善对辖区内资源教室的统筹管理,在资源教室的使用、资源教师的培训、残疾学生的评估诊断、发展补偿、康复训练以及转衔安置等方面作出区一级的统筹安排与管理。

第三,各区特教中心要形成对普通学校资源教室的定期指导模式。指导的形式可以多样化,比如现场指导、资源教师定期交流培训等。指导的人员构成可以多样化,比如资深的资源教师、优秀的巡回指导教师、融合教育研究者、优秀学科教师等。指导内容要逐步深入,除了资源教学的开展、个别化教育计划的制订、康复训练等常规指导外,还要逐步渗透到融合教育课程的调整、融合课堂教学方式的调整等更高层次的内容中去。

第四,强调普通学校的主动参与,各区特教中心可以在进行多方协调之后,为一些不愿主动参与融合教育的普通学校建设参观学习其他成效卓著的学校的平台,增加不同学校融合教育教师交流与信息共享的机会,从而提高学校寻求指导、实现自我提升的发展动机,并扭转学校对于融合教育的态度,最终促进学校融合教育的改革和发展。

(三)合理布局、均衡发展资源教室,发挥资源教室的综合功能

本调查中发现资源教室数量与实际需求不匹配,这一方面会造成资源的浪费,另一方面也使得大量需要资源教室的学校的残疾学生的特殊需求得不到满足。北京市各区经济发展水平差异大,市政府在提供资源教室建设方面应该统筹规划、合理布局、均衡发展,尤其要加大经济发展薄弱区资源教室经费支持力度,例如,支持怀柔区、密云区、平谷区、门头沟区、延庆区资源教室的经费投入,从而克服由于区经济发展不足给资源教室建设所带来的制约。同时,要加强已有资源教室的合理利用,残疾学生在就近入学的原则之下,如果就近的学校尚未建立资源教室,可以在所属学区中具备资源教室及配备有专职资源教师的学校就读。资源教室的建设经费投入较高,因为资源教室的功用即在于,残疾学生可以利用普通课堂学习的时间间隙,在专业人员(如物理康复师、言语-语言康复师、音乐治疗师等)指导下,进入资源教室进行相应的康复训练,因而资源教室的设备会涉及一系列的儿童康复设施,装潢条件也要符合儿童的康复需

第五章　北京市中小学融合教育发展整体特点及建议

求,此外,资源教室在舒适度方面的各项条件要与普通教室持平,如面积至少达到14平方米、光线充足、通风良好、温度适宜、无障碍设施齐全,还要预留足够的空间存放相应的文件与教学材料,总体上,资源教室需要具备足够友好的学习环境,因而,资源教室的建设费用一般在50万人民币左右。其高昂的成本和潜在的成效要求已设有资源教室的普通学校必须切实利用其优势,妥善管理其资源,杜绝闲置或任意对待的行为。在资源教室中进行的个别化辅导可能会涉及能力补偿、语言发展、机能康复训练、社交与情感发展、学业技能发展等方面。因此要充分发挥资源教室的综合功能,使资源教室既为特殊学生和家长服务,也能为有需要的普通学生、普通教师服务,例如,资源教师利用资源教室的设备与资料,对普通班级教师与学生提供技术支持和辅导;全校教师和有关的教学人员,可以通过资源教师使用资源教室的特殊教育设备、资料等,在资源教师的帮助下设计教学活动,充分利用所有的特殊教育资源等。

以资源教室中特色课程群的建设带动资源教室的反拨效应与联动效应发展,实现资源教室科学运作。从反拨效应的视角看待资源教室的建设与运作,将资源教室作为学校整体发展规划的重要组成部分,对资源教室建设与运作进行重新规划与整体设计,使资源教室建设成为推动学校发展与变革的重要契机。从联动效应的视角看待资源教室的建设与运作,重视资源教室与其他教室之间相互补充、资源教师与普通教师之间相互协同的关系构建,通过"资源教室群"与教师协同教学,实现学校教育资源的整合,推动资源教室的运作;将资源教室的"大门"敞开,让单一的资源教室走向整合全校优质教育资源的"资源教室群",使资源教室与其他教室中的优质教育资源实现整合和共享,扩大资源教室的服务对象与服务范围,以此激活资源教室模式的运作机制。[①]

与资源教室对应的是资源教师,一般而言,每个资源教室都应当有一个全职资源教师负责管理和运营,并起到联系学校各项资源与特殊需要学生各项需求之间的桥梁的作用。美国目前有超过10万名资源教师在各个普通中小学服务,[②]而在我国教师职业体系当中,尚没有资源教师的资格认证与职业发展评

---

① 王琳琳,马滢.我国融合教育资源教室建设与运作的思考[J].残疾人研究,2019(1):25-29.
② Reynolds C R, Fletcher-Janzen E. Encyclopedia of Special Education (Vol 1)[M]. 3rd Edition. John Wiley & Sons, Inc. , Hoboken, New Jersey, 2007:1734.

价机制,各大中小学当中,资源教师的数量也并不乐观。一般来说,资源教师是一个专业性非常强且具有不可替代性的专业职位,资源教师必须接受严格的专业训练之后才能上岗任职,其主要职责是与其他任课教师协同工作,并在教育特殊需要儿童的过程中充当这些教师的顾问,提供特殊教育材料及方法的咨询。事实上,资源教师需要具备的专业技能包括:对残疾学生进行诊断与评估、制订个别教育计划、进行教师评估、提供教师咨询服务、实施和指导教学、辅助任课教师的课堂教学等。建立完善的资源教师资格认证与职业发展评价体系,无疑是发展优质资源教师队伍的重要前提,同时也为高等师范教育提供教师教育职前培养的课程设置参考。在全国范围内资源教师职业标准尚未明晰的前提下,北京市在这方面的率先尝试无疑会是北京市基础教育改革中的一个亮点和特色;发展融合教育,资源教室配套资源是必要条件,资源教师队伍的率先成长无疑会是北京市在实施融合教育进程中先快一步的重要举措。

(四)提升融合教育教师专业素养,加强培训内容的系统性和针对性

融合教育要求普通学校教师和特殊教育教师相互合作、协同教学。普通学校教师掌握特殊教育及融合教育相关知识与技能,特殊教育教师学习普通教育相关课堂原理与教学策略,成为融合教育的必然选择。加强普通中小学教师培训,提升教师融合教育的素养,已经成为世界各国发展融合教育的共识。数量充足、业务精湛的融合教育教师队伍是保障融合教育教学质量的关键。

近年来,我国融合教育蓬勃发展,然而融合教育师资数量缺乏、融合教育教师专业化程度偏低、不同区域之间融合教育教师差距大等问题日益成为发展融合教育所面临的最严峻的困难之一。本次调查显示,接受特殊教育培训的教师比例不到10%的普通小学的数量占到北京市所有普通中小学数量的一半以上,也就是说,超过一半的北京市中小学当中,绝大多数(90%以上)的教师没有受过任何特殊教育培训。然而,实施融合教育,教师是绝对的实施主体,融合教育得以贯彻所依赖的学校/班级文化氛围、公共政策环境和最终的教学举措,无一不依靠教师的参与才能进行。教师对于融合教育的认识与理解程度、对融合教育相关政策的理解程度与执行力度以及在日常教学当中的具体操作,基本上决定着一所学校融合教育实施的真实情况。因此,建设一支数量充足、结构合理、素质优良、富有爱心的专业化融合教育教师队伍,为融合教育发展提供坚实

保障,是我国当前和未来推进融合教育最重要的基础性工作。具体可从以下几个方面努力。

1. 改革职前培养和职后培训

融合教育教师的培养既需要培养融合教育专业化人才,也需要培养融合教育普及型人才,专业化人才既要懂得特殊教育知识和技能,又要懂得某种文理学科知识,更重要的是懂得如何将以上两类知识用于随班就读环境中的特殊学生和普通学生。[1] 普及型人才培养只有从普通师范生增设特殊教育课程入手,才能充分利用普通师范生数量众多和学科素养好的优势,探索出有效的融合教育教师培养体系。例如,苏格兰亚伯丁大学的培训项目特别强调教师信念的转变,将"所有学生都值得教""所有学生都能够学习、特殊学生同样能够有所作为""这些工作是教师的责任而不仅仅是特殊教育专家的工作""教师对所有学生的最大发展负有重要责任"等信念纳入课堂教学中。[2]

做好融合教育教师在职培训是促进融合教育教师专业发展必不可少的重要环节。教育部门要充分重视对融合教育教师的在职培训,统筹安排培训方案,了解培训需求,明确培训目标,丰富培训形式和分级培训内容,完善培训效果评估,落实培训经费,保障培训质量,构建起系统性、可持续性、兼顾普及与提高的融合教育教师培训体系。例如,美国教育界建立了一个旨在交流融合教育经验、组织融合教育教师培训的融合学校网。融合学校网的使命是"通过建立彼此之间的联系,交流视野和最优的实践活动,激励、鼓舞、教会人们设计和推动高效的融合学校"[3]。融合教育教师的在职培训中,可以借鉴国内外有益的经验,建立交流融合教育经验、技能等方面的信息网络共享平台,还要提供体系化的培训课程,增强培训的系统性与针对性。就此次调查反映出来的情况,教师普遍希望能够有基本评估、班级管理、个别化教育计划、课程调整、教学方法等方面内容的培训,因此,可以根据教师的需求重点增加这些与实践紧密相关的培训内容。在培训周期结束时还可添加正式或非正式的考核环节,例如,让

---

[1] 邓猛,赵梅菊.融合教育背景下我国高等师范院校特殊教育师资培养模式改革的思考[J].教育学报,2013(12):75—81.
[2] 冯雅静.国外融合教育师资培训的部分经验和启示[J].中国特殊教育,2012(12):3—7.
[3] 王媛媛.美国教师的全纳教育素养研究[D].上海:上海师范大学硕士论文,2010:54—57.

教师参观某些融合教育学校,针对该学校融合教育的发展情况展开对话,并为其现存问题的解决建言献策。

2. 提供专业发展平台

美国教育部资助融合教育培训强化项目,把数以百计的资源分为17个主体领域或线索:调整、评估、辅助技术、行为和课堂管理、合作、教学内容、差异教学、残障、多样性、学习策略、数学、阅读、语言艺术、读写能力、相关服务、反应干预、学校改进与转型。[①] 北京市也可以利用开放式网络课程网站,开辟融合教育教师培训课程专栏,课程的设置充分考虑北京市融合教育的现状及融合教育教师的实际需求,将课程内容进一步系统化、本土化,为融合教育教师提供必备知识和技能,强化融合教育教师培训的效果,从而在北京市甚至国内形成可靠而权威的融合教育教师专业发展平台。如此,将现代化媒介介入教师专业发展中,其吸引力与产生的效果是可想而知的。

3. 建立融合教育教师资格认证制度

我国从政府层面,已经将制定特殊教育教师资格的规定列入日程,并且已经制定一系列的配套措施。融合教育教师资格认证可以纳入特殊教育教师资格认证制度中。也就是说,融合教育教师必须在获取普通教师资格证书的基础上,再申请到特殊教育教师资格证书,才能具备融合教育教师资格,也就是实施"双证"制度。实施融合教育教师资格认证制度,严格融合教育教师的职业准入制度才能改善融合教育教师的地位、促进融合教育教师的专业发展。其他国家的成功经验和国内个别地区的试点说明,我国进行融合教育教师资格认证是可行的。[②] 本次调查中的教师具有良好的沟通交流与反思能力,但是教学能力相对不足,因此,要提高融合教育教师行业的准入门槛,通过资格认证的教师无论对残疾学生特点的认识还是对融合教育及其相关知识与技能的了解,都有利于其进入该领域之后应对不同类型的残疾学生,从而在教学上更胜一筹。

---

① Smith D D, Tyler N C. 有效的全纳教育:培养教师必备的知识和技能[J]. 教育展望,2011(3):19—37.

② 雷江华,姚洪亮. 全纳教育教师资格认定制度探微[J]. 中国特殊教育,2005(7):42—46.

第五章 北京市中小学融合教育发展整体特点及建议

4. 关注初中阶段融合教育教师的培训,确保残疾学生学习的连贯性

低年级段融合教育工作的开展情况是高年级段融合教育发展的基础,目前小学阶段的融合教育工作比初中阶段要相对成熟一些。本研究结果表明,小学阶段融合教育教师的专业素养高于初中阶段教师,这既符合我国融合教育发展的客观规律,同时也提醒我们应该重视初中阶段融合教育教师的专业素养,确保残疾学生融合教育的连贯性,避免回流现象的出现。在教师专业素养的四个维度里,初中教师教学能力的得分是最低的。所以,我们要以培训为突破口,重点培养教师的教学能力。特别是与小学相比,初中阶段学生在普通学校的学习越深入,学业知识越难,要求也越高,相应地对教师的专业素养要求也越高,而教师专业素养最核心的体现就是教学能力。

5. 培养融合教育教师的关怀意蕴

融合教育教师与残疾学生接触得越多,他们的专业素养得分越高,而接触残疾学生的频率,体现着教师对班级中残疾学生的关怀程度。有学者认为,教育关怀是融合教育教师的核心品质,是特殊学生获得融合教育的关键突破口,[1]而教育教学实践中的关怀是教师实现教育关怀的方法之一。[2] 融合教育教师需要养成关怀的敏感性,这意味着教师要时刻发现残疾学生的特殊教育需要,并能给予及时的、适当的教育,这种"发现"势必要求教师能够通过多种渠道,及时地从家长、学生和自己的日常观察中发现学生的各种需要,并给予及时关怀。[3] 教师接触残疾学生频率越高,说明教师在有意识地、主动地培养自己的关怀敏感性。然而,融合教育教师对残疾学生的"教育关怀"绝不仅仅停留于这种出于道德制约的伦理层面,它本质上仍然是一种基于人性善良的教育活动,在自然情境中自然生长和流露,需要制度和伦理上的推动,却不是制度和伦理本身,教育关怀应当回归其人文精神的本源。教师无论是出于道德自律还是出于对制度规范的遵守而流露出的对残疾学生的教育关怀都需要进一步发展。教育关怀属于融合教育的专业要求,教师培训中需要纳入教育关怀的价值追求和具体知识,来提升融合教育教师的关怀意蕴。

---

[1] 彭兴蓬,雷江华. 教育关怀:融合教育教师的核心品质[J]. 教师教育研究,2015,27(1):17—22.
[2] Noddings. The Challenge to Care in Schools [M]. New York: Teachers College Press, 1992:25.
[3] 彭兴蓬,雷江华. 教育关怀:融合教育教师的核心品质[J]. 教师教育研究,2015,27(1):17—22.

（五）平衡融合教育教师的师资结构，保障融合教育师资的可持续发展

1. 开展不同区间的相互合作，促进融合教育教师专业素养的均衡发展

北京市开展残疾学生融合教育工作的重点是在义务教育阶段，属于公共产品的范畴，因此每个学生都享有获得同等水平教育的权力，残疾学生也不例外，这也恰好体现了融合教育的价值取向——平等。固然，不同区间融合教育的发展水平必然存在一定的差距，导致差距的因素有很多，有些是可控的，如教师的专业素养。平衡不同区间教师的专业素养必须考虑地区经济发展水平差距及由此所带来的教育发展水平差距。所以，市政府相关部门在加强融合教育工作经费保障制度的基础上，应充分考虑经济欠发达区域（如延庆区、昌平区、平谷区、密云区）的教育投入和财政状况，相应地加大教育投入力度。但同时我们也应该看到，经济发展水平并不是导致不同区教师专业素养差异的唯一原因，经费的保障并不能确保一定能获得相应的回报，我们也应该建立不同区间的合作机制，鼓励教师素养较高的地区以各种方式支持较低的地区。支持的形式可以是合作科研、公开课观摩、定期指导、经验分享、师资培训等。

2. 纳入更多的男性教师参与融合教育，平衡教师的性别比例

在我国，长期以来，教师职业性别比例失衡，在北京市表现得尤为突出。2013年，全国各省份中学女性教师所占比例中，北京市的比例达到74.91%，排名全国第一；小学女性教师的比例则是79.67%，排名仅次于上海市。[1] 北京市整个教师行业的性别比例失调也延伸到了融合教育工作领域。在残疾学生的教学里，男女性教师各有优势，且他们各自的性别角色带给孩子的影响都是无法替代的。在儿童性格发展期间，不同的成人性别角色对儿童的人格发展与形成具有重要的导向作用，特别是男性教师的阳刚气质和言传身教，男性教师性别角色中表现出来的勇气、责任、果敢等性格特征都能潜移默化地影响到包括残疾学生在内的所有学生；而在遇到突发事件和紧急情况时，男性教师所具有的力量也往往能发挥更大的作用。鉴于现阶段北京市融合教育女性教师数量多于男性教师，且专业素养也优于男性教师的事实，我们建议学校在条件允许的情况下，能够纳入更多男性教师参与到残疾学生的教育教学中来，在职称评

---

[1] 中华人民共和国教育部发展规划司. 中国教育统计年鉴2013[M]. 北京：人民教育出版社，2014：480-481,560-561.

定、进修培训、工资待遇等方面制定相应的优惠政策,吸引男性教师的参与,使融合教育的师资性别比例趋于合理。

3. 激发教师潜能,构建梯队结构合理的老中青融合教育师资队伍

不同年龄结构的融合教育师资队伍,各有所长:新入职教师参加工作时间不长,他们对工作还保有较高的热情和激情,力求工作有所表现和突破,敢于大胆实践创新,也更容易接受新事物和新观念;中年教师年富力强,是学校发展的中流砥柱;老教师有着丰富的教学经验,更能起到"传帮带"的作用。三类教师如果能按一定比例合理组合,老中青三代有效结合,将大大有利于学校融合教育工作的开展。本研究调查结果表明,参加融合教育工作的以中年教师居多,青年教师和老年教师的比例相对较少,同时青年教师和老年教师专业素养得分又相对更高一些。因此,融合教育工作的开展需要充分发挥各年龄段教师的优势,适当增加青年教师和老年教师的比例。对青年教师,学校应多给予他们学习和参加相关培训的机会;对老年教师,学校应积极争取他们的参与和配合,以老年教师的教学经验弥补中青年教师的不足。

针对一些中老年教师可能出现的职业倦怠,建议能为从事融合教育工作的教师制定公平、有效的职业激励机制和奖惩措施,在与其他普通教师同工同酬的基础上,完善和落实特教津贴的发放。同时还要创设良好的工作氛围,让青年教师、初级职称段的教师拥有良好的职业发展空间,长期保持高涨的工作热情,能够高质量地从事随班就读工作。

4. 进一步提升融合教育教师学历层次,建设高质量的师资队伍

与高中及以下学历和专科学历教师相比,研究生和本科学历教师的专业素养得分更高一些,其中研究生学历教师的得分最高。据统计,2013年北京市各初中和小学研究生学历教师比例分别达10.13%和2.34%,均位列全国各省份之首。[①] 本研究发现初中和小学阶段的教师研究生学历教师所占比例与整体统计数据基本趋于一致,说明他们已经充分参与了残疾学生的教学。为了建设高质量的融合教育师资队伍,学校应努力让更多高学历层次的教师参与进来。特别是随着现在就业竞争压力的增大,每年全国研究生招生考试和毕业人数屡

---

① 中华人民共和国教育部发展规划司. 中国教育统计年鉴2013[M]. 北京:人民教育出版社,2014:480-481,560-561.

创新高,学历成为应届毕业生在就业市场上的一个有力筹码,北京市普通中小学教师招聘考试也有越来越多的岗位向研究生倾斜。所以我们相信,在不久的未来研究生学历教师在北京市普通中小学中所占比例会越来越大,各学校应利用好这些人员优势参与融合教育,提升教师的整体专业素养。

(六)加强融合课程调整,探索融合教学的有效实践策略

仅仅将残疾儿童安置于普通教育环境并不意味着他们就能获得高质量和高标准的教育,决定融合教育成败的关键在于课程与教学设计。由于残疾学生具有不同的认知能力接受水平和身心特点,班级内学生的异质性更加明显,融合教育在为残疾儿童带来平等教育权的同时,也对当前融合课堂中教师的教育教学提出了挑战。因此,加强融合学校中课程与教学的有效探讨是融合教育实施发展的关键所在。本次调查中发现,融合教育教师无法对课程进行灵活的调整,即便是对课程内容加以调整,一般只是停留在降低难度或者是缩小范围上,真正有利于残疾学生长远发展的调整很是缺乏。针对该问题,主要提出以下几点建议。

第一,教师要灵活进行课程调整,适应学生的发展特点。当前研究已经证实,只要给予恰当的支持和调整,大多数残疾学生都能学习普通教育课程并从中受益。[1] 国际教育委员会明确提出,融合教育课程必须是弹性化的、可调整的,以满足残疾学生的不同特征与需求。[2] 合理恰当的课程调整已经成为融合教育成功与否的重要指标。一般而言,普通学校中大多数残疾学生都可以通过教室中的课程调整来学习普通教育课程,只有少数重度和极重度的学生无法跟得上普通班级中课程学习的进度和学习的难度,而需要另外的课程代替。[3] 由于当前我国普通学校融合教育的残疾学生的障碍程度多以轻中度为主,因此,针对残疾学生的课程也主要是课程调整,而无须使用代替课程,其调整的范围包括课程内容、课程目标、课程材料等方面。根据西方融合教育课程的经验,在课程调整中,需将学业课程、社会发展课程和补充课程相统一。具体的课程调

---

[1] 林宝贵. 特殊教育理论与实务[M]. 4版. 台北:心理出版社,2013:343.

[2] Opertti R, Brady J, Duncombe L. Interregional Discussions Around a Conceptualisation of an Inclusive Curriculum in Light of the 48th International Conference on Education[R]. Capacity Building Programme, UNESCO—IBE.

[3] 王振德. 教育改革、九年一贯课程与特殊教育[J]. 特殊教育季刊,2002(82):1—8.

整策略包括课程适应和课程扩展等,这些策略都应基于残疾学生的发展特点,其中课程适应指的是在不改变课程内容的基础上,对普通课程内容的呈现形式和学生的学习方式进行适应性的调整,从而更有利于教师的教与学生的学;课程扩展主要指对课程内容进行强化或扩展,它针对的不仅包括普通课程的内容,还包括学生学习该课程所应具备的技能。例如,让低视力的学生使用大字课本,为盲生提供触摸板,此外还可以借助音视频播放设备增加残疾学生对课程内容的感知与理解。

第二,教师要探索多种教学实践策略,强化特殊教育课堂教学。特殊教育的目标就是使有特殊教育需要的儿童获得高质量的教育。教学有效性是衡量特殊教育质量的根本指标,同时也是特殊教育专业人员孜孜不倦追寻的目标与长期困惑的根本问题。我国自20世纪80年代以来实施的随班就读除了在入学率登记方面的变化外,在教学质量方面进展不理想。传统的隔离性质的特殊教育学校也未能够提供有效的、高质量的教学。特殊学校教材老化、教学方式单一、教师专业成长不足、自身特色发展不够的现象广泛存在着。因此,对教学有效性进行探讨是目前特殊教育领域的当务之急。我们需要立足我国特有的国情与文化传统之上,在范式转变、教学环境设置、教学过程以及教学方法等方面进行改革与探索,发展具有我国本土化特征的特殊教育教学"最佳实践方式"。在具体实践中,经常采用差异化教学、合作学习等方法,这些教学策略可更好地使残疾学生参与到普通班级的课堂教学中,是提升融合教育教学质量的常用策略。

(七) 提高个别化教育计划的弹性,改革个别化教育计划的评价方式

个别化教育计划(IEP)本身只是促进残疾学生更好发展的工具,并不是学校的负担,更不是学校业绩的展示品。而是实实在在地体现残疾学生现有发展水平、实际需求、短期和长期发展目标和量身定制的教学方法和教学内容的教育方案。本次调查发现,个别化教育计划实施的程度并不高,并且弹性不足。为此,融合教育学校应该增加对个别化教育计划的重要性的认知,让个别化教育计划摆脱被束之高阁的命运,根据学生的动态发展及时地对之加以调整,从而更好地适应学生的需求。个别化教育计划与融合教育的课程、教学、评价是相互交织在一起的,高质量的个别化教育计划是教师教学实施的重要依据。

课程、教学和评价是直接决定融合教育质量的重要因素,三者都应富有弹性,这将对教师提出诸多要求。在课程内容上,应针对学生的不同情况进行不同层次的调整,实现学业课程、社会发展课程和补充课程的有机结合;①在教学上,根据学生需要采用差异教学、合作教学、小组教学和个别化教学等灵活多样的教学方式,使所有学生都能参与并从中受益;在评价上,根据调查所显示数据,应着重加强评价方法的多样化,对于不存在认知障碍的学生,原则上评价方式同普通学生一样。同时,对于所有学生而言,都应减弱只注重终结性评价的态势,更加关注过程性评价,具体可采用真实性评价、档案袋评价等多种方法,坚决抵制拒绝残疾学生参与考试或其他任何形式评价的做法。针对一些残疾学生存在的问题行为,鉴于调查中发现的班主任教师和任课教师在其中承担的重要责任,可增加对教师关于问题行为处理方面的系统培训,邀请专家到校指导,并加强教师之间的沟通与协作。

(八) 开展多种形式的融合教育活动,加强家校合作,增进理解和接纳

虽然融合教育工作成功的关键在于教师,但是融合教育工作的顺利进行还需要普通家长、同伴群体的广泛接纳,因此,对于家长和普通学生也应开展多种形式的教育活动,加强家校合作,增进理解和接纳。

对于普通学生,要促使他们真正从认知、情感和行动上关怀、接纳残疾学生,需要运用他们能理解的方式去引导他们,因此,学校和班级需要开展丰富多样的主题活动进行宣传和引导,增进普通学生对残疾学生的认识、理解和接纳,包括对残疾学生的身心特性、特殊的沟通方式、需要和所使用的辅助设施设备、特殊的行为方式,尤其是残疾学生的优势和特殊学习需求的宣传与解释。② 可以开展欣赏特殊儿童主题电影、阅读特殊儿童主题绘本、参与体验活动、开展征文比赛活动和开展班级主题活动等。对于初高中阶段的学生,则还可以采取角色体验、交流讨论及主题探究的方式进行融合教育活动。例如,反映特殊儿童生活和学习状况的经典电影有《奇迹缔造者》《地球上的星星》《听见天堂》《弹钢琴的盲童》《漂亮妈妈》等,以特殊儿童为主角的绘本有《我的姊姊不一样》《超级哥哥》《我的妹妹听不见》《美丽心灵看世界》等。③ 实践证明,这些活动能使普通

---

① 赵勇帅,邓猛.西方融合教育课程设计与实施及对我国的启示[J].中国特殊教育,2015(3):9—15.
② 申仁洪.从隔离到融合:随班就读效能化的理论与实践[M].重庆:重庆大学出版社,2014:327.
③ 江小英,王婧.农村小学生对随班就读同伴接纳态度的调查报告[J].2013(12):10—18.

学生对残疾学生的身心特点、生活、行为或情感等有较多的认识和了解,激发普通学生更多的尊重、包容、体谅、接纳与关怀,①进而真正从内心到行为能够接纳残疾学生。

普通学生家长对融合教育不够支持,很大程度上源于对残疾学生和融合教育缺乏了解以及担心影响到自己孩子的学习成绩。针对普通学生家长,学校和班级可以通过班级家长委员会组织开展不同形式的家校合作,例如,举办常规家长会、家长座谈会、专题培训会、班级开放日、亲子运动会、班级读书会,组织节庆活动、户外活动等,增加普通学生家长接触班级中残疾学生和家长的机会,增进普通学生家长和残疾学生家长之间的互动交流,促进普通学生家长教育观念的变化,消除原有的偏见和误区,激发他们的同理心,使他们学会换位思考,最终能够理解、支持融合教育工作的开展,能够接纳残疾学生及其家长。对于普通家长所担心的孩子的成绩问题,国外众多的研究都表明,融合班级和非融合班级的普通学生之间在学业表现上并未有较大差异,②融合教育环境下的普通学生在阅读和数学成绩方面同样获得极大进步,③除此之外,融合教育还能够促进普通学生学会关爱、互助、尊重、理解等方面进步,家长当看到孩子在个性、品德、心理品质上的积极变化时,对融合教育也会更为支持。同时,融合班级普通学生的言行往往也能够对其家长产生积极的影响,因此,在改变普通家长对融合教育和残疾学生的态度的过程中,要充分发挥普通学生的作用。

(九)加强融合学校的环境建设,特别是无障碍的硬件环境改造

本研究调查发现,目前北京市融合学校中融合性环境建设相比于融合教育发展的要求还有一定距离,特别是在无障碍的硬件环境方面。通常而言,保障残疾学生在学校顺畅生活和学习的重要条件,就是通过学校建筑物、教学设施设备以及人文教育氛围等的设置与改善,给残疾学生提供便捷的学习和生活环境。在融合教育的理念之下,融合学校不仅要考虑有特殊需求的学生的学习环

---

① 林坤灿.融合教育现场教师行动方案[M].花莲:台湾东华大学,2012:163.
② Ruijs N M, Van der Veen I, Peetsma T T. Inclusive Education and Students Without Special Educational Needs[J]. Educational Research,2010,52(4):351-390.
③ Cole C M, Waldron N, Majd M. Academic Progress of Students Across Inclusive and Traditional Settings[J]. Mental Retardation,2004,42(2):136-144.

境,为其提供相关的无障碍环境设施、教学设备等,还要思考如何让学生克服心理障碍,能够在学校中享受应有的公平教育的机会,以达到"无障碍"的理想境界。①

第一,加强融合学校无障碍硬件设施的建设与改造。校园无障碍硬件设施的建设与改造,主要包括校园道路、洗手间、电梯(升降设备)、建筑物入口、室内出入口、室内通路走廊、轮椅观众席位、楼梯、停车位等方面的硬件设施。② 对于不同残疾类型的学生,学校要根据他们的特点建立相应的无障碍设施。例如,视力和听力障碍学生由于视听功能损伤严重或失去视听功能,在设计校园环境时,学校需要大量依赖引导系统和警示系统以协助他们克服环境障碍,比较常用的如盲道、警示带、警示音响、指示装置、室外无障碍道路、无障碍建筑物出入口等;肢体障碍学生由于行动不便,有时需要借助轮椅和拐杖等辅助用具,因此,学校需要在无障碍坡道、扶手、栏杆以及低位装置、电梯方面做出改变,满足他们的需要。

第二,加强普通学校无障碍的人文环境创设。除了建设和改造校园无障碍硬件条件之外,融合的人文环境创设也尤为必要,某种程度上而言,无障碍的人文环境更能促进残疾学生融入学习和生活,更能有效推动融合教育在普通学校的发展。融合教育人文环境创设方案可以有多种形式,例如,特殊教育影片赏析,介绍不同残疾类型人士的电影、残疾名人相关电影和纪录片等;讲座宣传,普通学校可以开展邀请特殊教育专家、巡回指导教师、特殊教育学校教师等以讲座的形式介绍残疾学生的心理发展特点,并介绍常用的教学辅导策略等;活动宣传,在特定的日期开展相关活动,如国际残疾人日(12月3日)、世界爱耳日(3月3日)、国际自闭症日(4月2日)、国际盲人节(10月15日)等重大残疾人日开展残疾体验、有奖问答、征文、生活剧表演等活动等。

(十) 构建融合教育质量评价体系,开发质量评价工具

目前,北京以融合教育为核心的特殊教育运行机制业已形成。2013年2月,北京市委办公厅印发《北京市中小学融合教育行动计划》,开始全面推进融

---

① 石茂林.无障碍校园环境建设——基于融合教育理念的视角[J].南京特教学院学报,2012(1):10—13.
② 林坤灿.融合教育现场教师行动方案[M].花莲:台湾东华大学,2012:12.

合教育,并进一步提出了"逐步实现'同班就读'……全面建设符合首都地位的现代化特殊教育"的整体目标,勾画了北京市融合教育的发展蓝图。随着北京市融合教育工作的进一步深入,残疾学生在普通学校接受融合教育的质量以及残疾学生在普通学校的发展情况越来越成为残疾学生家长、教育行政管理部门以及研究者关注的焦点。有关残疾学生的教育也早已不再局限于单纯地追求入学率,保障残疾学生有学可上、获得入学机会,而已经开始向"有质量的上学、获得优质的教育"的内涵式发展阶段转变。

在看到北京市融合教育发展成就的同时,我们对北京市融合教育推进中存在的问题也应该清晰明了。正如前面第二至四章的调查研究所呈现的结果所示,北京市融合教育学校的融合教育的质量并未像统计数字如此乐观。大多数情况下,普通学校教师仅仅是在观念上、原则上支持融合教育的理念,但在实际的教学实践中却仍然采用传统的隔离式教育的做法,大多并没有针对残疾学生的特点做出应有的改变或调整。残疾学生在普通教育环境中接受教育的质量、个人的发展状况和自身潜力实现程度也还并不理想,多数残疾学生尤其是中重度的残疾学生在普通学校并未获得他们需要的特殊教育。同时,我们也能清醒看到,就全国范围来讲,有关普通学校融合教育质量的研究、残疾学生发展质量的研究相对较少,大部分的研究者和教育实践工作者仅依靠个人经验对残疾学生的发展情况做出了主观判断,而实证的系统调查非常缺乏。这无疑影响了对残疾学生发展情况的准确监控和相关教育政策的制定。因此,开发构建融合教育质量评价体系,开发质量评价工具,并进行残疾学生发展情况的系统调查,对进一步发展和完善融合教育的评价体系,制定相关政策,提升融合教育质量具有重要的指导意义。

(十一) 增加多元主体参与,形成全方位的社会支持体系

融合教育在其发展过程中,遇到了很多挑战与困难,其中一个很重要的原因就是缺乏持续而广泛的社会支持系统。[①]

有学者指出,广义的社会支持包括六种形式:物质帮助,如提供金钱、实物

---

① Copeland S R, Hughes C, Carter E W, et al. Increasing Access to General Education Perspectives of Participants in a High School Peer Support Program[J]. Remedial and Special Education, 2004, 25(6): 342−352.

等有形帮助；行为支持，如分担劳动等；亲密的互动，如倾听，表示尊重、关怀、理解等；指导，如提供建议、信息或指导；反馈，对他人的行为、思想和感受给予反馈；正面的社会互动，即为了娱乐和放松而参与社会互动。[1]

有学者则将社会支持看成是一个包含倾向性、描述性或评价性的体系。从内容而言，社会支持包括情感支持、工具支持、信息支持和评估支持。从社会关系网络主体上看，包括家庭、亲密朋友、邻居、同事、社区和专业支持等。[2]

有学者将社会支持理解为是在社会关系网络中，成员个体感觉到价值被肯定、被照顾并与其他人相联系的过程。[3] 社会支持的来源包括学生家庭成员、邻居和朋友、社区成员、学校同伴和教师。这些学生生长环境中的重要成员主要为学生提供四种支持：①自尊，让学生感到被尊重、被赞美和被肯定；②信息支持，例如提供建议或指导；③工具支持，例如在解决问题时提供帮助；④关系支持，促进在小组活动中的归属感和分享行为。

由此看来，融合教育的社会支持系统是指社会支持各主体对融入普通班级的特殊学生所提供的各种资源与辅助，以及为更好地促进融合教育发展各主体相互协作形成合力的行为系统。其中，融合教育的社会支持主体包括父母、教师、同伴以及社区成员等，各支持主体为特殊学生以及其他支持主体分别提供情感、信息、物质、工具、关系和评估等方面的支持，从而构成了密切合作、自主灵活的融合教育支持系统。

本次调查也发现，在融合教育实施过程中，缺乏多元主体的参与，尤其是家长的参与不足，教师之间也缺乏合作。然而，我们都了解，融合教育是一个系统的工程，需要社会各主体的关注与参与，其中任何一个环节缺失，融合教育都是不完整的。《特殊教育需要行动纲领》中规定："实现对特殊教育需要儿童进行成功教育这一目标不仅仅是教育行政部门和学校系统的任务，它还需家庭合

---

[1] Barrera M, Ainlay S L. The Structure of Social Support: A Conceptual and Empirical Analysis[J]. Journal of Community Psychology, 1983, 11(2): 133—143.

[2] Tardy C H. Social Support Measurement[J]. American Journal of Community Psychology, 1985, 13(2): 187—202.

[3] Pavri S, Monda-Amaya L. Social Support in Inclusive Schools: Student and Teacher Perspectives[J]. Exceptional Children, 2001, 67(3): 391—411.

作、社区与志愿组织的参与以及广大公众的支持。"①家庭、学校、社区绝非处于相互隔绝孤立的状态,而是存在很多互动,在此背景下父母、教师、同伴和社区成员之间的交互作用便体现得更为明显。不同主体为融合教育中的残疾学生提供的情感、信息、工具、陪伴等支持内容有利于增加残疾学生抵抗外界压力的能力,减少残疾学生的孤立感、孤独感和不安全感,从而使其形成良好的心理状态。② 为此,应着重关注以下两个方面。

首先,社会各主体应共同参与并支持残疾学生的融合教育,整合资源,构建自主的社会支持网络。父母、教师、同伴和社区成员应主动寻求相互之间的合作。教师应与残疾学生家长建立平等、信任、赋权的关系,教师还可通过言传身教为普通学生树立榜样,营造接纳、归属和激发成就感的环境。社区成员对家庭的积极介入有利于舒缓家长的紧张与压迫感,并支持家长从社区中获取所需的资源。这种相互支撑、紧密联系的网络自然而然地形成自主的支持机制,为残疾学生的自由发展提供条件。

其次,应关注残疾学生全人生的教育和发展。社会支持在残疾学生不同发展阶段应该相互衔接,并随着残疾学生需求的增多而向更高层次过渡。连贯的社会支持体系不仅关注残疾学生受教育期间的融合,也应贯穿他们的终生。为此,各支持主体应创造条件让残疾学生从最初被动接受资源向主动寻求资源转变,并最终在支持减少的情况下能够独自生成资源。在这连续的社会支持过程中,残疾学生不再被藏匿,而是自由、充分地参与社会各项活动,并最终实现与社会的真正融合。

综上所述,我们应该逐步构建多层次的、不同主体全面参与、连续互动的社会支持系统。这一社会支持系统呈现出多层次的网状结构模型,如图5-2所示。该模型主要包括:①支持的内容,涵盖情感支持、信息支持、工具支持、评估支持和陪伴支持五个维度;②支持的性质,即残疾学生客观接受的支持以及主观所感知到的支持,两者并不存在对等关系;③支持的主体,包括残疾学生的父

---

① UNESCO. The Salamanca Statement and Framework for Action on Special Needs Education: Adopted by the World Conference on Special Needs Education: Access and Quality. Washington, D. C. : Eric Cleaninghouse,1994. 37.

② Mundhenke L, Hermansson L. Experiences of Swedish Children with Disabilities: Activities and Social Support in Daily Life[J]. Scandinavian Journal of Occupational Therapy, 2010, 17(2): 130—139.

母、教师、同伴和社区成员;④支持的环境,指的是与残疾学生联系最为密切的家庭、学校和社区。①

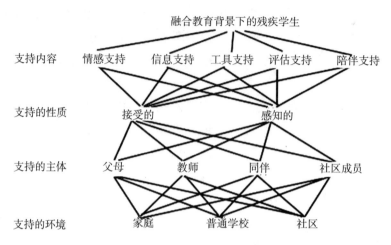

图 5-2 融合教育背景下残疾学生的社会支持系统

在该模型中,残疾学生处于核心地位,在客观上接受来自父母、教师、同伴和社区成员提供的情感支持、信息支持、工具支持、评估支持和陪伴支持等;也在主观上对主体所提供的支持内容和程度有不同的感知。残疾学生所接受的支持往往通过对支持主体调查的方式来衡量,感知到的社会支持受残疾学生自身认知水平、所处环境等多重因素的影响,与其所接受的支持并不存在对等关系。以教师提供的社会支持为例,很多教师都认为他们在促进残疾学生社会性发展上承担重要责任,但是残疾学生并不将教师作为重要的支持来源,他们认为教师的支持没有家长、兄弟姐妹、亲戚、朋友的多。这可能是因为残疾学生不知道如何在学习的环境中向教师寻求帮助,致使他们认为教师没有为他们提供足够支持。就支持内容而言,教师为残疾学生提供的情感支持最好,但在学生看来,教师为他们提供最多的是工具支持。②

支持的环境构成了融合教育背景下残疾学生社会支持系统一个很重要的方面。正如图 5-2 所显示,环境是支持主体在提供社会支持时所赖以依存的背

---

① 牛爽爽,邓猛.融合教育背景下的残疾学生社会支持系统探析[J].中国特殊教育,2015(9):3-8.
② Pavri S, Monda-Amaya L. Social Support in Inclusive Schools: Student and Teacher Perspectives [J]. Exceptional Children, 2001, 67(3): 391—411.

景,其中有两点值得注意。首先,社会支持主体并非在单一的环境中提供支持,父母除了在家庭中支持残疾学生之外,也会在学校和社区的环境中发挥重要作用;教师在学校的环境中发挥着无可替代的支持作用,也会直接或间接地影响家庭微观环境为残疾学生提供社会支持;同伴和社区成员也不只局限在其日常所处的环境,而在与家庭、学校、社区相连的情境中都提供了重要的支持作用。其次,主体在不同的情景下所提供的社会支持内容有所不同。例如,父母在家庭中为残疾学生提供更多的是呵护、照料等情感支持和金钱、时间等工具支持,也提供了大量的陪伴支持;然而在学校的环境中,家长主要通过与教师交流残疾学生的发展情况和参与制订个别化教育计划等提供信息支持。教师在学校中提供大量的信息支持和工具支持,而在与家庭相连接的情景中,则往往以反馈学生在校情况的形式提供评估支持。

该模型中各要素环环相扣,紧密联系,支持的内容直接作用于残疾学生,对残疾学生产生不同方向性质的作用,这些作用的发生源于支持的主体,而主体所提供的支持又依赖于其所处的环境。该模型清晰地反映了融合教育背景下残疾学生的社会支持系统的脉络,也透露出该系统一些较为典型的特征。

三、结论

就其本质而言,融合教育首先是基于人类社会近代发展起来的"平等""自由""多元"等价值观而形成的"人皆有潜能""人皆有权平等接受高质量教育"等信念的体现。这些以公平为基本价值的教育理念已成为世界各国的共识与制定教育政策的指南,也是融合教育的基本理论内核。融合教育于20世纪90年代以来逐渐传到中国,始见于学者的介绍与讨论。2006年12月13日联合国大会通过《残疾人权利公约》,明确倡导"充分和切实地参与和融入社会;尊重差异,接受残疾人是人的多样性的一部分和人类的一分子"等原则。中国作为《残疾人权利公约》最早发起国之一,并于2007年3月首批签署该公约,推动残疾人融合教育的发展。尽管社会的呼吁、政府的倡导之声不绝,相关研究与实践还是不多。

2013年,北京市教委、市残联共同组织在全国率先实施"北京中小学融合教育行动计划",为残疾学生到普通学校接受适合的、平等的教育提供了最大的可能。经过多年的融合教育实践探索,北京市特殊教育学校与普通学校通力合作,在融合教育学校创建、学校文化与特色建设、学校管理、教育教学、支持体系构建,以及社区合作发展等方面取得了长足的进步;为全面推进融合教育奠定了良好的基础。在此基础上,有许多生动活泼的教学案例需要总结、感人的教育事件需要宣扬、教学经验需要概括,我们需要在北京市特殊教育工作者努力的基础上,总结北京市融合教育发展模式及其实践规律,形成具有北京特色的融合教育理论与实践模式,为全国融合教育发展提供丰富的经验与理论参考。因此,形成行之有效的北京市融合教育模式就成为一项极为重要的研究课题,这对于北京市发展融合教育,实现教育公平,促进社会和谐发展有重要的意义;为北京市教育管理部门制定并实施融合教育政策、构建融合教育支持体系有重要的政策参考价值。

显然,北京市已经基本形成以"包容、支持、质量"为特色融合教育发展模式;形成了以中国传统文化中"和"为内核的融合文化、多元化的融合教育安置模式、弹性化的课程调整策略、多元化的教学策略、专业化的支持体系等行之有效的方法与举措。北京市已经初步发展了"有限分隔,无限融合,专业支持,全校参与"的融合教育内涵,并通过"异质分组,合作教学,环境结构,参与互动"的具体策略加以实施。可以说,北京市融合教育发展取得了显著的成绩。但是,北京市融合教育离理想的融合教育目标仍有一定的距离,还需要进一步强化以融合与共享为特征的社会文化的氛围,为残疾儿童与少年平等参与学校及社会生活奠定物质与文化基础;建立健全法律法规体系,加强法律的有效执行机制;完善社区支持与服务体系建设,聚合政府、社会各方面的力量,构建符合我国社会经济特点的社区支持网络,提升特殊教育质量,促进融合教育的全面发展。

附 录

附录1 北京市普通中小学融合教育的基本情况调查问卷

指导语：

受北京市残联委托，本课题组拟对北京市普通中小学融合教育的基本情况开展调查，分析发展现状，探讨进一步提高融合教育质量的有效对策。您提供的信息将有助于探讨北京市融合教育政策与实践的未来发展及改进方向。您的答案都没有正确与错误的区别，请您根据贵校实际情况直接填写，在符合的选项中打上"√"。所有的信息都将保密，不会对您产生任何不利影响。谢谢您的合作。

北京师范大学特殊教育系
2014－9－11

问卷填写者身份：

（1）教务主任（2）教研主任（3）德育主任（4）年级组长（5）教研组长
（6）其他

学校名称：

一、学校基本信息

1. 学校所属区

（1）海淀（2）朝阳（3）西城（4）东城（5）石景山（6）门头沟（7）顺义
（8）怀柔（9）房山（10）丰台（11）通州（12）大兴（13）延庆（14）昌平
（15）密云（16）平谷

2. 学校类型（可多选）

（1）幼儿园　　　（2）小学　　　（3）初中　　　（4）高中

3. 学校资质

   (1)国家级重点学校　(2)市级重点　(3)区重点　(4)非重点学校

4. 在校生规模____人，专任教师总数____人，其中男性教师____人，研究生学历____人。

5. 学校现有残疾学生的类型及数量

	智力残疾	视力残疾	听力残疾	孤独症	脑瘫	肢体残疾	其他	合计
有残疾证								
无残疾证								
小计								

6. 学校开展残疾学生随班就读工作已经有____年。

二、融合教育的师资情况

1. 资源教师的数量及专业背景(资源教师特指资源教室或者中心的专职特殊教育教师)

   数量____人，其中，男性教师____人，研究生学历____人。

   学科背景：_____，_____，_____。

2. 融合教育教师数量及专业背景(随班就读教师指学校认定的负责残疾学生教学工作的老师)

   数量____名，其中，男性教师____名，研究生学历____名。

   学科背景：_____，_____，_____。

3. 北京市教委下达的融合教育教师的师生配比指标是否落实(2.5∶1，即10个残疾学生需要有4名资源教师或者随班就读老师)

   (1)完全没有落实　　　　　　　(2)指标编制被普通老师占用

   (3)有编制，但没有配齐　　　　(4)完全落实

4. 全校接受过特殊教育相关知识培训的教师比例

   (1)10%以下　　(2)11%～20%　　(3)21%～30%

   (4)31%～40%　(5)41%～50%　　(6)51%以上

5. 对融合教育教师(或资源教师)的特教津贴是否落实

   (1)是　　　　　　　　　　　　(2)否

6. 学校在教师评优、职称晋升、评优评先等方面向融合教育教师(或资源教师)倾斜
   (1)是　　　　　　　　　　　　　　(2)否

三、资源教室的建设与运行情况

1. 学校是否建有资源教室？
   (1)是　　　　　(2)筹建中　　　　(3)否(填否直接跳至第8题)
2. 资源教室的初始投入____万元,资源教室年度运行经费_____万元。
3. 资源教室的主要配备(可多选)
   (1)图书及影音资料　　(2)康复训练设备　　(3)评估量表及软件
   (4)玩具　　　　　　　(5)教材教具　　　　(6)心理咨询设备　　(7)其他
4. 资源教室中利用率较高的设备(可多选)
   (1)图书及影音资料　　(2)康复训练设备　　(3)评估量表及软件
   (4)玩具　　　　　　　(5)教材教具　　　　(6)心理咨询设备　　(7)其他
5. 资源教室目前使用的主要功能(可多选)
   (1)为残疾学生及家长提供咨询服务
   (2)开展残疾学生诊断与评估
   (3)为残疾学生提供康复训练
   (4)为残疾学生提供学习补偿和辅导
   (5)为普通教师提供培训和教学资源
   (6)残疾学生档案管理
   (7)普通教师休闲放松
   (8)普通学生学习辅导、心理咨询
   (9)尚不知如何使用
   (10)其他
6. 资源教室的使用频率
   (1)全天开放　　　　(2)每天固定时间开放　　(3)每周固定时间开放
   (4)有需要时才开放　(5)基本不开放

7. 资源教室目前的专职管理者

　　(1)没有专职管理者　　(2)资源教师　　(3)随班就读教师

　　(4)心理咨询教师　　(5)普通教师　　(6)其他

8. 学校现有的无障碍设施包括

　　(1)无障碍电梯　　(2)盲道　　(3)无障碍坡道

　　(4)无障碍洗手间　　(5)盲文标识　　(6)特殊的座位

　　(7)走廊扶手　　(8)其他

四、融合教育的管理与运行

1. 融合教育领导小组的构成

　　□没有领导小组

　　□如果有小组,请多选:

　　(1)校长(书记、副书记或副校长)　(2)教务(教导)主任　(3)德育主任

　　(4)教研组长　　(5)年级组长　　(6)融合教育教师

　　(7)资源教师　　(8)残疾学生家长　　(9)其他

2. 学校是否制定了融合教育相关的管理规章制度

　　(1)是　　(2)否

3. 学校是否有融合教育的社会或者家长监督组织

　　(1)是　　(2)否

4. 学校开展特殊教育相关知识的家长培训

　　(1)从来没有　　(2)每年1～2次　　(3)每学期1～2次

　　(4)每月1～2次

5. 获得特殊教育学校(或者特教资源中心)指导和支持的情况

　　(1)从来没有　　(2)每年1～2次　　(3)每学期1～2次

　　(4)每月1～2次

6. 学校组织过哪些旨在促进残疾学生与普通学生融合的活动

　　□从没组织过

　　□如果有,请多选:

　　(1)普通学生结对子学习互助　(2)不定期的专题讲座宣传　(3)相关电影赏析

(4)残疾日相关的主题活动(如爱耳日、盲人节、助残日、自闭症日等)

(5)静态展览宣传(如宣传板、校园期刊等)

(6)其他

五、融合教育的具体实施

1. 是否为残疾学生在班级中配备助理教师

 (1)是   (2)否

2. 特殊教师是否定期到校指导情况

 (1)从来没有   (2)每年1~2次   (3)每学期1~2次

 (4)每月1~2次

3. 资源教师是否与普通教师合作教学

 (1)没有   (2)偶尔会有   (3)经常合作

4. 学校是否为残疾学生安排有助学伙伴

 (1)没有

 (2)为每个残疾学生都配备了一个助学伙伴

 (3)为每个残疾学生都配备了助学小组

5. 是否为每一位残疾学生都制订个别化教育计划(IEP)

 (1)是   (2)否(填否直接跳至8题)

6. IEP的制订者

 (1)融合教育领导小组共同制订

 (2)资源教师单独制订

 (3)班主任单独制订

 (4)资源教师会同班主任、科任教师及家长等共同制订

7. IEP的修订频率

 (1)从未修订过   (2)每学年调整一次

 (3)每学期调整一次   (4)每月修订

8. 残疾学生的课程内容调整(可多选)

 (1)无特殊变化,与普通学生相同

 (2)会针对残疾学生的学习能力做出调整,如降低难度、缩小范围等

(3)会添加与学生生活能力训练相关的内容

(4)根据学生特点为他们开设新的课程

(5)其他

9. 针对残疾学生的有用到以下哪些专门教学方法(可多选)

(1)没有特别的教学方法

(2)差异教学　　　　(3)合作教学　　　　(4)小组教学

(5)个别化教学　　　(6)结构化教学　　　(7)其他

10. 残疾学生的考试与评价

(1)大部分残疾学生与普通学生相同,并纳入班级考评成绩

(2)大部分残疾学生与普通学生相同,但成绩不纳入班级考评成绩

(3)单独出卷考评,所有考评成绩均不计入班级成绩

(4)残疾学生不参加考试,只做评价

(5)其他

11. 残疾学生课堂上出现问题行为时,一般由谁处理(可多选)

(1)任课教师　　　　　　　　　(2)班主任

(3)资源教师(或融合教育教师)　(4)陪读人员

(5)其他

六、融合教育的效果

1. 残疾学生在学校期间哪些方面的能力发展较好(可多选)

(1)学业成就　　　(2)社交能力　　　(3)情绪控制

(4)运动能力　　　(5)语言能力

(6)认知能力(思维、记忆、知觉、想象等)　　(7)其他

2. 残疾学生来到学校之后,对普通学生带来了哪些正面影响(可多选)

(1)没有正面影响

(2)让他们更理解人类差异性与多样性

(3)让他们学会了对弱势群体的包容与尊重、理解与体谅

(4)激励普通学生更加努力学习

(5)促进了残健学生之间的沟通交流

(6)促进了残健之间的合作与互助

(7)促进普通学生更加理解关怀和关爱

(8)促进普通学生影响周围人对残疾人的态度和行为

(9)其他

3. 残疾学生来到学校之后,对普通学生带来了哪些负面影响(可多选)

(1)没有负面影响

(2)扰乱了普通学生的日常生活

(3)影响了班级普通学生的学习成绩

(4)降低了课堂教学效率

(5)增加了班级管理难度

(6)普通学生模仿残疾学生的不良行为和习惯

(7)引起家长之间的矛盾

(8)引起家校之间的矛盾

(9)其他

4. 普通学生对融合教育的整体态度

  (1)非常反对   (2)比较反对   (3)一般

  (4)比较支持   (5)非常支持

5. 学校教师对待融合教育的整体态度

  (1)非常反对   (2)比较反对   (3)一般

  (4)比较支持   (5)非常支持

6. 普通家长对融合教育的整体态度

  (1)非常反对   (2)比较反对   (3)一般

  (4)比较支持   (5)非常支持

7. 残疾学生家长对学校融合教育实施的满意度

  (1)非常不满意   (2)比较不满意   (3)一般

  (4)比较满意   (5)非常满意

七、其他

1. 学校最愿意接收的残疾学生类型包括（可多选，但不超过 3 项）
   - (1) 肢体残疾
   - (2) 听力残疾
   - (3) 视力残疾
   - (4) 言语语言残疾
   - (5) 智力残疾
   - (6) 孤独症
   - (7) 脑瘫
   - (8) 多重残疾
   - (9) 其他

2. 学校最不愿意接收的残疾学生类型包括（可多选，但不超过 3 项）
   - (1) 肢体残疾
   - (2) 听力残疾
   - (3) 视力残疾
   - (4) 言语语言残疾
   - (5) 智力残疾
   - (6) 孤独症
   - (7) 脑瘫
   - (8) 多重残疾
   - (9) 其他

3. 您认为发展融合教育学校目前最大的困难是什么？

4. 您认为学校最需要哪些方面的支持？

问卷到此结束，非常感谢您的参与！

附录2 北京市普通中小学融合教育实施情况调查问卷(教师版)

指导语:

受北京市残联委托,本课题组拟对北京市普通中小学融合教育的实施情况开展调查,分析发展现状,探讨进一步提高融合教育质量的有效对策。您提供的信息将有助于探讨北京市融合教育政策与实践的未来发展及改进方向。您的答案都没有正确与错误的区别,请您根据贵校实际情况填写,在符合的选项中打上"√"。所有的信息都将保密,不会对您产生任何不利影响。谢谢您的合作。

北京师范大学特殊教育系
2015—1—13

第一部分 基本信息

1. 您是否教授过残疾学生:
   (1)是□ (2)否□
2. 所在学校的名称:
3. 学校类型(可多选):
   (1)幼儿园□ (2)小学□ (3)初中□ (4)高中□
4. 您所在学校的资质:
   (1)国家级重点学校□ (2)市级重点□ (3)区(县)重点□ (4)非重点学校□
5. 学校现有残疾学生的类型及数量

	智力残疾	视力残疾	听力残疾	孤独症	脑瘫	肢体残疾	其他	合计
有残疾证								
无残疾证								
小计								

6. 学校开展残疾学生随班就读已经_____年。
7. 您的性别:(1)男□ (2)女□
8. 您的年龄:
   (1)25 岁以下□ (2)26~35 岁□ (3)36~45 岁□ (4)46~55 岁□

(5)55 岁以上☐

9. 您的教龄：

(1)5 年及以下☐　　(2)6~10 年☐　　(3)11~15 年☐　　(4)16~20 年☐

(5)20 年以上☐

10. 您的职称：

(1)初级及以下☐　　(2)中级☐　　(3)副高☐　　(4)高级☐

(5)特级☐

11. 您的最高学历：

(1)高中、中师及以下☐　　　　　　(2)专科☐

(3)本科☐　　　　　　　　　　　　(4)研究生☐

12. 您的专业背景：

(1)学科类专业(如中文、数学、英语、化学、物理及计算机、其他)☐

(2)特殊教育☐　　(3)心理学☐

(4)其他教育类专业(如教育学、小学教育、学前教育等)☐

(5)社会学☐　　(6)医学康复☐　　(7)文体类☐　　(8)管理类☐

(9)其他

13. 累计接受过特殊教育培训的时长：

(1)从未接受☐　　(2)1 周以内☐　　(3)1 周~1 月☐

(4)1~3 月☐　　　(5)3~6 月☐　　　(6)6 月以上☐

14. 对融合教育(随班就读)的相关政策与规定的了解情况：

(1)完全不清楚☐　　(2)知道一点☐　　(3)了解一部分☐

(4)比较清楚☐　　　(5)非常清楚☐

15. 教学中是否接触过残疾学生(如聋、盲、智力落后、自闭症、脑瘫、肢体残疾等)：

(1)从来没有☐　　(2)很少接触☐　　(3)有时接触☐　　(4)经常接触☐

第二部分　正式问卷

普通中小学融合教育的实施情况

指导语:本部分旨在了解您所在学校融合教育实施的情况。请您详细阅读每一个题目,想一想题目中所叙述的情形与您学校的实际情况相符合的程度,然后依照看到题目后的第一反应,在最接近于您判断的答案上打"√"。

选项中的数字"1~5"表示同意或者符合的程度,数字越大,表示同意或者符合程度越高。

准备好了吗?请开始:

	1	2	3	4	5
(1)学校领导致力于为残疾学生创设一个包容的校园环境	□	□	□	□	□
(2)学校领导能为教师开展融合教育提供支持和帮助	□	□	□	□	□
(3)学校领导对融合教育发展有明确的规划	□	□	□	□	□
(4)学校领导能引领教职员工共同努力开展融合教育	□	□	□	□	□
(5)学校领导能为残疾学生的学习公平有效地分配资源	□	□	□	□	□
(6)学校领导能针对残疾学生教育进行各种协调工作	□	□	□	□	□
(7)学校领导能组织教师进行相关融合教育校本教研活动	□	□	□	□	□
(8)学校领导对残疾学生学业或学习动机的改善有较高的期望	□	□	□	□	□
(9)学校能为参与融合教育的教职员工提供持续性专业发展的机会	□	□	□	□	□
(10)学校领导和教师、家长等共同商议制定融合教育发展目标和规划	□	□	□	□	□
(11)融合教育理念已经渗透到了学校教育工作的各个方面	□	□	□	□	□
(12)所有教职员工都明确融合教育的理念和目标	□	□	□	□	□
(13)学校会对融合教育理念进行宣传,使之能深入人心	□	□	□	□	□
(14)学校发展规划中明确提出致力于发展残疾学生的融合教育	□	□	□	□	□
(15)学校建设了专业的资源教室	□	□	□	□	□
(16)学校为残疾学生建设了无障碍设施(盲道、无障碍电梯、洗手间、坡道等)	□	□	□	□	□

续表

	1	2	3	4	5
(17)学校已经形成了接纳残疾学生的良好氛围	□	□	□	□	□
(18)学校会经常开展有关"残健融合交流"的活动	□	□	□	□	□
(19)普通学生能够平等接纳残疾学生	□	□	□	□	□
(20)普通学生家长支持残疾学生就读于普通学校	□	□	□	□	□
(21)教师能公平对待残疾学生	□	□	□	□	□
(22)教室的环境根据残疾学生特点进行了布置与调整	□	□	□	□	□
(23)学校沟通机制顺畅,残疾学生和家长可以顺利地表达他们的诉求	□	□	□	□	□
(24)学校有融合教育的信息共享机制,可以让家长、教师有效获取信息和资源	□	□	□	□	□
(25)学校能尊重每位教职工有关融合教育的建议和意见	□	□	□	□	□
(26)融合教育出现争议或者矛盾时,学校能有效利用资源来调解和解决	□	□	□	□	□
(27)残疾学生家长知道如何在恰当时间和地点与学校联系沟通	□	□	□	□	□
(28)学校能经常向残疾学生家长反馈他们孩子在校的学习和生活情况	□	□	□	□	□
(29)开展融合教育的过程中,教师之间、教师与学校领导之间能相互合作、配合默契	□	□	□	□	□
(30)教师相信每个孩子都有闪光点	□	□	□	□	□
(31)学校教学能够促进每个学生的全面发展	□	□	□	□	□
(32)学校注重挖掘残疾学生的潜能	□	□	□	□	□
(33)教师教学能够因材施教	□	□	□	□	□
(34)学校的教学能满足残疾学生学习的需要	□	□	□	□	□
(35)学校能听取残疾学生的声音,鼓励并提供机会让他们表达自己的观点	□	□	□	□	□
(36)学校会通过各种方式促进残疾学生在校期间的归属感	□	□	□	□	□

续表

	1	2	3	4	5
(37)学校的课程设置充分考虑包括残疾学生在内的所有学生	☐	☐	☐	☐	☐
(38)教师会根据残疾学生的特点提供多样性的课程内容	☐	☐	☐	☐	☐
(39)学校课程设置足够灵活,能够针对残疾学生的个体需要做出调整	☐	☐	☐	☐	☐
(40)课程设置能考虑残疾学生当前和未来的发展需要	☐	☐	☐	☐	☐
(41)学校根据残疾学生特点对教学大纲、学习材料做出了充分调整	☐	☐	☐	☐	☐
(42)教师备课考虑到残疾学生	☐	☐	☐	☐	☐
(43)学校个别化教育计划(IEP)小组人员结构合理、分工明确	☐	☐	☐	☐	☐
(44)IEP小组会对每一名残疾学生进行全面细致的评估	☐	☐	☐	☐	☐
(45)IEP小组为残疾学生制定了可测量和可操作的具体目标	☐	☐	☐	☐	☐
(46)IEP阐明了残疾学生学习的优势和劣势	☐	☐	☐	☐	☐
(47)IEP能阐明符合残疾学生特点的教学和学习策略	☐	☐	☐	☐	☐
(48)IEP阐明了残疾学生教育中所需的各种支持	☐	☐	☐	☐	☐
(49)残疾学生的IEP会随着学生的发展适时更新	☐	☐	☐	☐	☐
(50)残疾学生家长(监护人)会积极参与IEP的制订和实施	☐	☐	☐	☐	☐
(51)IEP实施的评价能够按时进行	☐	☐	☐	☐	☐
(52)教师会根据残疾学生的特点设计恰当的教学目标	☐	☐	☐	☐	☐
(53)教师根据残疾学生特点设计了恰当的教学活动	☐	☐	☐	☐	☐
(54)教师会根据残疾学生的特点选择合适的教学方法(如使用差异教学、结构化教学等)	☐	☐	☐	☐	☐
(55)教师会运用多种教学技术和手段满足包括残疾学生在内的所有学生的学习需求	☐	☐	☐	☐	☐
(56)教师为残疾学生学习提供有意义的示范和指导	☐	☐	☐	☐	☐

续表

	1	2	3	4	5
(57)正常学生与残疾学生互相合作,共同进步	□	□	□	□	□
(58)残疾学生能在教师的引导下有效参与课堂互动	□	□	□	□	□
(59)残疾学生能参与自己学习目标的制定和管理	□	□	□	□	□
(60)教师能有效利用资源教室开展教学	□	□	□	□	□
(61)教师能有效预防残疾学生的问题行为	□	□	□	□	□
(62)教师能够恰当处理残疾学生的问题行为	□	□	□	□	□
(63)学校采取有效措施减少普通学生对残疾学生的歧视	□	□	□	□	□
(64)教师注重营造班级的接纳和关怀氛围	□	□	□	□	□
(65)教师能够有效促进残疾学生和普通学生的相互理解和交往	□	□	□	□	□
(66)残疾学生清楚并能遵守班级常规	□	□	□	□	□
(67)教师能秉公处理残疾学生和普通学生之间的矛盾	□	□	□	□	□
(68)学校建立了完备的残疾学生评估管理体系,包括评估目的、分工和记录等	□	□	□	□	□
(69)教师能针对残疾学生的特点来灵活地设计评价内容和方法	□	□	□	□	□
(70)教师能依据残疾学生的年龄、能力和课程特点灵活地实施评价	□	□	□	□	□
(71)教师能使用合适的材料和支持来开展评价	□	□	□	□	□
(72)残疾学生及其家长能实质性地参与到评估中来,并得到及时反馈	□	□	□	□	□
(73)学校会提供辅导和支持来帮助残疾学生适应学校常规考试	□	□	□	□	□

问卷到此结束,非常感谢您的参与!

附录3 北京市普通中小学融合教育教师专业素养调查问卷

指导语:

　　受北京市残联委托,本课题组拟对北京市普通中小学融合教育的基本情况开展调查,分析发展现状,探讨进一步提高融合教育质量的有效对策。您提供的信息将有助于探讨北京市融合教育政策与实践的未来发展及改进方向。您的答案都没有正确与错误的区别,请您根据贵校实际情况填写,在符合的选项中打上"√"。所有的信息都将保密,不会对您产生任何不利影响。谢谢您的合作。

北京师范大学特殊教育系
2015—1—20

第一部分　基本信息

1. 您是否教授过残疾学生:(1)是□　　(2)否□
2. 所在学校的名称:
3. 您的性别:(1)男□　　(2)女□
4. 您的年龄:
   (1)25岁以下□　(2)26～35岁□　(3)36～45岁□　(4)46～55岁□
   (5)55岁以上□
5. 您的职称:
   (1)初级及以下□　(2)中级□　(3)高级□
6. 您的教龄:
   (1)5年及以下□　(2)6～10年□　(3)11～15年□　(4)16～20年□
   (5)20年以上□
7. 您的最高学历:
   (1)高中及以下□　(2)专科□　(3)本科□　(4)研究生□
8. 您的专业背景:
   (1)学科类专业(如中文、数学、英语、化学、物理及计算机、其他)□
   (2)特殊教育□　(3)心理学□

(4)其他教育类专业(如教育学、小学教育、学前教育等)□

(5)社会学□　　(6)医学康复□　　(7)文体类□　　(8)管理类□

(9)其他

9. 目前授课的学段:

　(1)幼儿园□　　(2)小学□　　(3)初中□　　(4)高中□

10. 累计接受过特殊教育培训的时长:

　(1)从未接受□　(2)1周以内□　　(3)1周~1月□

　(4)1~3月□　　(5)3~6月□　　(6)6月以上□

11. 对融合教育(随班就读)的相关政策与规定的了解情况:

　(1)完全不清楚□ (2)知道一点□　(3)了解一部分□

　(4)比较清楚□　 (5)非常清楚□

12. 教学中接触残疾学生的频率:

　(1)从来没有□　(2)很少接触□　(3)有时接触□　(4)经常接触□

13. 目前是否担任残疾学生所在班级班主任:(1)是□　　(2)否□

第二部分　正式问卷

指导语:本部分旨在了解普通中小学教师融合教育的素养。请您详细读每一个题目,想一想您是否同意题目中所叙述的情形,然后依照看到题目后的第一反应,在最接近于您判断的答案上打"√"。

选项中的数字"1~5"表示同意或者符合的程度,数字越大,表示同意或者符合程度越高。

准备好了吗?请开始:

	1	2	3	4	5
1.我赞成学校大力推行融合教育	□	□	□	□	□
2.普通学校有义务为包括残疾学生在内的所有学生提供合适的教育	□	□	□	□	□
3.我很清楚融合教育的相关政策和规定	□	□	□	□	□
4.无论学生是否有残疾或者残疾程度如何,我都能一视同仁	□	□	□	□	□

续表

	1	2	3	4	5
5.我掌握残疾儿童心理与教育的相关知识	□	□	□	□	□
6.融合教育不仅是普通学校的事,更需要家庭、特殊教育机构和社会的通力合作	□	□	□	□	□
7.融合教育能促进教师的积极改变与专业水平的提高	□	□	□	□	□
8.融合教育要求普通学校和教师都做出改变和调整	□	□	□	□	□
9.与其他安置方式(特殊教育学校、康复机构、家庭)相比,普通学校更有利于残疾学生的正常发展	□	□	□	□	□
10.残疾学生在普通学校就读也能促进普通学生的发展	□	□	□	□	□
11.我能运用多种策略对残疾学生进行教育诊断与评估,如使用成长记录袋、调整测验内容和形式等	□	□	□	□	□
12.在残疾学生个别化教育计划的制订和实施中,我能履行好自己的职责	□	□	□	□	□
13.我能依据残疾学生特点进行有效教学设计,包括教学目标设定、课程内容和方法调整等	□	□	□	□	□
14.我能依据残疾学生的特点来设计评价内容和方法	□	□	□	□	□
15.我能准确判断残疾学生对我讲授内容的理解程度	□	□	□	□	□
16.我能运用多种现代教育技术和手段满足包括残疾学生在内的所有学生的学习需求	□	□	□	□	□
17.我能通过各种方法不断促进残疾学生的课堂参与和互动	□	□	□	□	□
18.我能有效预防和处理残疾学生的问题行为(如情绪失控、攻击性行为等)	□	□	□	□	□
19.我能采取有效措施减少普通学生对残疾学生的歧视	□	□	□	□	□
20.我能采取有效措施营造接纳和关怀氛围,促进残疾学生和普通学生的交往	□	□	□	□	□
21.我能为家长做好融合教育政策及规定的宣传和解释工作	□	□	□	□	□

续表

	1	2	3	4	5
22.我能协助家长促进他们的残疾孩子更好地适应普通学校	□	□	□	□	□
23.残疾学生家长来学校时我会让他们觉得没有压力	□	□	□	□	□
24.我能与其他专业人员(特殊教育教师、康复师、巡回指导教师等)有效合作,共同为残疾学生制订教育计划	□	□	□	□	□
25.我能与其他老师有效合作,共同为残疾学生设计教学内容和方法	□	□	□	□	□
26.我能就残疾学生教育中出现的问题与学校领导有效沟通	□	□	□	□	□
27.我能有效利用社区人员和资源开展融合教育	□	□	□	□	□
28.我能与残疾学生有效沟通他们在学校学习和生活中的情况	□	□	□	□	□
29.我能与普通学生一起共同为残疾学生的学习和生活提供帮助	□	□	□	□	□
30.残疾学生教育过程中遇到困难,我能获得其他人员的指导和支持	□	□	□	□	□
31.我会主动反思和改进融合教育的实践	□	□	□	□	□
32.我能通过教学反思来促进我的专业发展	□	□	□	□	□
33.我会经常总结自己融合教育的经验,并能反思不足之处	□	□	□	□	□
34.我能通过多种方式(如反思日记、反思教案或评说课等)来反思融合教育实践	□	□	□	□	□
35.我能将反思的结果付诸融合教育实践	□	□	□	□	□
36.我有明确的融合教育发展规划,包括发展目标、发展内容和发展途径	□	□	□	□	□
37.我会积极参加有关融合教育的培训,不断提高自身专业素质	□	□	□	□	□
38.我会主动参加针对残疾学生教学的研讨与交流	□	□	□	□	□

续表

	1	2	3	4	5
39.我会主动搜集、学习有关残疾学生心理与教育的资料,提高自己的理论水平	□	□	□	□	□
40.我相信通过不断地学习和实践能成为一名优秀的融合教育教师	□	□	□	□	□

问卷到此全部结束,感谢您的参与!

北京大学出版社 教育出版中心 精品图书

21世纪特殊教育创新教材·理论与基础系列

特殊教育的哲学基础	方俊明
特殊教育的医学基础	张 婷
融合教育导论（第二版）	雷江华
特殊教育学（第二版）	雷江华 方俊明
特殊儿童心理学（第二版）	方俊明 雷江华
特殊教育史	朱宗顺
特殊教育研究方法（第二版）	杜晓新 宋永宁 等
特殊教育发展模式	任颂羔

21世纪特殊教育创新教材·康复与训练系列

特殊儿童应用行为分析（第二版）	李 芳 李 丹
特殊儿童的游戏治疗	周念丽
特殊儿童的美术治疗	孙 霞
特殊儿童的音乐治疗	胡世红
特殊儿童的心理治疗（第二版）	杨广学
特殊教育的辅具与康复	蒋建荣
特殊儿童的感觉统合训练（第二版）	王和平
孤独症儿童课程与教学设计	王 梅

21世纪特殊教育创新教材·融合教育系列

融合教育理论反思与本土化探索	邓 猛
融合教育实践指南	邓 猛
融合教育理论指南	邓 猛
融合教育导论（第二版）	雷江华

21世纪特殊教育创新教材（第二辑）

特殊儿童心理与教育	杨广学 张巧明 王 芳
教育康复学导论	杜晓新 黄昭明
特殊儿童病理学	王和平 杨长江
特殊学校教师教育技能	昝 飞 马红英

自闭谱系障碍儿童早期干预丛书

如何发展自闭谱系障碍儿童的沟通能力	朱晓晨 苏雪云
如何理解自闭谱系障碍和早期干预	苏雪云
如何发展自闭谱系障碍儿童的社会交往能力	吕 梦 杨广学
如何发展自闭谱系障碍儿童的自我照料能力	倪萍萍 周 波
如何在游戏中干预自闭谱系障碍儿童	朱 瑞 周念丽
如何发展自闭谱系障碍儿童的感知和运动能力	韩文娟 徐 芳 王和平
如何发展自闭谱系障碍儿童的认知能力	潘前前 杨福义
自闭症谱系障碍儿童的发展与教育	周念丽
如何通过音乐干预自闭谱系障碍儿童	张正琴
如何通过画画干预自闭谱系障碍儿童	张正琴
如何运用ACC促进自闭谱系障碍儿童的发展	苏雪云
孤独症儿童的关键性技能训练法	李 丹
自闭症儿童家长辅导手册	雷江华
孤独症儿童课程与教学设计	王 梅
融合教育理论反思与本土化探索	邓 猛
自闭症谱系障碍儿童家庭支持系统	孙玉梅
自闭症谱系障碍儿童团体社交游戏干预	李 芳
孤独症儿童的教育与发展	王 梅 梁松梅

特殊学校教育·康复·职业训练丛书（黄建行 雷江华 主编）

- 信息技术在特殊教育中的应用
- 智障学生职业教育模式
- 特殊教育学校学生康复与训练
- 特殊教育学校校本课程开发
- 特殊教育学校特奥运动项目建设

21世纪学前教育规划教材

学前教育概论	李生兰
学前教育管理学	王 雯
幼儿园歌曲钢琴伴奏教程	果旭伟
幼儿园舞蹈教学活动设计与指导	董 丽
实用乐理与视唱	代 苗
学前儿童美术教育	冯婉贞
学前儿童科学教育	洪秀敏
学前儿童游戏	范明丽
学前教育研究方法	郑福明
外国学前教育史	郭法奇
学前教育政策与法规	魏 真
学前心理学	涂艳国 蔡 艳

学前教育理论与实践教程		高等教育何以为"高"——牛津导师制教学反思	
	王 维 王维娅 孙 岩		[英]大卫·帕尔菲曼
学前儿童数学教育	赵振国	印度理工学院的精英们	[印度]桑迪潘·德布
		知识社会中的大学	[英]杰勒德·德兰迪

大学之道丛书精装版

		高等教育的未来：浮言、现实与市场风险	
美国高等教育通史	[美]亚瑟·科恩		[美]弗兰克·纽曼 等
知识社会中的大学	[英]杰勒德·德兰迪	后现代大学来临？	[英]安东尼·史密斯 等
大学之用（第五版）	[美]克拉克·克尔	美国大学之魂	[美]乔治·M.马斯登
营利性大学的崛起	[美]理查德·鲁克	大学理念重审：与纽曼对话	
学术部落与学术领地：知识探索与学科文化			[美]雅罗斯拉夫·帕利坎
	[英]托尼·比彻，保罗·特罗勒尔	学术部落及其领地——当代学术界生态揭秘（第二版）	
美国现代大学的崛起	[美]劳伦斯·维赛		[英]托尼·比彻 保罗·特罗勒尔
教育的终结——大学何以放弃了对人生意义的追求		德国古典大学观及其对中国大学的影响（第二版）	
	[美]安东尼·T.克龙曼		陈洪捷
世界一流大学的管理之道——大学管理研究导论		转变中的大学：传统、议题与前景	郭为藩
	程 星	学术资本主义：政治、政策和创业型大学	
后现代大学来临？			[美]希拉·斯劳特 拉里·莱斯利
	[英]安东尼·史密斯 弗兰克·韦伯斯特	21世纪的大学	[美]詹姆斯·杜德斯达
		美国公立大学的未来	
			[美]詹姆斯·杜德斯达 弗瑞斯·沃马克

大学之道丛书

		东西象牙塔	孔宪铎
市场化的底限	[美]大卫·科伯	理性捍卫大学	眭依凡
大学的理念	[英]亨利·纽曼		
哈佛：谁说了算	[美]理查德·布瑞德利		

学术规范与研究方法系列

麻省理工学院如何追求卓越	[美]查尔斯·维斯特		
大学与市场的悖论	[美]罗杰·盖格	社会科学研究方法100问	[美]萨尔金德
高等教育公司：营利性大学的崛起		如何利用互联网做研究	[爱尔兰]杜恰泰
	[美]理查德·鲁克	如何撰写与发表社会科学论文：国际刊物指南	
公司文化中的大学：大学如何应对市场化压力			蔡今忠
	[美]埃里克·古尔德 40元	如何查找文献（第二版）	[英]萨莉·拉姆齐
美国高等教育质量认证与评估		给研究生的学术建议	[英]戈登·鲁格 等
	[美]美国中部州高等教育委员会	社会科学研究的基本规则（第四版）	
现代大学及其图新	[美]谢尔顿·罗斯布莱特		[英]朱迪斯·贝尔
美国文理学院的兴衰——凯尼恩学院纪实		做好社会研究的10个关键	
	[美]P.F.克鲁格		[英]马丁·丹斯考姆
教育的终结：大学何以放弃了对人生意义的追求		如何写好科研项目申请书	
	[美]安东尼·T.克龙曼		[美]安德鲁·弗里德兰德 等
大学的逻辑（第三版）	张维迎	教育研究方法（第六版）	
我的科大十年（续集）	孔宪铎		[美]梅瑞迪斯·高尔 等
高等教育理念	[英]罗纳德·巴尼特	高等教育研究：进展与方法	
美国现代大学的崛起	[美]劳伦斯·维赛		[英]马尔科姆·泰特
美国大学时代的学术自由	[美]沃特·梅兹格	如何成为学术论文写作高手	[美]华乐丝
美国高等教育通史	[美]亚瑟·科恩	参加国际学术会议必须要做的那些事	
美国高等教育史	[美]约翰·塞林		[美]华乐丝
哈佛通识教育红皮书	哈佛委员会	如何成为优秀的研究生	[美]布卢姆

结构方程模型及其应用	易丹辉 李静萍	课堂与教学艺术（第二版）	孙菊如 陈春荣

21世纪高校职业发展读本

如何成为卓越的大学教师	[美] 肯·贝恩
给大学新教员的建议	[美] 罗伯特·博伊斯
如何提高学生学习质量	[英] 迈克尔·普洛瑟 等
学术界的生存智慧	[美] 约翰·达利 等
给研究生导师的建议（第2版）	[英] 萨拉·德拉蒙特 等

21世纪教师教育系列教材·初等教育系列

小学教育学	田友谊
小学教育学基础	张永明 曾 碧
小学班级管理	张永明 宋彩琴
初等教育课程与教学论	罗祖兵
小学教育研究方法	王红艳
新理念小学数学教学论	刘京莉
新理念小学音乐教学法	吴跃跃

教师资格认定及师范类毕业生上岗考试辅导教材

教育学	余文森 王 晞
教育心理学概论	连 榕 罗丽芳

21世纪教师教育系列教材·物理教育系列

中学物理微格教学教程（第二版）	张军朋 詹伟琴 王 恬
中学物理科学探究学习评价与案例	张军朋 许桂清
物理教学论	邢红军
中学物理教学法	邢红军
中学物理教学评价与案例分析	王建中 孟红娟

21世纪教师教育系列教材·学科教育心理学系列

语文教育心理学	董蓓菲
生物教育心理学	胡继飞

21世纪教师教育系列教材·学科教学论系列

新理念化学教学论（第二版）	王后雄
新理念科学教学论（第二版）	崔 鸿 张海珠
新理念生物教学论（第二版）	崔 鸿 郑晓慧
新理念地理教学论（第二版）	李家清
新理念历史教学论（第二版）	杜 芳
新理念思想政治（品德）教学论（第二版）	胡田庚
新理念信息技术教学论（第二版）	吴军其
新理念数学教学论	冯 虹

21世纪教育科学系列教材·学科学习心理学系列

数学学习心理学（第二版）	孔凡哲
语文学习心理学	董蓓菲

21世纪教师教育系列教材

教育心理学（第二版）	李晓东
教育学基础	庞守兴
教育学	余文森 王 晞
教育研究方法	刘淑杰
教育心理学	王晓明
心理学导论	杨凤云
教育心理学概论	连 榕 罗丽芳
课程与教学论	李 允
教师专业发展导论	于胜刚
学校教育概论	李清雁
现代教育评价教程（第二版）	吴 钢
教师礼仪实务	刘 霄
家庭教育新论	闫旭蕾 杨 萍
中学班级管理	张宝书
教育职业道德	刘亭亭
教师心理健康	张怀春
现代教育技术	冯玲玉
青少年发展与教育心理学	张 清
课程与教学论	李 允

21世纪教师教育系列教材·语文课程与教学论系列

语文文本解读实用教程	荣维东
语文课程教师专业技能训练	张学凯 刘丽丽
语文课程与教学发展简史	武玉鹏 王从华 黄修志
语文课程学与教的心理基础	韩雪屏 王朝霞
语文课程名师名课案例分析	武玉鹏 郭冶锋
语用性质的语文课程与教学论	王元华

21世纪教师教育系列教材·学科教学技能训练系列

新理念生物教学技能训练（第二版）	崔 鸿
新理念思想政治（品德）教学技能训练（第二版）	
	胡田庚 赵海山
新理念地理教学技能训练	李家清
新理念化学教学技能训练（第二版）	王后雄
新理念数学教学技能训练	王光明

| 新理念小学音乐教学法 | 吴跃跃 |

| 新媒体概论 | 尹章池 |
| 新媒体视听节目制作（第二版） | 周建青 |

王后雄教师教育系列教材

教育考试的理论与方法	王后雄
化学教育测量与评价	王后雄
中学化学实验教学研究	王后雄
新理念化学教学诊断学	王后雄

融合新闻学导论	石长顺
新媒体网页设计与制作	惠悲荷
网络新媒体实务	张合斌
突发新闻教程	李　军
视听新媒体节目制作	邓秀军
视听评论	何志武
出镜记者案例分析	刘　静　邓秀军
视听新媒体导论	郭小平
网络与新媒体广告	尚恒志　张合斌
网络与新媒体文学	唐东堰　雷　奕

西方心理学名著译丛

儿童的人格形成及其培养	[奥地利] 阿德勒
活出生命的意义	[奥地利] 阿德勒
生活的科学	[奥地利] 阿德勒
理解人生	[奥地利] 阿德勒
荣格心理学七讲	[美] 卡尔文·霍尔
系统心理学：绪论	[美] 爱德华·铁钦纳
社会心理学导论	[美] 威廉·麦独孤
思维与语言	[俄] 列夫·维果茨基
人类的学习	[美] 爱德华·桑代克
基础与应用心理学	[德] 雨果·闵斯特伯格
记忆	[德] 赫尔曼·艾宾浩斯
实验心理学（上下册）	[美] 伍德沃斯　施洛斯贝格
格式塔心理学原理	[美] 库尔特·考夫卡

21世纪高校广播电视专业规划教材

电视节目策划教程	项仲平
电视导播教程	程　晋
电视文艺创作教程	王建辉
广播剧创作教程	王国臣

21世纪教育技术学精品教材（张景中 主编）

教育技术学导论（第二版）	李　芒　金　林
远程教育原理与技术	王继新　张　屹
教学系统设计理论与实践	杨九民　梁林梅
信息技术教学论	雷体南　叶良明
网络教育资源设计与开发	刘清堂
学与教的理论与方式	刘雍潜
信息技术与课程整合（第二版）	
	赵呈领　杨　琳　刘清堂
教育技术研究方法	张　屹　黄　磊
教育技术项目实践	潘克明

21世纪教学活动设计案例精选丛书（禹明 主编）

| 初中语文教学活动设计案例精选 |
| 初中数学教学活动设计案例精选 |
| 初中科学教学活动设计案例精选 |
| 初中历史与社会教学活动设计案例精选 |
| 初中英语教学活动设计案例精选 |
| 初中思想品德教学活动设计案例精选 |
| 中小学音乐教学活动设计案例精选 |
| 中小学体育（体育与健康）教学活动设计案例精选 |
| 中小学美术教学活动设计案例精选 |
| 中小学综合实践活动教学活动设计案例精选 |
| 小学语文教学活动设计案例精选 |
| 小学数学教学活动设计案例精选 |
| 小学科学教学活动设计案例精选 |
| 小学英语教学活动设计案例精选 |
| 小学品德与生活（社会）教学活动设计案例精选 |
| 幼儿教育教学活动设计案例精选 |

21世纪信息传播实验系列教材（徐福荫 黄慕雄 主编）

| 多媒体软件设计与开发 |
| 电视照明·电视音乐音响 |
| 播音与主持艺术（第二版） |
| 广告策划与创意 |
| 摄影基础（第二版） |

21世纪教师教育系列教材·专业养成系列（赵国栋 主编）

| 微课与慕课设计初级教程 |
| 微课与慕课设计高级教程 |
| 微课、翻转课堂和慕课设计实操教程 |
| 网络调查研究方法概论（第二版） |
| PPT云课堂教学法 |

21世纪高校网络与新媒体专业规划教材

文化产业概论	尹章池
网络文化教程	李文明
网络与新媒体评论	杨　娟